数变

数字时代的
企业生存法则

张新红 著

DIGITAL REVOLUTION

The survival rule of enterprises in the digital age

经济日报出版社

图书在版编目（CIP）数据

数变：数字时代的企业生存法则 / 张新红著. --
北京：经济日报出版社，2021.3
ISBN 978-7-5196-0796-8

Ⅰ. ①数… Ⅱ. ①张… Ⅲ. ①数字技术—应用—企业
管理 Ⅳ. ① F272.7

中国版本图书馆 CIP 数据核字 (2021) 第 042091 号

数变：数字时代的企业生存法则

作　者	张新红
策划编辑	肖小琴
责任编辑	黄芳芳
责任校对	范立君
出版发行	经济日报出版社
地　址	北京市西城区白纸坊东街2号 A座综合楼710(邮政编码:100054)
电　话	010-63567684（总编室） 010-63584556（财经编辑部） 010-63567687（企业与企业家史编辑部） 010-63567683（经济与管理学术编辑部） 010-63538621 63567692（发行部）
网　址	www.edpbook.com.cn
E - mail	edpbook@126.com
经　销	全国新华书店
印　刷	北京荣泰印刷有限公司
开　本	710mm×1000mm　1/16
印　张	19
字　数	227千字
版　次	2021年4月第1版
印　次	2021年4月第1次印刷
书　号	ISBN 978-7-5196-0796-8
定　价	58.00元

Digital revolution

The survival rule of enterprises in the digital age

专家推荐

按姓名拼音排序

从5年前研究共享经济，提出“换个玩法”，到今天归纳数字变革的八条法则，新红老师的新著《数变：数字时代的企业生存法则》中，处处展现作者细腻的观察、活泼的语言和独到的思想。请记住这句话：“所有的生意都值得重做一遍。”

——信息社会50人论坛执行主席、苇草智酷创始合伙人 段永朝

张新红的《数变：数字时代的企业生存法则》讲的是这样一个故事，在数字变革时代，所有人都应该换一个玩法。玩法的正规说法，叫生存法则，本书的主要任务，就是归纳这些生存法则。例如，所有企业都应该有平台化、生态化的认识和思维；所有能共享的终将被共享，等等。这些都很值得重视。最根本的法则，是变本身成为法则。变，把生存（Being），变为生成，就是变成（Becoming）。意即重塑自我，改变基因，成为新物种。不会这种玩法，只好“玩儿去”。这是天津方言，意思是一边呆着去，术语叫作边缘化。

——中国社会科学院信息化研究中心秘书长 姜奇平

20多年来，在以互联网为核心的数字技术推动下，云计算、移动互联网和智能终端正在成为新的基础设施，数据正在成为新的生产要素，大规模协同与共享正在成为新的经济和社会结构，数字变革正在成为经济增长和转型的关键动力，也成为所有企业正在面临的巨大挑战和机遇。《数变：数字时代的企业生存法则》从数字化、网络化、数据化、智能化、生态化和共享化等各个角度，提出企业数变八大法则，恰逢其时，堪称企业数字变革指南，切实践行，必大有裨益。

——信息社会50人论坛理事、阿里研究院创始人 梁春晓

不曾经营过企业的作者讲企业生存法则，听起来荒谬，实则近乎超然。张新红的新著《数变：数字时代的企业生存法则》集成他20年对数字化进程的观察与思考，集成他20年对数字化在各类企业应用的研究心得，把生存法则归纳为数字化、网络化、数据化、智能化、生态化、共享化，得到的结论是：工业化时代的每一桩生意都值得重来一遍。这个结论，若非荒谬，便是精妙。《数变》深入浅出的文字，通俗深邃的道理，非常值得数字化了的、正在数字化的、准备数字化的企业家们一读。

——北京大学博雅特聘教授 邱泽奇

数字变革已经给各行各业带来了很大变化，未来还会有更多的创新应用。认识数字变革的规律和走向，企业就可以更好地抓住新技术带来的机遇，确立新的竞争优势。新红在《数变：数字时代的企业生存法则》一书中提出了一个很有意思的论断："弄懂了数变，就不再怕变数。"我曾经考察过一个智能养猪的案例，大家想一想也就明白了：如果连养猪都可以实现数字化、智能化，还有什么不可以改变呢？

——亚信创始人、宽带资本董事长 田溯宁

因数而变，可能是当下社会跳动得最为强烈的时代脉博。在新的数文明时代，就像人人都需要具备一定程度的数商一样，企业也需要掌握数变的法则。本书对这些法则进行了总结，有助于帮助企业的管理者在数字大变革中凝聚新的动力、调整企业的风帆和航向。

——著名大数据专家、《大数据》作者 涂子沛

新红的这本新作，读起来让人常有当年读尼葛洛庞帝《数字化生存》之感：讨论的也是数字化生存（企业的数字化生存），也有一样的深广视野、细致观察、敏锐感悟和大胆前瞻。不同的是，基于对更丰富的数变实践的归纳，作者从新的不确定性中探寻出来的确定性——对趋势的判断、规律的认识、应对策略的建议，显得更有说服力。

——中国社会科学院信息化研究中心主任 汪向东

人类社会经历了几千年的农耕时代，几百年的工业时代，正在向数字化信息时代转变。面对时代之变，社会正经历阵痛。信息交流规则必须改变，交通交易规则必须改变，资源配置规则也必须改变。在这一系列改变之中，企业生存规则的改变，才是社会经济最微观、最基础的改变。张新红先生的这本新书，正是探索企业规则变革的应时之作。书中对网络化、数据化、共享化、智能化、生态化的精彩论述可圈可点。对于关注企业转型和新经济理论的人士而言，是一本上好的读物。

——中国信息经济学会原理事长 杨培芳

蔓延全球的新冠疫情极大地冲击了原有生产生活和社交方式，国际经济、政治、社会和全球化面临巨大的不确定性。但从新冠疫情中也得到了不少

启发，其中一个具有全球高度共识的是，经济社会各领域的数字化转型及其驱动的第四次工业革命将进一步加速。实际上，过去一年的危机中，那些具有更强数字化能力的企业展现了更好的适应性和敏捷性。展望未来，数字化或者说“数变”将成为决定企业生存和发展的关键要素，如何准确把握数字化大势并构建自己的转型战略，是每个企业都必须面对和回答的问题。新红一直致力于研究探索信息社会的方向和本质，这本书是他的最新思考，系统、深入且生动，值得各界人士一读。

——中国信息通信研究院院长 余晓辉

Digital revolution

The survival rule of enterprises in the digital age

前言

人类正在经历有史以来最深刻的变革，这场变革是由数字技术引发的，是因数而变，所以也叫数字变革，简称数变。

数变是时代标识，是未来大趋势，也是新思维、新模式、新能力，更是企业在数字时代的生存法则。找到并呈现这些生存法则，便是本书的主要任务。

本书成于“黑天鹅”群飞的2020年，我们的故事就从这里讲起。

年度热词里的数变身影

每到年终岁尾，不同版本的年度热词排名便纷纷出炉。

热词，是热门词汇的简称，有时也叫流行语。互联网的出现是热词大量增加的重要原因。热词是时代变化的标识，反映不同年份的故事，也折射出人们的精神状态。在一定意义上说，热词是反映社会生活变化最简洁的记录仪。

2020年度的热词显得有些不一样，各机构在流行语的选择上似乎多了一些差异，但更为聚焦，而且“全民热词”明显增多。

《咬文嚼字》编辑部发布的“2020年十大流行语”是：“人民至上，生命至上”、逆行者、后浪、飒、神兽、直播带货、双循环、打工人、内卷、凡尔赛文学。

国家语言资源监测与研究中心发布的“2020年度十大网络用语”是：逆行者、秋天的第一杯奶茶、带货、云监工、光盘行动、奥利给、好家伙、夺冠、不约而同、集美。

由国家语言资源监测与研究中心、商务印书馆、人民网、腾讯公司联合主办的“汉语盘点2020”公布五大候选国内词和五大候选国际词，分别是：脱贫攻坚、口罩、抗疫、逆行者、健康码；新冠疫情、群体免疫、熔断、美国大选、科比。

百度发布的年度十大知识热词是：新型冠状病毒、凡尔赛文学、核酸检测、内卷、715工作制、职场PUA、新基建、云监工、“弹”性工作、股票熔断。

英国《柯林斯词典》公布的2020十大年度热词是：封闭（Lockdown）、新型冠状病毒（Coronavirus）、黑人的命也是命（BLM，Black Lives Matter）、关键岗位工作者（Keyworker）、无薪休假（Furlough）、自我隔离（Self-isolation）、社交距离（social distancing）、“梅退”（Megxit）、抖音爱好者（TikToker）、吃播（Mukbang）。

另据报道，美国《韦氏词典》和美国词典网都将“大流行”评为年度词汇。《剑桥词典》将“隔离”列为2020年度词汇。德语语言协会公布2020年十大年度词汇里有8个与新冠疫情相关，如“新冠游行”“新冠数字”“新冠隔离”“反新冠限制措施的蠢货”等。日本自由国民社主办的“新词流行语大奖”最优秀奖是新冠疫情防范标语“3密（密闭、密集、密切接触）”[①]。

---

① 中外2020年度“热词”盘点 你最常用哪些流行语. (2012-12-14).
https://baijiahao.baidu.com/s?id=1686008576391412580&wfr=spider&for=pc.

绝大多数新词和流行语都与特定的社会事件相关。2020年最大的社会事件就是新冠疫情，所以尽管各家机构选择热词的标准不尽相同，使用的数据库和算法也不一样，但评选出的热词里大多数都会与之相关。

与往年相比，量多、面广、高频、冲击力大、持久性强可以看作是2020年度热词和流行语的显著特征。除了疫情本身的影响外，另一个决定性要素就是数字技术带来的变化。

几乎所有机构对热词的关注和评选都发生在2010年之后，与移动互联网的出现息息相关。与移动互联网相伴成长的还有物联网、大数据、云计算、人工智能、现代物流、数字孪生、区块链等新一代数字技术。这些数字技术的快速应用引发了数字新物种的大量涌现，继而对经济社会发展产生广泛而深远的影响，新概念新词汇大量出现并广泛传播就是顺理成章的事情了。

没有数变，就不会有这么多的数字新物种，就不可能有这么多的热词，更不可能传播这么广，影响这么大。

当疫情遭遇数变

当疫情遭遇数变，碰撞出的就不只是几点火花，而是引发了一场轰轰烈烈席卷全球的全民数字战疫。

疫情引发了大量的数变需求。一大批数字化黑科技、灰科技或应运而生，或找到了新的用武之地，行程码、健康码、红外测温仪、非接触服务机器人等大行其道。

疫情改变了很多人的数变认知。宅在家里的人更深切地感受到：没有互联网，家就是你的世界；有了互联网，世界就是你的家。

疫情强化了很多人的数变行为。很多人学会并习惯了生鲜网购，体验了云喝酒、云蹦迪。在线教育、在线医疗、远程办公、直播带货提前迎来拐点。传统企业加速从线下转到线上，过去很多看似不可能搬到网上去的业务后来在网上也做得很好。

疫情提升了很多人的数变能力。经过疫情的强制体验和急速培训，个人、企业、政府机构的数字化生存能力得到大幅提升。

在疫情中，严重依赖线下场景的企业受伤最重，而数变能力强的企业成了受益者。

看似偶然的背后都蕴藏着必然。

除新冠疫情外，2020年被称为“黑天鹅”的事件还有不少，比如：数千亿只蝗虫带来的灾害肆虐非洲、澳洲森林大火久扑不灭、美国打压中国科技、美国股市两周内四次熔断……但仔细一看，大多数事件都不能算是真正的“黑天鹅”，顶多是“灰天鹅”。

即便是新冠疫情，也并不是完全无迹可寻。病毒一直伴随人类存在，也一直在进化。人类历史上发生过多次病毒大传播，新冠疫情也不会是最后一次。

2020不是祸不单行，而是变化无穷。

疫情终将会结束，但数变才刚刚开始。

数变法则

疫情冲破了很多传统规则的底线，让几乎所有人看到了坚守传统的无望，也看到了数字化转型的希望。于是，数字化转型开始备受关注。

数字化转型就是一个全面数字化的过程，也就是一个数变的过程。

对于多数企业而言，数字化转型并不是一件容易的事情，不会转、不能转、不敢转的问题普遍存在。在许多场合都能听到“不转型等死，转型早死”的言论，这很容易让人想到1990年代“不上ERP等死，上ERP早死”的说法。尽管我们并没有看到有多少“上ERP早死”的企业案例，但这种说法的破坏力是显而易见的。

社会急速变革会带来种种不适应，也会带来激烈的矛盾冲突。在英国资本主义快速崛起的1850年代，狄更斯在《双城记》里说：“这是一个最好的时代，这是一个最坏的时代；这是一个智慧的时代，这是一个愚蠢的时代；这是一个信任的时代，这是一个怀疑的时代。”在中国大革命早期的1927年，毛泽东在《湖南农民运动考察报告》里说：对于农民在乡里造反这件事，从中层以上社会至国民党右派，无不一言以蔽之曰：“遭得很。”但在革命者看来，这是孙中山先生致力国民革命四十年乃至中国历史几千年未曾成就过的奇勋，这是“好得很”。

在数字变革面前，所有人都是弱者，但不同的认知、不同的态度会带来不同的选择、不同的结果。

事实上，在数字时代的生存环境里，现在完全与数字化隔绝的企业已经不存在了，差别仅在于数变的程度与效果而已。即便是一个人的小微企业，手机总是有的，有了手机就可以借助网络完成很多事情，手机内有多少个APP就会有多少个数字化应用。大一点的企业利用数字技术的事情就多一些，效果就会更明显一些。

技术在进步，服务也在进步，很多过去难以企及的应用现在变得越来越简单、越来越好用、越来越便宜。

对于多数企业而言，资金、技术、人才等已经不是数字化转型的真正难题，缺乏意愿和想象力才是问题的关键，这背后的根源则是需要提升认知。

数字变革有其内在的要求，未来发展也不是无章可循。本书共分八章，分别讲述了8个数变法则及其应用。这些数变法则，既是趋势判断、内在机理，也是重点抓手、策略选择。

数变法则一：拥抱不确定。关键词：不确定性。不确定是一种美，是一切变化的动力源泉。数变时代，唯一不变的是变化，唯一能确定的就是不确定。从不确定中寻找确定，就是制胜法宝。参见本书第一章《数字战疫：拥抱不确定》。

数变法则二：重新定义一切。关键词：数字化。我们所熟悉的一切都在发生变化，在所有事物前面加上“数字”二字，就会发现一个完全不同的新物种。与企业相关的所有事物都需要重新理解、重新定义。参见本书第二章《数字化：重新定义一切》。

数变法则三：网络配置一切。关键词：网络化。所有能联网的终将被联网，网络正成为资源配置的第三只手。参见本书第三章《网络化：网络配置一切》。

数变法则四：数据驱动一切。关键词：数据化。万物源于比特，捕捉并利用好这些数据，就可以发现更多规律，认识和改变世界的能力就会大大增强。参见本书第四章《数据化：数据驱动一切》。

数变法则五：让机器更聪明。关键词：智能化。既然机器会下围棋，就会干更多的事情。目前人工智能都是弱智能，将来机器会越来越聪明，绝大多数工作都可以交给机器去做。参见本书第四章《智能化：让机器聪明起来》。

数变法则六：从独木到丛林。关键词：生态化。与规模化扩张、多元化扩张相比，生态化扩张成本更低、效率更高、效果更好。参见本书第六章《生态化：从独木到丛林》。

数变法则七：所有能共享的终将被共享。关键词：共享化。所有优势资源都可以用共享的办法使其发挥更大效用，所有急需资源都可以考虑用共享的办法获得。参见本书第七章《共享化：所有能共享的终将被共享》。

数变法则八：所有的生意都值得重做一遍。关键词：换个玩法。将所有数字技术、所有功能与企业所有要素、所有环节一一对应，会形成无数多个创新组合。数字技术会给农业、制造业、服务业带来革命性变化，企业需要的就是大胆尝试。参见本书第八章《换个玩法：所有的生意都值得重做一遍》。

弄懂了数变，就不再怕变数。

Digital revolution

The survival rule of enterprises in the digital age

目录

第一章

CHAPTER ONE

数字战疫：拥抱不确定

第二章
CHAPTER TWO

数字化：重新定义一切

第三章
CHAPTER THREE

网络化：网络配置一切

第四章

CHAPTER FOUR

数据化：数据驱动一切

第五章

CHAPTER FIVE

智能化：让机器聪明起来

第六章

CHAPTER SIX

生态化：从独木到丛林

第七章

CHAPTER SEVEN

共享化：所有能共享的终将被共享

第八章

CHAPTER EIGHT

换个玩法：所有的生意都值得重做一遍

第九章

CHAPTER NINE

尾声：后疫情时代数字经济发展态势

1

第一章

CHAPTER ONE

数字战疫：拥抱不确定

一切才刚刚开始，数字改变世界的大幕正徐徐拉开，

数字化转型将成为企业未来发展的主旋律。

万万没想到，2020年最戳人的流行语之一居然就是“万万没想到”。

万万没想到，在经历过2003年的“非典”之后，17年后我们又要接受新冠病毒的洗礼。

万万没想到，一个用显微镜都不容易发现的微小病毒能让经济停摆，让社会变形，让全世界惊慌失措，让上百万人失去生命，让人类未来命运变得更加扑朔迷离。

万万没想到，我们一直渴望有更多的闲暇可以待在家里，但机会来临时却又觉得原来待在家里的日子是那么难熬。

外国人万万没想到，疫情下的中国人竟然是那样幽默，宅在家里还能玩出那么多新花样儿。

中国人万万没想到，外国人竟然那么傻倔，疫情来临时愣是不愿意戴口罩。

当然，万万没想到的事情还有很多，比如数字经济竟然成为拯救众多企业的诺亚方舟，并因此获得了加速发展。

大考验　大检阅　大培训

突如其来的新冠疫情让所有人、所有国家都始料未及，其深远影响还在发酵中。

2020年4月3日，97岁的美国战略家基辛格发文称，新冠肺炎大流行将永远改变世界秩序。

以色列著名历史学家尤瓦尔·赫拉利坦言，面对疫情，我们最大的敌人不是病毒，而是心魔：仇恨、贪婪与无知。风暴将过去，人类将继续存在，我们大多数人仍将活着，但将生活在另一个世界中。

疫情是我们这一代人面临的最大灾难……

疫情是一场“战争”……

疫情是一场全球性危机……

疫情将加速经济衰退……

疫情将改变世界格局……

到底如何看待这次疫情？不同的人从不同的角度，可能会有不同的结论。

不管怎么样，我们的确看到了病毒对生命、家庭、企业、国家带来的巨大伤害，对经济、政治、文化的冲击。但这并不是疫情的全部。

客观地讲，这次新冠疫情是对全社会应变能力、反脆弱能力和数字化生存能力的一次大考验、大检阅和大培训。

首先，疫情是对全社会应变能力的大考验、大检阅和大培训。

对应变能力的考验主要体现在应急响应能力方面。从内容看，对应急响应能力考验体现在5个方面：

一是第一反应能力。疫情出现后，是否在第一时间掌握了信息，是否第一时间采取了应对的措施。

二是方案设计能力。也就是说，当出现问题了该怎么去解决？这方面倒是难不住我们，因为有了17年前非典的应对经验，所以这一次在方案的设计能力方面相对而言，我们做得还不错，但在实际执行过程中各个地区、各个城市表现出来的差异还是非常大的。

三是资源动员能力。部分城市一开始出现了医疗资源的挤兑，后来出现了一些基本生活用品的挤兑，这些都是本来应该可以解决得更好一点的。当然，从整个国家来讲，我们的资源动员能力是全球公认的，也是效果最好的。

四是迅速解决问题的能力。资源有了，方案有了，但是不是真正较好地解决了问题呢？这个方面不同地区和城市间的差距也很大。

五是信息传导能力。有关病毒知识、疫情防控的政策措施，有没有在第一时间传送到所有相关者尤其是公众的面前？当然，舆情应对也很重要。整个疫情防控过程中谣言与真相的争论就没有停止过。这方面，我们同样有经验也有教训。

从考验对象看，也可以分成五个层次：

第一个层次就是国家。疫情是对整个国家各种能力的考验。

第二个层次是地区，包括各个城市。

第三个层次是部门。疫情应对基本上牵涉到了社会各个部门，也都是需要总结和反思的。

第四个层次是企业和机构。有一些企业在疫情中受到的冲击比较大，而另外一些企业可能利用疫情反倒是有了更好的发展。不同的机构，包括医院、学校、政府部门，受到的冲击也很大的。

第五个层次就是个人和家庭。每个个人和家庭都受到疫情的冲击和考验。疫情期间你在做什么？你是取得新的进步了，还是仅仅在简单打发时间混日子？不同的应对也会产生不一样的后果，对将来的影响会很大。

我们可以把上述五大能力作为一个横坐标，把五个层次作为一个纵坐标，这样就可以列出一个评价体系的表格出来。我们每个人都可以给它打分，看一看自己的家庭、企业、部门、城市和国家哪些地方做得比较好，哪些地方还有差距需要改进。这可以帮助我们进一步的总结和反思，也算没有白白经历了这次大难。

从中国的实践看，国家和个人方面应对的情况比较好，得分也会比较高。相比较而言，地区、部门和企业之间表现出来的差距真的是非常大。有一些地区、有一些部门、有一些企业表现相对较差，也会拉低整体的得分水平。

其次，疫情是对全社会反脆弱能力的大考验、大检阅和大培训。

《黑天鹅》的作者尼古拉斯·塔勒布，一生都在研究不确定性。他专门写过一本书，就叫《反脆弱》。

什么是脆弱呢？就是社会、企业、机构或者是个人，会因为不确定事件的发生而承受重大损失。如果这一次疫情让你承受的损失比较大，那么就是说你的脆弱性比较强。

脆弱的对立面不是坚强，而是反脆弱。坚强只能让你不受伤，而反脆弱可以让你在这个新的不确定性事件里边受益。坚强反映的是你受到的损失有多大，而反脆弱是指你从里边受益有多大。也就是说，你不仅要避免损失，还要从中获益。

尼采有一句名言：“杀不死我的，使我更强大。”这指的就是反脆弱能力。

我非常赞同塔勒布的一个观点，即现代社会变得越来越脆弱。

由于社会分工越来越细，要素的流动也越来越快，那么经济和社会的脆弱性就会进一步加大。

如果没有现代化的大城市，没有四通八达的快速交通系统，就不会有那么多的人口流动，疫情的传播速度、影响力和破坏力可能就会小得多。恰恰是因为咱们现在交通比较发达，社会流动速度越来越快，就给我们的抗疫增加了一些难度。

在疫情初期，我们只是担心产业链断裂可能会传导到全球，比如我们的一些基础电子元器件厂家如果不能够顺利开工，会影响到全球的手机、电脑、电视机的生产。当疫情在全球暴发的时候，我们的担心就不只是产业链了。

由此我们可以看到，社会分工越细，要素流动越快，疫情的影响就会越大，社会也就变得越脆弱。

像这次新冠病毒疫情暴发以后，隔离（也就是限制人口流动）成为最有效实际上也是最无奈的一个限制病毒传播的应对措施。由此而引发的多米诺效应和蝴蝶效应，几乎使整个经济陷入停顿。所以我们说疫情实际上是让我们进一步地看清了现代社会和现代经济体系的脆弱性。

这次疫情暴露出来社会的脆弱性可能表现在多个方面。

——生命是很脆弱的。这次疫情让我们明白生命真的很脆弱。所以，很多人都在反思，表示要更加珍惜当下的生活，也要更加珍惜未来的生活，要重新设计自己未来的发展。

——医疗和公共卫生体系是脆弱的。我们已经做了多年的努力，但是在疫情的打击面前，我们的医疗和公共卫生体系还是有那么多的无奈。

——现代产业和经济体系是脆弱的。一个小小的病毒，就可以让整个经济停摆乃至瘫痪。

——城市和国家治理体系是脆弱的。这次疫情让我们看到，不仅我们国家和城市治理体系有很多方面需要改进，韩国、日本、美国、意大利、德国、瑞典等几乎所有国家也都一样。

疫情暴露出的社会脆弱性给我们哪些启示呢？

第一个启示：存在脆弱是正常的，有脆弱才会有进步。每一次大的冲击，会使我们发现原来还有那么多脆弱的地方。也就是说，我们还有很多的事情要做，未来还有很大的发展空间。

第二个启示：发现脆弱是好事，可以帮助我们明确今后的努力方向。我们找到了自己的脆弱性，也是一个大的进步。

第三个启示：每一次重大疫情和灾害都可以提升人类的反脆弱能力。历史上已经多次发生大的疫情或自然灾害，人类就是在这样的反脆弱过程中不断前进。

第四个启示：不是所有人都能够在反脆弱中受益。不同国家、地区、部门、企业、个人反脆弱能力的提升会存在很大的差异。每个人都应该考虑一下，你的个人、你的家庭、你所在的企业、你所在的城市、你所在的国家，在这次疫情的应对中是不是真正获得了长足的进步。

第五个启示：在工业社会向信息社会加速转型的过程中，数字化生存能力与反脆弱能力成正比。

再次，疫情也是对全社会数字化生存能力的大考验、大检阅和大培训。

对“数字化生存”这个词的出现，我们要感谢尼葛洛庞帝。他在1996年的时候写过一本书，名字就叫《数字化生存》，讲的就是在数字化的条件下如何生存、如何发展。大家知道在1996年的那个时候，互联网在全球的商业化刚刚进行了3年的时间，互联网还不是很普及，电子商务刚刚有点苗头。那个时候他就关注数字化生存，实为难得。

在《数字化生存》一书出版3年后的1999年，美国和中国都开展了所谓的“72小时网络生存实验”，就是看一个人能不能只靠网络就能生存下来。当时的网络不像现在有宽带、有WiFi，只有一个调制解调器，靠电话拨号上网。后来我们知道，很多人实际上在实验中无法坚持下去。

现在的情况已经完全不一样了。2016年，也就是距离上一次网络生存试验的17年后，在中国的上海举办了另外一场比赛，叫“72小时无网络生存测试”。这个实验要干什么呢？就是要看看离开网络人们的日子过得会怎么样。这次实验从全国几个城市随机选了6个人参加。后来就有人反映：没了网络，时间过得特别慢，那滋味简直就是度日如年。

大家也可以想一下，如果抗疫期间我们宅在没有网络的家里，这样的日子是不是真的很难挨？

从“网络生存实验”到“无网络生存实验”中间隔了17年，而从非典到这次新冠疫情也恰恰经历了17年。这两个17年都让我们看到，数字化的发展真的是日新月异，今非昔比。那么，我们的数字化生存能力到底怎么样了呢？这一次疫情实际上也算是完成了一次大的考验和检阅。

对数字化生存能力的考验主要体现在三个方面：

一是对基础设施的考验。全世界都知道中国的信息基础设施建设成就是巨大的，但这次疫情仍然暴露出一些问题。比如在信息网络的覆盖面、质量水平、用户体验、普及服务程度等方面都暴露出了一些问题。

大家都宅在家里时，就要在家上学、在家看病、在家上岗、在家接受培训，一下子使网络的需求大幅度增加，这个时候我们就会发现网络似乎有点不太好用了。信息社会50人论坛在2020年2月22日也开了一次网络会议，当时我选择在北京郊区的一个地方参加远程会议，就发现那个地方的网络信号非常不好，WiFi信号时断时续，最后是靠着手机的4G信号勉强对付过去的。其实当时我住的地方附近就有一个移动信号塔，距离也就200米左右。但4G信号也不是很稳定，每天总有好几个时间段看不到信号，我为这事还打过客服电话，也是不了了之。在北京是如此，在其他地区这种情况当然也会存在，有些地方肯定会更加严重。我曾看过一个关于在家上学的宣传片，片中有一个老师要跑到附近的小山上去上课，有一个孩子要每天跑到屋顶上网课，因为只有在那里才能接收到手机信号。后来还看到过一个报道，说一个小姑娘因没有手机上不了网课差点寻了短见。这些都反映出我们的基础设施仍然存在一些问题。

二是对各类信息系统应用成效的考验。疫情也暴露出各种各样的应用系统存在一些问题。在过去十几年甚至几十年里边，各个行业、各个领域、各个部门都建立了形形色色的管理信息系统和应急系统。在应对这次疫情时，有的系统发挥的作用还不错，但也有一些系统基本上是形同虚设，没有发挥较好的作用。在城市治理、医疗、教育等领域这些应对疫情的关键领域，一些信息系统将来还有很大改进的余地。

三是对企业和居民数字化生存能力的考验。这次疫情中，有的人做得比较好，有的人做得就不够好。有的企业快速地进行了转型，从线下转到了线上；有一些企业呈瘫痪状，疫情期间基本上是颗粒无收，坐吃山空。

各部门各企业都应该好好检讨一下，认真检查我们过去建立的这些应急预案和应急系统到底存在哪些问题，还要进行哪些改进，将来应尽可能地广泛征集好的解决方案，把它进一步优化。正是因为疫情让我们看到了这些系统存在的问题，所以后边解决起来可能就会容易一些。

在这样的大考面前，不同业态应急能力、反脆弱能力和数字化生存能力的表现差别是很大的。我们看到了三个现象：

一是线下经济的脆弱性暴露无遗。大潮退去后谁是裸泳者一看便知，在这次疫情中受伤最重的当然就是线下经济。我们对线下场景的依赖越强，这个产业受伤也就越重。像旅游、餐饮、交通运输、影院等，在这次疫情中一度完全停摆。到了复工复产阶段，它们需要的时间也相对较长。传统制造业反映工人回不来，原料进不来，产品出不去，面临着市场、资金、成本的集中恶化，资金链断裂很有可能会引发一批企业倒闭和大量失业。中小企业的数字化基础相对来说也是比较薄弱的，应对疫情冲击的能力也就非常有限，能否顺利闯关只能看现金流储备是否充足。另外一个受打击比较大的是双创企业，其资金链本来就很脆弱，如果还是主要做线下的业务，那么其受到的打击也会更大一些。

二是数字经济的优势进一步凸显。为什么数字经济在疫情中的损失要少一些呢？以互联网为基础的数字经济，具有天生的减少物理空间依赖的基因，所以在疫情中也表现出了较强的韧性。因为当初建互联网就是为了保证在突然打击下通信不会中断。因为有了互联网和数字经济的发展，这次应对疫情的表现与当年抗击非典相比就有了很大的不同。我的一个朋友曾这样评价："这次疫情中的所有创新都与数字技术有关。"也就是说，凡是取得重大技术突破和成效比较好的地方，基本上你都能看到数字技术创新所起到的作用。反过来，我们也可以从另外一面得出结论：那些出现问题比较多、受伤比较重的那些地区、城市、行业、领域、企业，也往往与过去数字化工作做得不够好、数字经济不够发达有关系。对于互联网企业而言，受伤的程度也不完全一样。有很多互联网企业是把这次疫情当作一种机遇来对待。他们一方面参与抗疫，贡献力量；另一方面抓住机遇积极拓展业务。这次疫情降低了互联网企业的获客成本——大家都闲了，有时间上网，很多人不得不上网做很多事，互联网企业利用这个机会拓展新客户，并且比过去容易多了。大家可以看到，像生鲜快递、网络游戏、网络直播、在线教育、知识付费、在线医疗、云办公、云服务这些领域的众多平台，他们的新增注册用户都在猛涨。学习强国推出了一个云招聘的频道，一些互联网企业在上面开展招聘工作，从笔试、面试到录取基本上都可以在线上完成。我看到有一家互联网企业，2020年就要从社会招聘5000个岗位，比上一年增长了25%。也就是说，有些企业受疫情影响可能要倒闭了，但是另外一些企业可能会获得新的发展。

三是线下转线上加速进行。疫情实际上是完成了一次对全社会数字化生存的强制体验和急速培训。培训的内容包括知识技能、行为方式、思维模式等多个方面。一个典型的表现就是长期停工和非正常开工，迫使更多的企业和机构终于下定了数字化转型的决心。以前很多企业线下做得比较顺，在一般情况下，很难让他改变。疫情来了之后，像智能机器人、远程办公、在线销售、在线培训、在线服务等就成为更多企业的新选择。以前我们以为一些领域的数字化转型很难，但疫情改变了我们的认知。我们万万没有想到，原来一些严重依赖线下场景的行业和领域，过去那些在我们看来根本不可能转到线上经营的业务，这次也突然在网上开始爆发——电影可以在网上首发，音乐会可以在网上召开，云蹦迪、云演出这样的业态都出现了。我们原来以为像售楼、售车这些业务活动很难把它搬到线上，但是这次也看到了，有很多这样的企业开始在网上找到了新的出路。有报道说，一家知名的房地产企业，在疫情期间动员了全国上百万人帮助进行网上卖房，别的企业可能一季度的收入要比往年减少五六成，但这家企业反倒实现了新的翻番，这就是变化。我们原来以为一些餐饮业不可能全靠线上营销，但是疫情期间西安的羊肉泡馍、重庆的火锅竟然在网上卖得非常火爆。一些健身业、家教业也都开始转到线上。这些都是可喜的变化，说明我们的产业和企业在重大疫情、重大灾难来临的时候，反脆弱的能力在不断地增强。由此可见，这次疫情迫使更多企业主动或者被动地选择了“互联网+”。这样大规模、普遍性的远程办公，在中国还是首次出现。所以我相信2020年应该是真实版的“远程办公元年”。以前我们呼唤了很多年都没有实现，这次一下子就爆发了。真是应了刘禹锡的那两句诗：“沉舟侧畔千帆过，病树前头万木春。”

所有企业、组织和个人都应该总结和反思：我们从这次疫情里边学到了什么？得到了什么？改进了什么？未来的方向是不是更加清晰了？

数字战役

数字技术无处不在，当然也能广泛应用于疫情防控。

将数字技术用于疫情防控，我们不妨称之为数字战疫。

与当年抗击非典对比可以发现，这次抗击新冠疫情行动中，从疫苗研制到远程医疗，从数据统计到追踪排查，从资源配置到协同管控，从在线办公到复工复产，数字技术都发挥了至关重要的作用。

数字战疫贯穿疫情防控始终，也一直受到高层重视并寄予厚望。2020年2月14日，习近平总书记在中央全面深化改革委员会第十二次会议上强调：“要鼓励运用大数据、人工智能、云计算等数字技术，在疫情监测分析、病毒溯源、防控救治、资源调配等方面更好发挥支撑作用。”

2020年3月12日，国家卫健委与世卫组织以多地视频连线形式共同举办了分享防治新冠肺炎中国经验国际通报会，传递了八个方面的“中国经验”，其中一条就是“广泛运用高新科技手段”。

疫情期间通信设施建设速度创造了世界通信史上新纪录。疫情中仅用10余天就建成武汉火神山医院、雷神山医院，成为中国速度的最新诠释，相关通信设施建设速度也令人吃惊：12小时建成火神山医院与中国人民解放军总医院远程会诊系统，14小时建成5G直播系统实现火神山医院工程建设实时高清直播，24小时为湖北省防疫指挥部建立临时办公系统，48小时完成火神山医院光网、4G/5G无线网高质量全覆盖，72小时为火神山医院、雷神山医院安装1800部电话并建立信息化系统。

数字技术提高了疫情监控的快速反应能力。2003年非典暴发，中国向世界卫生组织（WHO）报告疫情时已发生了300例病例和5例死亡，而在新冠疫情中报告给WHO时只有27例和0例死亡（2020年1月3日）。在这次新冠疫情中，中国科学家第一时间公布了新型冠状病毒的全基因系列并与全球共享，7款新型冠状病毒核酸检测试剂得以在一个月内应急审批。

数字战役中5G的应用算是一个突出表现。公开资料显示，2020年2月27日，在武汉雷神山医院发生了一场非同寻常的诊疗，中国工程院院士、北京清华长庚医院院长董家鸿在北京、中山大学第一附属医院院长谢灿茂在广州、复旦大学附属中山医院院长葛均波在上海通过“5G远程CT协作平台”共同参与并完成了这场诊疗。这就是5G技术与远程会诊相结合在“抗疫”中的最新案例。此后5G技术在多个场景被广泛应用，虽然只能算是小试牛刀，但效果和优势已经显现出来。工信部对外宣称：“面对突如其来的疫情考验，刚刚商用不久的5G在这场疫情斗争中发挥了重要的作用，已经用于‘抗疫’斗争的包括5G视频、5G+远程会诊、5G+热成像等应用。”

借助数字技术，社会各界迅速行动，紧急动员，积极参与抗疫行动。武汉封城后，市内酒店业主自发组建了“武汉医护酒店支援群”，截至2020年2月2日已有270家武汉酒店为一线医护人员提供免费住宿。腾讯、阿里、京东、华为、小米、顺丰、字节跳动、美团、快手、滴滴等科技公司发挥技术和平台优势，协调组织各类战疫资源。各类志愿者团队自发成立，紧急开发上线医疗物资供应平台，多家机构组织开展网上募捐。

人工智能技术在疫情期间迎来大爆发是可以预料的。目前人工智能技术已广泛应用于医疗细分领域，包括医疗影像辅助诊断、药物研发、健康管理、疾病风险预测、医院管理、虚拟助理、医学研究平台等。这次疫情中人工智能在相关领域都得到不同程度的应用。一个新冠病人的CT影像大概在300张左右，医生对一个病例影像的肉眼分析耗时大约为5～15分钟。这次疫情中，一家公司开发的智能诊断系统，准确率达到96%，识别一个病例的时间不到20秒。多家公司在疫情期间推出了AI辅助医学影像量化分析、AI辅诊系统、候选药物筛选等服务产品，在辅助诊疗中发挥了重要作用。在武汉、上海、北京等地的医疗前线，人工智能检测技术帮助医生实现了病毒的高效检测。智能服务机器人开始崭露头角，消毒机器人、送餐机器人、送货机器人、测温机器人等加入到抗疫队伍中。

企业普遍利用数字技术开展自救活动。视频会议、在线办公成为新时尚，过去严重依赖线下场景的业务也纷纷转到线上。电影首发、音乐会、招商活动、员工招聘和培训开始在网上举行。借助互联网平台，企业间共享用工形成风潮，直播带货让大量企业家和售货员成为新网红。

对于宅在家里的人而言，有没有互联网实在是有天壤之别。以前学英语的时候听到过一个说法：学不好英语，家就是你的世界；学好了英语，世界就是你的家。现在我们也可以说：没有互联网，家就是你的世界；有了互联网，世界就是你的家。互联网不仅满足了基本生活需要，让在家的日子也能过得充实愉快，也使得在家办公、在家上学、在家看病、在家就业创业成为可能。

到了复工复产阶段，“健康码”“行程卡”应运而生，成为大数据应用的又一个鲜活案例，确实达到了“让数据多跑路，让群众少跑腿”的效果，也进一步提高了疫情防控的主动性。“健康码”以真实数据为基础，可以及时更新、随时查看个人出行轨迹和健康信息，较好地解决了流动人员的健康状态识别的难题，实现高效率的人员流动管理，在办公楼、商场、地铁、火车站等人流密集的地点提高过检效率，避免过多的人员接触和聚集。健康码既可以作为公民出入公共场所和满足复工复学条件的凭证，也可以作为对不同人员实行精准管控的依据。在国家有关部门推动下，地区间健康码的统一标准和互认机制为跨地域劳动力流动高效管理提供了重要保障。三大电信运营商联合推出“行程卡”，可掌握疫情发生以来手机用户是否来自或到过疫情严重地区，以便实施隔离观察，避免疫情扩散。出行旅客可以登录确诊患者同行查询平台，只需输入姓名和身份证号码，便可获知是否与病患者同行。用户还可利用短信查询之前14天停留超过4个小时的地点，作为非疫情严重地区归来的证明。

我们看到了数字技术在疫情防控中的作用，也看到了在战疫中暴露问题较多的国家、地区、产业、领域、环节，往往也与数字化应用基础弱、水平低、效果差不无关系。

谁是2B?

数字技术在疫情防控中的应用还有很多，比如可以帮助快速找到可能被感染的人。

1.可怕的2B

这次疫情中我们还学到了一个新词：2B。

2B是一个可怕的词语，一个无处不在的魔咒，一类可能不知不觉中让你陷入万劫不复的人。

人们不敢上街，不敢聚会，因为担心碰到2B。

人们拒绝亲友到家拜年，父母将儿女拒之门外，大街上、楼道里、电梯内见人就躲，高速路口不让下，村里小路不让过……因为不知道他是不是2B。

如果能快速准确找到所有的2B，也许根本就不需要封城、封村、封小区，不需要所有人都宅在家里。

如果所有的2B都能在第一时间被隔离起来或得到治疗，也许整个疫情很快就能结束。

但是，我们就是不知道谁是2B，不知道有多少2B，甚至不知道自己是不是2B。于是，我们就只能假设所有人都可能是2B。于是，我们所有人都最好待在家里，哪里也别去。如果你恰好人在旅途，最好就待在那里，解封之前你可能真的有家难回了。

2.捉摸不定的2B

那么到底啥是2B？为什么2B这么可怕？有没有更好的方法解决2B困局呢？

2B并不完全是一个新词，之前我们认识过好几种2B，或者说知道2B有多个含义。

2B曾是网络流行语，用来指骂那些脑袋灌水的人，带有一定的贬义和侮辱性。据说是21世纪初中学生发明使用并很快传播开来，逐步被社会认可和使用。有一部叫《港囧》的电影里，就有两个人在飞机上争坐2B。还有人把青年人按生活状态分成三类：普通青年、文艺青年和2B青年。显然，这里的2B指的是具有某种特质的人。

2B也曾是电子商务的一种模式，指的是面向企业的电子商务服务。不过，这时2B的读音应该是To B(To Business)。与此相对应的就是To C（To Consumer）,就是直接针对消费者的电子商务服务。阿里巴巴最早就是做2B的，后来有了淘宝网就转向做2C了。

有一阵子，2B是一种网络电子游戏中的可操作角色，全称是2号B

型。在游戏中，2B是一款多用途战斗型智能机器人，代表地球幸存人类与入侵者顽强搏斗。该角色被塑造成一个年轻女娃，冷静沉着美丽英武，深受年轻人喜爱，俗称2B小姐姐。显然，这里的2B是指特定的人，绝对褒义。

其实，更早些时候大家知道的2B更多的是指一种铅笔型号。铅笔的型号有多种，按硬度和颜色深浅来划分：H（Hard）表示硬度，数字越大表示硬度越高，适合在硬东西上做标记。B（Black）表示颜色深浅，是指石墨成分的大小，数字越大颜色越深越容易着色。HB就是中性铅笔。2B便于书写，字迹清晰，有光泽，读卡机能识别，造价也便宜，所以平时考试时用的多是2B型铅笔。

上述4个2B的释义有两个指的是人，一个指的是事，一个指的是物。说明2B的应用很广泛，而且绝对多义。有三个释义都是有了互联网之后才发明出来的，也说明数字化让这个世界变得更复杂、更多义。

也许以后2B还会有更多的释义和使用场景。但无论是之前已经熟悉的2B，还是今后再发明出来的2B，都不可能有这次疫情中出现的2B如此应用广泛，令人记忆深刻，畏之如虎。

疫情中的2B泛指哪些不知不觉中可能被感染但自己也不知道的人。这类人就是通常所说的陌生的密切接触者，也被称为潜在的漏网之鱼。

2B的称谓源于在应对疫情时对人群的分类：A是从疫区出来或者疑似病例，直接被隔离观察或接受治疗；B是A在各类场所可能影响到但并不认识的人，A不知道B的存在，B也不知道A的存在；C是A旅行过程中或到达目的地后直接接触的人，如家人、共同参加过活动聚会者、交通工具同乘者，即一般意义上的密切接触者，这部分人很容易找到，有统计，基本上都被隔离；D是居家没有外出的人。

显然，大多数人都是D。但D也有可能变成B，逛街、遛狗、去超市、乘电梯等，可都有可能被B感染，成为2B。

到此为止，2B称谓的来源已经很清楚了。其一，第二类人，也称B类人，简称2B；其二，可能被B类人接触或传染的人；其三，傻乎乎、稀里糊涂就被感染上的人。

所有人都有可能成为2B。所以，最好的办法就是不要外出，宅在家里。即使外出，也要做好防护。当然，再好的防护也无法完全消除成为2B的所有可能性。

2B是人人自危的恐惧之源，显得比新冠病毒本身更可怕。不确定性再次考验、教训、愚弄了整个人类。

寻找2B成为最大难题，这就是为什么我们要封城、封村、封小区的主要原因。这是无奈之举，也是迄今为止被认为是最有效阻碍病毒传播的方式。连世界卫生组织也承认中国的方法可能是唯一真正有效的方法。

3.找到2B

真的没有更好的办法吗？如果将来再有新的疫情出现，我们还得这样重来一遍吗？科技进步尤其是数字技术有没有可能帮助我们更好地躲过这样的劫难？

这次疫情中很多人想到了卫星定位，其实这也是很自然的事情。连我们走了几步路手机都知道，公园里有多少人也知道，我们到达一个新地点后都会收到欢迎短信，那么为什么不能利用这些位置信息确定近距离接触者呢？

利用手机里的位置功能寻找2B或3C从理论上看应该是可行的。既然手机能计算出你走了多少路，还能给出你的运动轨迹，那么利用移动信号记录的位置信息，将两部或多部有相同或交叉运动轨迹的手机寻找出来，在技术上应该不是一件难事。同时，近期你都去过什么地方也应该是一目了然的，可以立马发给你一个行走轨迹图。在现在的计算能力下，也许用不到0.1秒的时间。

如果能迅速找到2B或3C，手机直接通知他（她）在家或到指定地点隔离就可以了，他（她）是否按照要求老老实实遵守规定，也有很多方法可以发现、印证。如果这些都能做到，也许就没有必要全民隔离了。相信有很多人都想到过这一点。

2020年2月5日，信息社会50人论坛群里就有一位专家专门提到过这样一个解决方案："应该有大数据专家组，根据确诊的病患，根据手机的位置计算出两米或者10米之内、接触时间半个小时（或者另一个参数）以上的另一个手机号。在两个手机的物理位置确定以后，其他的关联可以通过内容进行分析，包括是否在通讯录、朋友圈等。如果这两个手机号不在一个朋友圈，说明就是'潜在的漏网之鱼'，按图索骥，点名精准查验收治即可。这样就可以分析出传染的概率，根据概率的大小决定收治的力度和范围即可。"

这是一个综合的大数据应用，在群里引起热议也是意料之中的。一位研究通信的大学教授回复说："运营商可以有位置信息，但好像没有分析软件。2019年初想招标公司做来的，但规则上只能分析脱敏后的群体信息，如早晚高峰各类交通工具乘用人群的流量流向信息，不允许跟踪某个个人的数据……要想使用这些原始数据，还要有很多规则要谈。"另一位大学教授回复说："民用GPS位置误差是50米吧，如果在室内，就更不清楚了。其实，如果用基站接入的时序数据，可以拟合出早期患者接触的一阶关联者、一阶关联者接触二阶关联者，依此类推，形成传播模式和数据，也就可以对传染规模进行估计了。"

我把这个建议方案发给几个朋友，想进一步了解是否可行。一位电信公司的朋友很快回信说，4G精度不够，需要5G才行，但现在5G基站建设不够用。另一个朋友发来了让我心安的可靠信息：有关部门在做。既然有人在做，就不用我们再讨论了。即使这次用不上，下次总可以用上。

后来看到一位浙江网友的聊天截图，似乎也证明了真的有地方在使用这个方法追踪接触者："区疾控中心说省疾控中心给他们的数据，根据卫星定位发现我的手机号和另一个确诊病人的信号在1米以内，所以要隔离我!"

又过了几天，听说有电信公司推出了一个小程序，输入手机号就可以查询近期去过什么地方，可以作为是否去过疫区的辅助证明。

再后来，看到了中国信通院联合三大运营商推出的"通信大数据行程卡"，试了一下，告诉我："您于14天内到达或途径：北京"。下面还有一行小字说明：本行程卡包含了您在前14天内到达且停留超过4小时的地区。

这个行程卡只提供到过的省份信息，对于寻找2B当然不够。但相信能给出省份信息，也就离能给出城市信息、小区信息、邻里信息、接触者信息不远了。

2020年3月12日，《财经》杂志报道称，"河南境外输入病例来自意大利，3月7日8:50抵达首都机场后，转乘大巴、高铁于当日21:50到达郑州，步行回家；3月10日8时被警方和社区人员以大数据追踪到而转送集中隔离点，后发热转至医院，11日确诊；截至11日12时，已初步通过流调判定其密接者24人，并已集中隔离；该患者有隐瞒境外旅居史情节，警方以涉嫌妨害传染病防治罪立案调查。"随后进一步分析认为，国内追踪、隔离、检测、救治能力已经得到大大提升，除了铜墙铁壁、天罗地网，在资源能力上和病毒的关系已经从疫情暴发初期10个指头要应对成百上千个跳蚤，转为现在100个指头应对1个跳蚤。病毒已经很难在国内再掀波澜。人们越来越关注返岗复工，逐步恢复正常生活。从这个报道不难看出，数字化技术在后期寻找2B中已经发挥重要作用。

俗话说再一再二不能再三，如果真的还有第三次，希望并相信我们不会像现在这样被动和无奈。否则，我们就真的都变成另外一个2B了。

谣言止于公开

重大事件的发生总会伴随有谣言的产生，疫情中的谣言之多恐怕也是空前的。

谣言自古就有，当谣言遭遇互联网，自会有另一番景象。在天下大事一网打尽、传播更加多元化和快速化的今天，微博、微信等自媒体渐成谣言的发酵器、催化剂以及重灾区。

疫情让我们进一步看清了，互联网既是谣言放大器和滋生地，也是谣言净化器和粉碎机。

1.互联网是谣言的放大器和滋生地

从“病毒感染的都是老年人，小孩没事”“猫狗会传染病毒”到“抽烟、喝酒可以增强防疫能力”“开暖气或空调能杀死新型冠状病毒”，五花八门的说法层出不穷，有些根本就是谣言。这些典型的不实信息，极易引发一系列“次生灾害”——不仅让公众难辨真伪，还会影响人们的防疫行为习惯。

对于病毒出现的原因，从一开始就有不同的传言，主要有三种。一是末日论，有人列举了大量近期发生的天灾人祸，得出的结论是“2020，祸不单行”。二是天谴论，认为疫情是上天对人类破坏自然的报复，是相信人定胜天的后果，是气候变暖问题的延伸。三是阴谋论，认为病毒是有人故意制造出来的，是基因战争的现实版。由于技术上还没有彻底弄清病毒的来源，此类传言便也一时无法澄清。

谣言的产生有多方面的原因。有的是误读误解误传，并信以为真。有的是因缺乏常识和知识，因无知而造成无端猜测。有的是故意选择性接受，添油加醋。有的是受利益驱使，博取眼球流量，甚至是别有用心。

汉语里有曾参杀人的故事，还有三人成虎、众口铄金之类的成语。西方也有谎言说三遍便成真理的说法。这就使得谣言很容易被人相信，进而影响人们的行为，这才是谣言的可怕之处。

若事实真相得到及时、公开、透明传播，谣言也就失去了生存空间。

2.识别谣言不容易

在《现代汉语词典》里，谣言指的是没有相应事实基础，却被捏造出来并通过一定手段推动传播的言论。受众未被明示或暗示虚构的前提下，被捏造及传播的与事实不同甚至相反的言论即是谣言。

根据谣言内容不同，可以分为政治谣言、经济谣言、社会生活谣言和自然现象谣言等。也有为突出重点进一步细分成网络政治谣言、网络灾害谣言、网络恐怖谣言、网络犯罪谣言、网络食品及产品安全谣言、针对个人的谣言等。

从谣言制造者采取的方式和虚假成分看可以分成无中生有型谣言、夸大其词型谣言、真假参半型谣言、诡辩型谣言、记忆偏差与断章取义型谣言等。

从表现形式看，又有文字类谣言、图片类谣言、音视频类谣言等。

还可以从谣言来源、谣言制造者主体、谣言危害性程度等更多维度对谣言进行分类。

按理说，谣言本质上是虚假信息，应该没有多大生命力的。现实中确实大多数谣言是很容易识破或者不攻自破的。但在特定时期特定时间针对特定事件的一些谣言甚至比真实信息传播更快、更广，破坏力更大。这个悖论的产生是多方面原因促成的，比如：公共部门公信力下降、媒体失范、商业利益驱动、网络推手作怪、网民从众心理等。

谣言能传多远、多离谱，不光在考验受众们的判断能力，也在考验着权威部门办事的效率和透明度。

什么样的谣言会容易造成这样的影响呢？其特征大体包括影响力大、不确定性高、真相寻求难度大、信息公开度不够等。

尽管都属于未经证实的言论，但流言、谎言、谣言还是有一些区别的。

流言是指广为流传或无根据来源的说法。当代传播学研究者郭庆光认为，流言是指信源不明、无法得到确认的消息或言论。通常会发生在社会环境具有较高不确定性，而正规的传播渠道不畅通或功能减弱的时候。流言广为传播的原因：社会环境的不确定性，流言本身的影响力，对流言被证实或证伪的期待。流言传播过程中会被添油加醋，也会被断章取义，使其变得扑朔迷离，真假难判。但更多的情况下，流言在传播过程中会被质疑、校正，现出本色。

谎言是指知道事实的前提下以欺骗为目的说出不同于事实的话。这是刻意隐瞒，以欺骗为目的。

谣言是指没有事实存在而捏造的话，没有公认的传说，比如民间流传的歌谣、谚语等。

现实中通常会将流言、谎言、谣言混为一谈，统称为谣言。

3.互联网自带净化功能

人体有免疫能力，网络也有自我净化能力。

对于谣言的终止，有三种典型的说法：一是谣言止于智者，二是谣言止于真相，三是谣言止于公开。

“谣言止于智者”语出《荀子·大略》：“流丸止于瓯臾，流言止于智者。”大意是说，滚动的珠子遇到沟沟坎坎就会停下来，没根据的话到了聪明人那里也就不会再流传了。

流言止于智者至少应该有三层意思：一是流言骗不了智者；二是智者能识破流言的虚假当然就不会再传播；三是智者会告诉大家真相，所有人都不会再传了。

在古代，智者是指少数有知识有智慧的聪明人，他们的辨识能力和担当精神可以阻断流言的传播。搁到现在，就是要让真正的专家出来说话。就像这次疫情中，针对各种流言，方方面面就组织了多种形式的专家问答，起到了非常好的作用。不仅澄清了事实，还起到了科普作用。当然，这个过程中也出现了一个很有意思的现象，就是大家都特别相信钟南山院士。所以有人说，钟南山就是大家心目中的智者，而且是超级智者，没有其二。

“谣言止于真相”是现代传播学研究中提出的核心理念之一，也是终止谣言的根本所在。Allport & Postman（1947）曾提出一个关于谣言的公式：谣言=事件的重要性×事件的模糊性。也就是说，谣言效应与事件的重要性和模糊性成正比，事件越重要而且越模糊，谣言产生的效应也就越大。当重要性与模糊性一方趋向零时，谣言也就不会产生了。事情的重要性会随着时间的推移而减弱。而克服模糊性就需要事情的真相了，要想终止谣言的传播，就应及时披露事件的真相，这就是所谓的“谣言止于真相”。但谣言止于真相在很多情况下是一个悖论，因为如果真相存在并很快被披露，也就没有谣言了。

“谣言止于公开”是网络时代应对谣言的重要方法。网络时代，谣言更容易被制造出来，传播速度更快，流传范围更广。这种情况下，单靠少数智者或超级智者是应付不过来的，少数人也很难具备解决所有人关心问题的所有知识和辨别能力。更重要的是，很多事件本身就存在不确定性，真相还没有呈现出来。这个时候全面及时的信息公开就显得很重要了。有些信息可能还不足以反映事件的全部真相，但多一些信息就会向真相靠近一步。信息公开越充分，寻找真相就越容易。

谣言可以欺骗一部分人，但欺骗不了所有人。因为大家都在网上，有的是明白人。谣言可以骗人一段时间，但最终会烟消云散。因为大家都在网上，真相总会浮出水面。网络时代，所有人都会参与到真相的甄别过程中，这个作用就不是少数智者可以相比的。疫情中很多网络谣言就是被广大网民识破并很快销声匿迹的。

互联网刚刚兴起的那段时间，流传着一个谚语：“在互联网上没有人知道你是一条狗。”后来使用的人多了，开始流传另一个谚语：“在互联网上没有人不知道你是一条狗。”

凯文·凯利就曾说过自己认知改变的故事，一开始他也不相信电子商务能发展起来，因为陌生人之间很难产生信任，但她母亲的购物经历教育并改变了他。

为减少谣言的传播和危害，近几年出现了多种形式的辟谣平台。多地上线了政府部门主导的省级辟谣平台，如北京、上海、浙江、河北、四川、安徽、湖南、海南、福建等。由中央网信办违法和不良信息举报中心主办，新华网承办的中国互联网联合辟谣平台2019年8月29日在京正式上线，成为治理网络谣言、打造清朗网络空间的重大举措，旨在为广大群众提供辨识谣言、举报谣言的权威平台。一些互联网内容平台也开辟了辟谣频道，如百度辟谣平台2017年9月上线，逐步打通并覆盖百度搜索、手机百度信息流、百家号、百度新闻、百度贴吧、百度知道等10余条产品线，未来还会拓展到更多百度产品中。2019年5月，腾讯新闻较真平台升级为辟谣平台。这次抗疫中还出现了一些网友自发组织的辟谣群体，比如一个名为“A2N”的微信群就是如此（全称是Anti-2019-nCov，寓意“抗击新型冠状病毒”），这个群自号“谣言粉碎机”，在朋友圈里公布了群二维码，标明宗旨是“不散播恐慌、收集谣言、粉碎谣言、跟踪最新资讯。”对于多数谣言，相关辟谣平台都会很快给出鉴定结果：证实或者证伪。

疫情中的谣言滋生和应对也给我们提供了一些启示。不要将流言、谣言、谎言混为一谈，有些广为流传的信息可能是善意的、正向的、有价值的。不要过度紧张而自乱阵脚。谣言有其自身的生命轨迹，其生命力会随着时间而减弱，会因真相大白而消失。我们可以让子弹再飞一会，可以让病毒再飞一会，让流言再飞一会也没有什么大不了的。不要假装智者，在知识爆炸、信息爆炸的今天，大家都知道智者本身的局限性。有一说一有二说二就好，不懂装懂只会误人误己误国家误社会。不要隐瞒真相，更不要捏造真相。刻意隐瞒真相事实上是在制造更大的谎言，危害也更大。

宅经济的崛起

▼

当疫情突然到来的时候，大家没办法正常地交流、学习，绝大多数人都宅在了家里，宅经济也就成了一个热词。宅经济到底是怎么一回事？是因为疫情来了才有了宅经济，还是疫情过后还会继续发展？宅经济到底对我们的工作、生活会产生什么样的影响？

宅经济因互联网而生，因疫情而爆发，因数字经济而长久。宅经济不是闲人经济，也不是疫情下的昙花一现。宅经济的异军突起不仅会加速数字经济进程，也将对经济和社会整体结构产生深远影响。

1.因互联网而生

宅经济是互联网发展的结果，也是数字经济的有机组成部分。

在互联网出现之前就有很多人宅在家里，山顶洞人算是宅在家里，早期的家庭手工业也是宅在家里的活动，但那些不是我们现在要讨论的宅经济，顶多可以说是有了一些宅经济的基因。

互联网出现之后，具备了在家工作和生存的条件，开始出现越来越多的宅男宅女，才促成了现代意义上的宅经济概念。

从狭义看，宅经济就是在家从事的经济活动。从广义看，宅经济是指所有不必要到指定正规场所或机构就能够进行的经济活动。广义上的宅经济是与场经济相对应的一个概念，所有不需要在场的经济活动都可以称之为宅经济，与通常所说的在线经济就有了很大的相似性。

有了互联网，尤其是有了移动互联网，人们的数字化生存能力显著增强。现在几乎所有事情都可以通过互联网完成，绝大部分需求都可以通过互联网满足。有一次我给大学生讲数字经济时，有学生问过一个问题：手机将来还能干什么？我建议他换一下思考角度思考：现在还有哪些事情手机还不能做？如果你能找到那些手机或者互联网不能做的事情，说不定你就发现了一个新大陆。

在互联网出现以前，也有一些人宅在家里。1983年的时候，日本学者森相夫就把那些宅在家里的叫"御宅族"。从类型看，有偶像宅、模型宅、军事宅、技术宅等。同期的英国也有一种提法叫沙发土豆族，指的是宅在家里窝在沙发上吃土豆看电视的年轻人。

无论是御宅族还是沙发土豆族，他们的年龄基本上都在18到30岁，经常待在家里边，不愿意出去，没有固定的工作，但是基本上都有特殊的兴趣爱好，即便是有工作也是弹性的，三天打鱼两天晒网，有得干就干，没得干拉倒。

过去社会上对于御宅族的看法和印象不太好，有一些污名化的叫法，比如懒宅族、孤宅族、家里蹲、啃老族等。甚至到了互联网时代还有人总结他们的特点是“不漱口，不出门，只叫外卖”。

其实现在的情况已经不一样了，宅经济下的宅主体与以前的御宅族或沙发土豆族还是有明显区别的。现代御宅族的信条是没有网络搞不定的事，他们追求的是安静、简单、快捷、自由。

现代御宅族里不乏知识型、技能型、创新型人才，他们宅在家里可能是在创业，比如在家办公、在家就业、在家创作等。他可能受雇于一家企业，也可能受雇于多家企业，也可能就是一个自由职业者。现在通过网络就可以完成的从业内容很多，如设计、编程、咨询、创作、翻译、培训、授课、网商、电子商务、才艺展示，等等。

宅经济的成因大体有三个。一是经济发展水平。经济发展到一定程度之后，很多人不需要为暂时的生活苦恼，宅在家里的可能性就增加了。很多大学毕业生在没有找到合适的工作之前，选择先在家里过渡一段时间，也就宅在家里了。二是个性化追求。社会发展越往前走，人们对个性化的追求就会越多。很多人不习惯朝九晚五的生活，不习惯一辈子或者长时间困守在一家公司、一个办公楼里，就很容易选择在家办公或移动办公。三是技术发展。在数字化生存环境下，很多事在家里做可能效率更高。

现代宅经济还有一些重要特点。一是忙与闲的统一。以前有人说宅经济是懒人经济、闲人经济，现在宅在家里的那些人可能比我们还忙，是忙与闲的统一，想忙就忙，想闲就闲。二是现代科技与远古生活的统一。很多人向往可以永久性在家的远古生活，现在终于有了机会，借助现代科技可以把所有事都干完了。第三个是生产与生活的统一。以前家是生活场所，单位是工作场所，现在在家里可以把工作和生活有机地统一起来了。

第四个是线上与线下的统一。线下的生活场景、线上的生活和业务场景可以结合起来。在线上接到的活儿，可以线下去完成。第五个是宅与场的统一。尽管宅经济与场经济是相对立的一组概念，但在数字化的条件下，宅与场的边界会越来越模糊。需要的时候就去一下单位，不需要的时候就在家里工作。

从内容看，宅经济的种类有很多，如宅生产、宅研发、宅咨询、宅培训、宅直播、宅服务、宅销售、宅消费、宅娱乐，等等。换句话说，只要是你在家里能做的事情，在前面加一个宅字就可以了。

宅经济条件下，劳务关系可能会有一些变化。以前多数人只能服务于一个机构，机构和劳动者的关系是雇佣关系。宅经济条件下，个人仍然可以受雇于一家或者多家公司，但是更多的情况下可能不受雇于任何一家公司。你可能就是你自己的老板，你与其他公司老板之间的关系是合作或者是协作关系。有人称这类人为网络个体户，我觉得叫网络创业者更好些。

从服务方式看，当宅在家里的时候，所有提供的服务可以通过网络来进行，但也不排除你可以在网上接单然后到现场去完成。

我们都可以自问一下，如果将来要从事宅经济自己能干什么。

从理论模型看，宅经济的规模和水平与宅在家里的人口数量和时长成正比。宅在家里的人越多，每个人宅的时间越长，整个宅经济的规模就越大。一个极端的情况是，当所有人都宅在家里的时候，我们也可以说整个经济都是宅经济。宅经济规模到底有多大，目前还没有权威的测算。我们可以从灵活就业人口所占比重大体上了解一下。目前中国城市的灵活就业人口有10%，10年之后这个比重可能会扩大到现在的3倍，届时市场规模可能在10万亿元以上。

从近期看，宅经济主体暴增与疫情带来的影响有关。从远期看，即便是没有疫情出现，未来的灵活就业人口也会大幅度地增加。目前在美国等一些西方发达国家，灵活就业的比重已经占到了40%，未来很有可能会达到50%以上。

一系列新一代信息技术的出现，也为宅经济未来进一步发展提供了更为迷人的氛围和有保障的技术支撑。像5G、大数据、人工智能、云计算、AR/VR/MR、3D打印，等等，这些都很有利于未来宅在家里边从事经济活动，甚至是创业活动。

宅经济的发展将来也会引发就业体系、用工政策、社会保障体系的变革。宅经济是灵活用工，也是就业蓄水池和缓冲带，对缓解就业压力很有帮助。如果做得好的话，就业难题有望可以得到较好的解决。当然，灵活就业也需要更加灵活的政策环境保障。

2.因疫情而爆发

疫情实际上对宅经济起到了催化和加速的作用。大家都宅在家里的时候，在家里的经济活动就多了，即便是无所事事也与经济产生着千丝万缕的联系。

我们先来看一看宅家时的另类奇葩消遣。有的人在家里宅得实在是无聊至极，开始在金鱼缸里钓鱼。有的人把一袋子瓜子倒出来，竟然能数出总共有1387颗，然后把它排成诸葛亮式的八阵图。也有人把草莓上的籽儿一个一个地扒拉下来，非要弄清楚一颗草莓到底有多少籽。还有人给橘子做接生，说是母子平安，有图有真相。还有人通过手机视频组织云喝酒、云聚餐。我曾向一个朋友求证：听说你春节期间每天都和朋友在网上喝酒，真的假的？他说："真的啊！一个在北京，一个在内蒙古，一个在东北，每天晚上约好时间打开手机视频对饮。只能喝啤酒，这样就不会作假。一开始我们是三个人，后来只剩两人了——有一个哥们儿一喝就醉，我们就不带他玩了。"

这让我想起了几年前春节期间网络直播发生的一个故事。一个小姑娘在直播间里边睡着了，直播间里围观的人越来越多，最多的时候竟然涌进了20多万人。他们还互相聊天，说就是要看一看这小姑娘什么时候能醒过来。后来我请专家研究这个现象，专家们得出的结论是：无聊也是一种生产力。后来很多企业围绕着无聊作为生产力，开发出来一系列新的产品。

当宅在家里的时间不断增加，家的概念也开始发生了很大变化。当不串门、不聚会、不下馆子、不看电影，只能待在家里，家就不再是一个简单的私密生活空间的概念，也不是简单的工作劳累一天回家歇歇脚的场所概念。这个时候，家的重要性显著增强，家变成了一个人整个的世界，真的是一家一世界。有机构通过大数据总结了大家对不同区位最喜欢用的新称谓，比如卧室巷、阳台峰、沙发游乐园、客厅大裂谷、浴缸湖、床头山、淋浴大瀑布、厨房美食街，等等。当人们对家的感觉突然改变时会带来一些什么样的变化？有机构研究称，62%的人在疫情中做好了家装改进的计划。快乐、舒适、自由将成为主流文化，空间要足够大，功能要足够强。

疫情中还出现了另外一个新词：躺经济。以前网上流传过一个电视剧里葛优懒洋洋躺在沙发上的图片，大家称之为“葛优躺”。疫情中大家有了大把大把的时间，也可以像葛优一样躺着享受懒散时光了。这时候，与躺相关的产品开始受到关注了。几个大电商平台相关数据表明，与躺经济相关的产品都卖得非常火，比如手机支架、吃鸡神器、布艺沙发、沙发靠枕、摇椅、被炉、记忆床垫、硅胶枕等等。所以有人开玩笑说，躺着也是经济，也是在为经济发展做贡献。

大家躺在家里的时候，食品的消费也会多起来。中国人一直强调民以食为天，所以把吃看得非常之重要。在春节的那个“黄金周”，生鲜食品比往年同比增长了150%。就连大家认为都快被外卖打败的素食三件套——泡面、速冻水饺、麦片——都出现了较大反弹。同时，大家开始自己动手做蛋糕、做饺子、做包子、烤鸡翅。朋友圈、直播间里有很多都是在晒自己烹制出来的食品。于是，连酵母、酒曲这样的产品也都在大幅度地增长，据说整个春节期间的销量比往年增长了40倍。有报道称，一家比较大的酵母生产企业在全球有12个工厂、37条生产线，一直都在满负荷地生产。

疫情使很多家庭都成了厨师训练营。很多人过去从来不做饭的，现在突然间就宣布自己成为大厨了。结果就是与厨房用具相关的产品突然间就变得紧俏了，其中卖得最火爆的是打蛋器。其他像电压力锅、空气炸锅、电烤箱、破壁机、奶锅、懒人早餐神器、厨房抹布等都比往年有大幅度的增长。

躺够了，吃饱了，总得运动一下，于是宅健身便也热了起来。有研究报告称，2020年春节开始的那一个月里，瑜伽垫同比增长了350%，乒乓球训练器同比增长了200%以上，握力器、臂力棒、家用跑步机、脚蹬拉力器、哑铃、家用动感单车等都比以前有大幅度的提升。

开学的时间到了，所有的学生都不能正常上学了，那么在家上学、在家上课就成了一个必然的选择。当然，现在网络条件也给我们提供了这种可能。过去十多年的时间里，在线教育一直不温不火，这次迎来了真正的爆发。有多少人在家上课呢？当然是所有的学生。统计数据显示，2018年所有在校学生人数大约是2.76亿人，当他们都开始在家上课的时候，一定会带来一些新变化。与在家上课相关的教育产品开始热卖，包括平板电脑、护眼台灯、看书架、U盘、耳机、打印机等等。一些做线上教育的平台不得不紧急扩容，像阿里、腾讯等都火速添置了10万台以上的服务器。

另一个广受关注的就是网上办公。视频会议的作用在疫情中被发挥得淋漓尽致。仅中国跟全球的卫生组织和政府部门联合召开的视频会议，到

3月26号的时候就达到了100多场。对于各类企业来讲，网上接单、无接触的配送、网上招聘、网上招商会等得到普遍应用。到了复工复产阶段，又出现了云打卡、云报表、云会议、直播带货等。2019年被称为直播带货的元年，但是最火的时候还应该是在疫情期间。很多企业领导亲自上场，带动员工开展网络直播。一些地方的领导也亲自上阵，为本地的特产代言。很多人就是因为疫情第一次走进了直播间，一时间直播带货成了一个新的风潮和新的亮点。很多人发现在网上卖东西，并不比在实体店卖的少。一个实体店能够影响到的人毕竟是有限的，网络销售让所有人都有可能成为潜在客户。

3.因数字经济而长久

宅经济因疫情而爆发，会不会因疫情结束而结束？当然不会。疫情过后，宅在家里的人会比疫情期间少，但会比疫情之前多，宅在家里的经济活动也会比过去更加丰富。

后疫情时代中国的数字经济会加速发展，不仅仅是因为数字经济自身的发展轨迹，也因为疫情的影响会对它起到加速作用。宅经济发展对数字经济发展提出了更多的需求，反过来数字经济也为宅经济发展创造更好的有利条件。宅经济与数字经济相辅相成，互相促动向前发展。

首先，数字经济规模将加速扩张。中国数字经济已经进入快车道，开始从量变走向质变，有没有疫情都会加速发展。疫情让更多的人和企业融入数字经济里面，越来越多的经济活动主动或被动地从线下转到了线上，起到了一个催化和燃爆的作用。同时，后疫情时代像5G网络、人工智能、工业互联网、大数据中心等新一代信息基础设施将来会更多更快更高更好，为数字经济发展插上新的翅膀。

其次，传统企业的数字化转型会进一步地加速。疫情中很多企业和业务被迫上网了，就像我们过去使用惯了互联网和手机就再也离不开一样，大多数的企业、大多数的活动都会一直走下去。数字化转型不仅仅是一种技术的应用，也是一种组织的变革、模式的改变，更是一种思考方式和思维模式的转变，这种转变一旦形成是不容易回去的。

第三，一些重要领域数字经济生态的拐点会提前到来。比如在线教育，业界原来估计要等上三五年才能真正迎来大发展，现在疫情改变了这个格局。疫情之前在线教育的渗透率也就是百分之十几，疫情中几乎已经达到百分之百。另外一个提前迎来拐点的就是在线医疗，因为在家看病成为疫情期间的新选择，在很多地方开始有了政策性的突破。网上办公也是这样，疫情迫使绝大多数企业开始从线下转到线上，网上办公瞬间就火起来了。除了疫情因素外，更重要的还在于相关技术和解决方案也到了成熟期，提供了这种可能。

第四，新模式、新业态将大量涌现。当所有人都宅在家里的时候，需求和供给都在大量的增加，一系列的新产品、新应用、新业态开始出现。许多人想不到过去很冷门的商品突然间就卖得十分火爆。许多人感慨原来还有这么多的事情该做而没做，自己还有那么多的才艺和潜能没有得到应有的发挥。于是，供给和需求就这样源源不断地被引发出来。同时，像5G、人工智能、IRVR等这些高能量的新一代信息技术还没有找到杀手级的应用，但早晚会出现。2G时代出现了短信、QQ、支付宝，3G时代出现了智能手机、移动电子商务、微博、微信、O2O，4G时代出现了扫码支付、共享经济、社交电商、短视频、视频直播。那么5G时代会出现什么？大家提到比较多的有4K/8K高清电视、虚拟现实/增强现实/混合现实、智能物联网、工业互联网、数字孪生城市等，但真正伟大的革命性产品可能还不是这些。

第五，一批新的大型甚至超级平台会破茧而出。2003年非典造就了淘宝、京东，甚至也使三大门户网站获得了一个突飞猛进的发展。这一次疫情又有哪些巨人会在风口中成长起来？也许会在网络教育、网络医疗和远程办公领域，也许会出现在其他意想不到的一些领域。

一切才刚刚开始

疫情给所有人上了一堂大课，让我们进一步看清了数字经济发展的大趋势。

一切才刚刚开始，数字改变世界的大幕正徐徐拉开，数字化转型将成为企业未来发展的主旋律。

Digital revolution

The survival rule of
enterprises in the digital age

2

第二章

CHAPTER TWO

数字化：重新定义一切

数字化是指企业利用数字技术改进产品、提升效率、
转换动能、构建新优势的过程。

数字化改变并继续改变我们熟悉的一切。要么改变，要么被改变，别无它途。

于无声处听惊雷

疫情期间，一个5年前的专题报道视频被广为传播，我看了以后也不禁哑然失笑。2015年北京电视台《北京您早》节目为配合宣传“十三五”规划，策划了一个“展望未来”栏目，其中有一集就专门揭示5年后即2020年北京市民数字生活的变化。

以下是这个专辑的文字内容：“五年后2020年的生活会是什么样子呢？不妨一起来畅想一下。早上起来一睁眼，厨房里的电器已经按照提前设定的程序自动做好了适合自己口味的各式早餐。呆萌的家用机器人知道主人已经起床，自动呈现了今天的日程安排、气温、空气指数及路况等相关信息。吃饱喝足，出门上班，无人驾驶的电动汽车会自动规划出最快捷的路线，把我送到想去的任何地方。路上的交通信号灯完全根据车流情况自动变化，堵车那已经是小概率事件了。下班回到家，把电动车停在车库，车库的充电装置会自动感应车辆是否需要充电了。其实呢，充电也不经常有，因为车上配备的是石墨烯电池，充电10分钟就可以行驶1000公里。吃过晚饭，手向空中那么一划，电视机自动打开，屏幕上显示的是我最喜爱的节目。观看过程中，看中了哪一款好看的衣服或者我想吃的东西，再用手一划，就可以直接进入购物界面，你需要的一切都可以信手拈来。2020年的生活就是这么神奇！大家或者会问：真的能实现吗？答案是确定的。北京的“十三五”规划里把建设打造城乡一体光网城市、移动互联无线城市和数据信息安全城市作为一项战略性的举措来实施。大数据、云计算、物联网等信息处理技术将成熟地应用到我们的生活中。”

这个5年前的视频之所以又重新热传，就因为其中描述的未来神奇生活没有如期出现。家用智能机器人还指望不上，马路上的拥堵现象并没有明显改观，无人驾驶汽车还在实验的路上，充电10分钟就能跑1000公里的石墨烯电池离我们还很遥远……放在今天用于预测未来仍然是适宜而且同样引人入胜的，只是将其中的时间点改成2025年或者2030年就可以了。

但真的没有一点变化吗？当然不是。百度的无人驾驶汽车已经在长沙等地当出租车用了，中国完全自主研发的首批5G自动驾驶汽车已经正式量产下线。智能交通在不少城市已经发挥作用，拥堵降低了20%。智能马桶、智能炒菜锅开始大批量进入寻常百姓家。5年前在线教育普及率可能连5%都不到，现在基本上已经全面普及了。5年前很多企业家和政府领导从来没想过要在网上卖货，现在很多人已经可以轻松自信地走入直播间。5年前我们都没有听说过健康码，2020年没有它几乎就寸步难行了。

数字技术带来的改变有时显得很夸张，有时却是润物细无声。

夜深人静的时候，我们手机里的APP在悄悄更新，每一次更新都是技术进步，我们的生活也就因此又有了一些变化。终有一天，我们会突然发现，一切都已经面目全非。

正应了那句话：“于无声处听惊雷！”

数字不仅改变了美国

美国哈佛大学的钱德勒教授在2000年的时候写过一本书，名字就叫《信息改变了美国》。这本书还有一个副标题——驱动国家转型的力量。这本书真正想表达的意思是：信息技术不仅改变了美国，也成就了美国。

钱德勒是一个研究商业史方面的教授，他在这本书里勾勒了在过去300年左右的时间里，信息技术是如何变化以及如何改变了美国，从邮政、电报、电话、计算机一直写到当时刚刚兴起的互联网。

这本书用大量的史实证明了信息在美国发展中的作用和影响。第一次通信革命的主角是邮政，始于18世纪60年代，以第一次有组织地反对大英帝国殖民统治为标志，以19世纪20年代美国国家邮政网络的建立为顶峰。1790—1840年，联邦政府所辖领土面积不可思议地增长了300%，邮政网络却以更快的速度向全国范围扩张。1790年每3500平方英里的土地上只建有一个邮局，到了1840年每61平方英里的土地上就建有一个邮局了，增加了差不多600%。安德鲁·杰克逊总统在1829年宣誓就职不久就决定将邮政系统提升为内阁的政府部门，邮政部的这一地位一直保持了一个半世纪之久。

第二次通信革命的主角是电报。19世纪40年代，查佩发明的电报机普及了信息能在转瞬间传输很长距离的想法，电报的出现经常被人们称作是通信历史上具有决定意义的转折点。早期电报技术的应用常常是毫无规律，且出奇地慢，使用成本也比邮政显得更高。据西联公司总裁格林于1887年估计，只有2%的美国人曾经有事需要发电报，其中至少有87%与商业相关，显然电报并不是一种大众通信手段。但电报对商业的影响是巨大的。一位商业编辑曾于1854年评论说，在电报商用之前，商人们利用预先知道的信息进行大规模的农产品投机买卖。据这位编辑估计，种植者们每年都会因这种投机行为损失大约4000万美元，而自电报商用之后，这一损失减少到原来的二十分之一。

电话的出现成就了美国的制造业，创造了工业时代的神话。1876年2月，贝尔取得了有线语音传输设备的第一个专利，为成立美国贝尔电话公司打下了基础。1878年贝尔就断言，电话将取代房间与房间之间的通话管、拉铃索以及其他工具，成为那些比较富裕的人与他们的仆人进行联系的主要工具，总有一天电话会在全国范围内成为社会交往的日常通信方式。正如莫尔斯曾希望将自己的电报专利卖给政府一样，电话技术的投资人哈伯德起先也尝试将电话专利卖给西联公司，但要价10万美元的电话专利费遭到了奥顿的拒绝。1885年，美国贝尔成立了子公司AT&T以开拓长途通信市场。到第一次世界大战时贝尔系统已经成为工业时代信息基础设施中的决定性要素。一位英国游客于1912年写道："美国电话服务的效率和普及程度像美国其他任何事物一样让落后的欧洲人感到震惊和害怕。"在1880年至1950年间，美国制造业发展迅速，促进了制造业发展也依赖于信息业发展。

从20世纪30年代一直到60年代，基于电子管的各种各样的通信技术将美国造就成了一个被高度动员起来的社会。使用晶体管收音机来发送和接收无线电信号在第一次世界大战前就有了，商业无线电广播于1920年正式出现。到1930年有1400万家庭拥有收音机，渗透率远远超过了电力和电话。

如果说电话成就了工业时代的美国，那么真正把美国带到信息时代大门口的还是计算机和互联网。1952年4月，世界各地30多家公司的代表聚集在贝尔实验室，了解即将成为计算机核心的晶体管技术，并同贝尔实验室签约获得晶体管的制造权。这一年也被称为计算机革命的元年。整个20世纪50—60年代，人们对便宜的存储器需求量大增，为大范围使用更加可靠的计算机芯片提供了经济激励。20世纪60—70年代，利用终端直接获得数据成为推动创新活动的另一种重要激励。为了满足这种接入需求，计算机的速度和性能都得到了提升。同半导体产业一样，美国的计算机产业成长迅速，并很快就主导了全球计算机业务。所有重要产品的开发、制造、配送、营销和销售过程全部发生在美国，也正是这些发展才使计算机技术成熟起来并吸引了大量潜在的大客户和个人用户。

在家庭计算机发展的第一个阶段(1977—1984年)，人们购买的是单机计算机，主要为娱乐和自我提升。在第二个阶段(1984—1994年)，家用计算机开始与在线数据库和远方的人连接。在第三个阶段(1994—1997年)，家用计算机连接到了互联网和万维网。

在钱德勒看来，信息基础设施伴随着美国的发展，而美国的发展也离不开信息基础设施的不断演进。18世纪首先开始于邮政系统，然后转到铁路和电报、电话、无线电和电视，接着是计算机——不论是大型计算机还是微型计算机。国家经济活动很大程度上都与信息的创造、传输和使用有关。

20年过去了，现在所有人都真真切切感受到了信息技术尤其是以数字化为代表的现代信息技术对这个世界的冲击和影响——信息不仅改变了美国，也改变了中国，改变了全世界，改变了我们生产生活的方方面面。

从出租车到网约车

▼

如果要找一个大家最熟悉的数字改变世界的案例，从出租车到网约车的变化也许是合适的。

现在出门叫车实在是太方便了，想坐什么车拿出手机按几个键马上就有车来接你，看到车快到时你再下楼也不迟，走哪条路线最划算也能在手机上看得很清楚，司机为了让你给个五星好评一路上可劲地讨好你。

相比之下，过去打车的体验就实在是太差了。那时候想叫一辆出租车可能要在马路边站上好几分钟，如果是赶上星期一早高峰又下着雨，要等到一辆出租车就只能祈求上苍保佑了。也许你好不容易看到一个空车过来了，你招手它也停下来了，但司机师傅会探出头来问你要去哪，当你告诉他目的地后，他就说对不起，我要交接班了，不顺路……就这样明目张胆地完成了一次拒载。司机、出租车公司、管理部门、用户对此都很有意见，但也都习以为常了。

出租车真的一直都是招手停车模式吗？当然不是。回顾一下历史也许会看得更清楚些。

出租车的演变

1588年，承揽出租业务的四轮马车（Cabriolet）开始出现。

1620年，伦敦出现第一家四轮马车出租车队。

1654年，英国议会颁布出租马车管理法令。

1886年，卡尔·本茨发明三轮汽车。

1897年，第一家出租汽车公司在德国斯图加特创立。

19世纪晚期，计程器开始出现。

1913年，北京出现第一家出租汽车行。

1923年，北京出租汽车行81户，出租马车逐渐被取代。

1928年前后，招手要车方式开始出现。

1949年后，中国市场化的出租车服务基本被取缔。

1951年，首汽公司成立，主要为政府服务，后来一度成为北京唯一一家出租车公司。

改革开放后，各地陆续启动出租车服务行业。

1992年，允许民营资本进入，中国出租车行业开始加速发展。

2004年，经营权纳入行政许可范围，出租车行业开始公司化改革。

2009年，优步公司成立，开启了全球共享出行时代。

2012年，滴滴打车成立，开启了中国共享出行时代。

先有车，然后有出租车。有了车没多久就有了出租车，因为不是所有人都能有车，也不是所有车主都能在任何时间任何地点都带着车。这个时候你可以花点钱使用别人的车，于是就有了出租车，有了出租车行或出租公司。

最早的出租车不是汽车，而是马车（Cabriolet，后来简称Cab，成为出租车的代称）。从现有资料看，最早提供出租服务的四轮马车出现在16世纪的英国。到1620年时伦敦出现了第一家四轮马车出租车队，只有四辆马车，这可能就是最早的出租车公司了。1654年，英国议会还专门颁布了出租马车管理法令，给车主发放营业许可证，看来出租车行业的监管从一开始就是很严格的。

出租汽车的出现当然还是汽车出现之后的事。1886年，卡尔·本茨发明了以汽油发动机为动力的三轮汽车，这一年也被后来人称为汽车元年。1897年，世界上第一家出租汽车公司才在德国斯图加特成立。这之后的发展就顺理成章了。

早期的出租车是没有计价器的，车主会根据客户要去的地方估算出一个价格。一般来讲，距离是计价的主要依据。19世纪晚期计程器（Taximeter）才被发明出来，出租车也开始有了一个新的称号——计程出租车（Taxicab），简称计程车（Taxi）。后来有人根据译音把出租车叫德士、的士，把叫车用车称作打的，出租车司机也有了的哥、的姐的称谓。

对中国来讲，汽车是洋人发明并带进来的，所以叫洋车。没有汽车之前，中国的出租车有马车，但更多的还是人力车，就是骆驼祥子拉的那种车。清朝末年，德国人、法国人带来了汽车，在几个通商口岸城市开办了洋车行，中国便开始有了出租汽车。据考证，北京第一个兼营汽车和马车出租的车行是法国人开的，时间是1913年，地点就在东单附近，主要服务对象是在北京的外国人。后来，汽车行就逐渐取代了马车行成为主流。到1925年，正常营业的汽车行就有了77户。一开始客户要用出租车都是让下人到车行叫车或预约，后来车行装上电话就有了电话月车。后来由于多种原因出租车生意一度不好做，一些车主就把车开出车行出来揽活，才开始出现招手打车的模式。

新中国成立后，出租车行业存在过一阵子，后来被当作资本主义尾巴给割掉了。改革开放后各地陆续批准开展出租车服务，1992年邓小平视察南方谈话后允许民间资本进入，中国出租车行业才迎来了井喷式发展。

招手打车是出租车平民化的开始，因为一直就这样，所以就被当作是天经地义的事了。直到有一天特拉维斯·卡兰尼克（Travis Kalanick）在旧金山创办了优步公司，大家才发现原来打车服务还可以这样玩的。

与盖茨和扎克伯格等人一样，卡兰尼克也是一个辍学生，大学没毕业就下海创业了。2009年，卡兰尼克与朋友加雷特·坎普在巴黎游玩，下雨天叫不到车让他很苦恼，而路旁停满了私家车无法利用，于是便萌生了开发手机打车软件的念头，优步公司就这样诞生了。起初，优步提供的是高端私家车预约服务，用一个软件将用户需求与提供租车服务的司机联系起来，用户只需通过App一键发送打车请求，便会有车辆就近接送，5分钟就能搞定，把你送到任何想去的地方。一开始他给公司起的名字叫优步租车（Ubercab），大概是“超级出租车”的意思。后来觉得优步将来可以做更多的事情，便索性直接改成优步公司(Uber)。很快，优步公司成为全球最大的独角兽公司，最高估值达到1200亿美元。2019年5月优步公司成功上市。2019年底卡兰尼克带着27亿美元的回报离开优步，去做共享厨房了。至于他为什么会被迫离开亲手创办的公司，这又是另外的故事了。

无论如何，优步不仅改变了出租车行业，改变了人们的出行方式，还对整个共享经济起到了引领作用。后来很多领域的业态创新者都习惯宣称自己是“XX领域的优步”。

2012年，滴滴、快的在中国出现了，他们都被看成是“中国的优步”。后来他们合并成为滴滴出行，成为中国最大的网约车平台，也成为中国共享经济的领头羊。2014年优步开始进入中国，叫“优步中国”。两年后，优步中国与滴滴出行达成战略合作，实际上是退出了中国市场竞争，滴滴真正成为中国共享出行领域的“大哥大”。

与传统出租车相比，网约车带来的变化和好处是显而易见的。网约车改变的不只是打车体验，包括不论你走到哪个城市都可以用同一款软件叫车。网约车还让闲置的私家车动了起来，你想用什么车都有人提供服务。网约车让很多人成了兼职司机，可以开自己的车创收，从而增加了大量的就业岗位，平台企业与网约车司机间的劳动关系也从雇佣变成了合作。网约车改变了人们的出行理念、消费习惯甚至财富观念，大家越来越明白拥有不是最重要的，有得用才是目的。当越来越多的人不再把拥有私家车当作财富象征时，也许城市交通拥堵状况会大为改观，也不需要浪费那么多资源了。网约车的出现也倒逼出租车管理进行变革，于是便有了巡游出租车与网约车的区别。网约车积累的大数据，对智能交通的作用已经在许多方面体现出来。网约车还给共享汽车、共享单车、共享公交、共享轮船、共享飞机、共享无人机等所有出行的改变提供了启示。当然还不只这些，在一些新业态创新者习惯自称“某某领域的优步”“某某领域的滴滴”时，优步、滴滴们正在向更多领域进行生态化扩展。

那么这一切都是怎么发生的？与传统出租车相比，网约车的核心竞争力在于大数据。网约车集成应用了多种现代信息技术，是数字化的产物，在其中发挥关键作用的是数据。我们可以看到，网约车使用了各种各样的大数据，包括车的大数据、人的大数据、交通的大数据、信用的大数据、交易的大数据，等等。有了这一些大数据，才能够让它在很短的时间内找到最适合拉你的这台车，同时计算出哪条路线最省时间，总共需要多长时间，要走多少路程，告诉你大概要付多少钱。从技术上看，在你发出出行请求到完成上述这些工作只需要0.12秒，但后台的数据可能需要计算576亿次。这就是大数据的魅力。如果没有这些大数据和相关技术的发展，网约车就不可能出现。

回顾出租车发展历程可以让我们看清楚以下几点：其一，最早的出租车是马车而不是汽车，汽车替代马车是必然的。同样，共享汽车替代现代出租车也是一样的道理。其二，马车是农业时代的产物，现代出租车是工业时代的产物，而共享汽车是信息时代的产物。不能用管理出租马车的办法管理出租汽车，当然也不能用管理现代出租车的办法管理共享汽车。其三，只要人类还在发展，技术还在进步，人们的出行方式还会有新的变化。共享汽车不会是出租车的终极方式，只要出现新的交通工具，就会出现新的出租车模式和业态。

疫情对移动出行的影响也一度受到关注。2020年3月26日，滴滴发展研究院举办“大家谈”线上沙龙（第一期），就“疫情冲击下移动出行面临的挑战与机遇”等议题进行讨论，我应邀就“后疫情时代的移动出行”话题做了一个发言，提出长期来看公众对健康安全关注度的提高会刺激共享出行需求增长，倒逼平台加强防控服务特别是利用数字优势加强安全健康保障，行业数字化程度将得到进一步提升。后疫情时代如何提升用户体验、挖掘市场潜力，更好地健康持续发展将成为行业面临的新课题。

新冠肺炎疫情暴发后，部分城市封城封路，交通出行市场大幅萎缩，共享出行不可避免受到波及。根据交通部数据，2020年1—3月份全国中心城市客运量锐减，分别相当于上年同期客运量的79.4%、14.3%和32.2%。共享出行市场也受到冲击，2月份部分城市网约车暂停运营，用户月活大幅下降，其中最大的共享平台滴滴出行下滑23%，曹操出行、首汽约车等平台下滑60%。各大平台运力也大幅下降，其中滴滴车主下滑约30%，首汽约车司机下滑约37%。

在疫情防控期间，移动出行企业在各个方面都采取了很多的措施来保障健康出行，对健康出行投资都比较大，包括在硬件供给方面，在标准制度建设方面，以及跟用户之间建立很好的关系方面，都采取了很多的措施和保障。通过这次疫情的教育，消费者的意识增强了，知识也增加了，对安全与健康出行的追求将比疫情之前提高很多。这种安全健康的追求，不会因为疫情的结束而放松，反而会继续下去。换句话说，出行平台在疫情过程中创新出来的一些技术、手段、方法、制度等，在这些方面已经取得的进步将来可能有一部分留存下来，而且让它常态化。这样也会使得下一步围绕着健康、安全出行方面的品质及用户体验的提升，可能会成为下一步竞争的关键。

总体上看，后疫情时代共享出行面临的形势是机遇大于挑战。首先，大家对健康出行的需求提升，实际上还是有利于共享出行的发展。与其他集聚性出行方式相比，共享出行的健康出行保障还是会做得更好一些。其次，通过这次疫情的培训，更多的人认识到了数字经济或者是共享经济的重要性，有很多人开始第一次使用各种各样的APP，比如说各类线上会议、线上交流等软件。过去对这块基本上比较陌生的人群，疫情期间从购物到学习，从上网看病到交友沟通，再到网上办公、会议系统，等等，大家对数字化生存的认知越来越高，将来对移动出行的理解也会更深刻，会形成更多的依赖。政府部门对数字化的认知也在不断提升，有利于出行平台与政府之间的沟通与协作。第三，这次疫情中交通产业的数字化水平有了很大的提升。不管是公交、地铁，还是火车、飞机，以前可以放一放、缓一缓的部分，这次疫情的出现就向他们提出了马上做到的要求。最后，未来还有一个可见的机遇就是企业和机构的共享用车将被引爆。2020年完全可以称得上是企业移动出行或者共享出行的元年。以前企业用车进展比较慢，2020年情况不一样了，企业复工复产要考虑保证员工不被感染，开始尝试或被迫使用共享用车服务。一旦习惯了这种供养用车方式，未来将会提供一个很大的市场空间。

将来出租车还会向哪个方向发展呢？未来的交通出行应该是多元化的场景，主要取决于还可能出现什么样的通用出行工具。这次疫情期间，像共享电动车、共享电动自行车的需求就明显增加。网约车与货运之间将来可能产生一些对接——网约车服务既然能载人，当然也可以载物。定制公交也是一个可能的发展方向。未来的交通工具可能是多种形状和多种功能的，有可能运输货物，也可以用来运人。曾有新闻报道，丰田汽车公司推出了一款新型出行工具，看上去就是一个可以坐上去的小凳子。各类需求场景将来怎么样跟出行平台结合起来，让现在拥有的技术、数据和管理经验向更多的领域发挥更多的作用，可能是将来生态化扩张可以考虑的因素或者是机遇所在。

无人驾驶出租汽车可能是一个方向，也许10年后就可以见分晓。到时你需要时就可以叫一辆无人驾驶汽车，它会准时跑到你约定的地点，把你送到地点后自动找到泊车地点。你也可以自己买一辆或众筹一辆无人驾驶汽车，需要时它来接你，不需要时它自己会去跑滴滴——养活自己也养活你。当然，到时对无人驾驶出租车的监管一定还会有一套新的办法。

会飞的汽车、管道机器人、运输胶囊、无人机、高速飞机……有没有可能会成为未来共享出行的方式呢？答案可能是：不排除这种可能性。

从方便面到外卖

过去加班熬夜的时候吃得最多的就是方便面。我读大学的时候就吃了不少方便面，结果吃伤了，以至于后来好长时间都不碰方便面。现在大家有了更多的选择，各种各样的美食可以随时送到你的面前，因为外卖出现了。所以有人说打败方便面的不是另外一家方便面企业，而是外卖。

根据有关报道，2019年我国外卖产业交易额突破6000亿元，网络外卖用户达到4.7亿人，成为仅次于电商的朝阳产业。

美团点评年报显示，2019年该企业活跃商家数为620万家，同比增长7.1%；交易用户数为4.5亿，同比增长12.5%。2019年该公司餐饮外卖佣金收入为496.47亿元，其中外卖骑手成本为410.42亿元，占 82.67%。

进入2020年，突如其来的疫情让餐饮业遭受到致命打击，但消费者和商家对外卖的依赖感反而增强了。可以预计，未来几年外卖市场仍将保持较快的增长速度。

外卖的崛起不仅改变了人们的生活，也使传统餐饮业发生了微妙的变化，甚至可能会带来颠覆性影响。面对餐饮界房租、原材料、人力三座大山，外卖正引导各餐饮企业向“店铺小型化、菜品精致化”的方向发展。外卖平台给消费者提供了对餐饮食品质量、配送速度、服务等方面的点评模式，企业可以根据点评及成交量，对消费者的需求、品味进行清晰定位。餐饮零售化的趋势越来越明显，即餐饮企业可以将菜品在中央厨房加工成标准化商品，借助超市和电商平台等零售渠道卖给消费者。

外卖还成就了一个庞大的新就业群体——外卖骑手。到2019年底仅第一大外卖巨头美团就有399万个骑手，一年交易数量多达87亿笔。相关报道显示，全国外卖骑手在1000万人左右。2020年4月21日，饿了么公布了一组骑手数据，过去的两个月内，饿了么新增骑手24.4万人，其中30%来自餐饮、旅游等服务业，40%来自制造业工人，20%来自自由职业者包括破产的个体户老板们，10%来自应届毕业生，10%来自其他行业。连大学生都送外卖了，可见这个行业已经成为就业的蓄水池和缓冲器。

方便面成为外卖冲击的受害者之一，自2013年以来中国方便面销量连续下跌。尤其是在2015—2016年，随着外卖平台饿了么、美团等迅速崛起，新鲜快捷又美味的外卖逐渐取代方便面在消费者心中的地位。虽然2018年起方便面产业受高端产品带动影响有所起色，但一直没能恢复到2013年销售440多亿包的水平。世界方便面协会数据显示，2018年全世界方便面销量达到1036亿份，中国市场占了403亿份，占全球方便面销量的38.9%，排名第一。尽管2020年疫情期间方便食品有较佳表现，但很难改变长期趋衰的命运。

外卖打败方便面既出乎方便面行业的意料，也并非外卖行业的本意。其实，基于移动互联网的餐饮平台并非只有外卖，还有回家吃饭、私人大厨等多种业态——你可以到人家里边去就餐，也可以约几个陌生人到另外一个陌生人的家里面去聚餐，还可以请川鲁粤湘各大菜系的名厨到家里做一顿大餐。

《三体》小说里有一句名言，叫“毁灭你与你无关”。新业态层出不穷，不知道就会动了谁的奶酪。这种例子在移动互联网时代已经屡见不鲜——打败柯达的是智能手机，打败诺基亚的是苹果，打败微博的是微信，打败ATM机和安保押送公司的是扫码支付。

后来大家慢慢明白了，原来这种现象叫“跨界”。跨界，意味着你不知道竞争对手是谁、在哪里、会怎么变。在传统既定环境里，一家企业的竞争对手要么是走在前面的标杆企业，要么是在后面紧追不舍的后来者。但现在，说不定哪一天会出来几个年轻人搞一个互联网平台，就把你给颠覆了。网约车如此，共享单车如此，共享住宿、餐饮外卖如此，电子商务、个性化定制也一样。

从丰田到特斯拉

汽车是现代社会的标志，如今也在经历变化和冲击。

丰田与特斯拉有什么区别？至少有两点值得关注：其一，丰田代表的是现代汽车，最牛的技术就是发动机，而特斯拉代表的是未来汽车，它不用发动机，用的是电池。其二，丰田的价值体现在汽车本身，而特斯拉的价值体现在它的无人驾驶系统。

也就是说，丰田最牛的技术、最核心的竞争力在特斯拉这里变得一钱不值了。

也就是说，特斯拉与丰田的竞争根本不在一条线上，不在一个维度上。于是，就有人称这样的竞争就是“降维打击”。

“降维打击”这个词也是来源于刘慈欣的科幻小说《三体》。IT圈的人比较喜欢读科幻小说，因为可以从里面获得一些灵感和想象力。因为大家知道，在这个多变的时代，钱不是最重要的，有形的资源也不是最重要的，想象力才更为重要。

科幻小说的兴盛跟科技发展变化有非常大的关系。在某一个阶段科技成果多，变化比较快，科幻小说也就比较发达。中国的科幻小说有两个高峰，一个出现在20世纪80年代，那个时候改革开放没有多久，中国的大门已经开始逐步打开，各式各样新鲜的东西都进来了，所以那个时候科幻小说就迎来了第一个高峰期。第二个高峰期就是2000年之后，互联网尤其是移动互联网的快速发展，让大家又对未来充满了无限的想象。当想象力无限发达的时候，科幻小说也就多起来了。

最近这几年中国的科幻小说作家不光只有刘慈欣一个人，但他的确是独领风骚，拿到了全球科幻小说的各种大奖。他在《三体》里边就提到降维打击：人类为了应对三体人的攻击，组织调动了全球的力量，全世界人民真的团结起来了，组成了庞大的舰队。但三体人的玩法与人类根本不是一回事，人家就是释放出一个小水滴，就让人类的联合舰队瞬间瓦解。因为，三体人比人类多了一个维度，对人类实施的打击就是降维打击。

这个故事能给我们什么启示呢？如果我们有能力给自己增加一个维度的话，就可以对竞争对手形成降维打击。所以，就需要给自己升维或者让对手降维。

理解、掌握和利用互联网的企业，与那些不理解、不掌握、不利用互联网的企业相比，就是完成了升维，就会形成降维打击。

降维打击的核心就是通过新技术、新模式，让传统对手的所谓核心竞争优势瞬间清零。

现实中降维打击的例子还有很多，比如360对传统杀毒软件的冲击、电子商务对传统百货商场的冲击、网约车对传统出租车的冲击，等等。

从大哥大到智能手机

记得有一年我在内蒙古出差时把手机落在了餐馆，取回时老板说了一句话："手机可不能丢，没了手机就失去了整个世界!"这句话对我而言真的有醍醐灌顶之效。

回顾一下手机的发展史，也有助于了解数字化带来的变化及其逻辑。

成型的移动电话设备最早出现在第二次世界大战时期。1940年，高尔文公司推出了便携式无线电步话机，立即被应用于反法西斯战场。据说这个产品可以实现最大范围将近5公里的无线通话。不过那时的无限步话机体积太大，重量至少在15公斤以上，需要军队士兵背着到处跑。据说这个公司的老板兼创始人高尔文以前是卖爆米花的，但这个通信产品获得成功后，高尔文决定公司主打此类产品。1947年，高尔文把公司改名为摩托罗拉。

1973年，一名男子站在纽约的街头，掏出一个约有两块砖头大的无线电话，并开始通话。这个人就是手机的发明者马丁·库帕，当时他还是摩托罗拉公司的工程技术人员。这是当时世界上第一部真正意义上的移动电话，因为可以拿在手里打电话，后来移动电话便有了"手机"(Handphone)的称号。

之后，为了让这块砖头市场化，摩托罗拉又用了十年时间，花掉了1亿美元的投资。1983年，摩托罗拉的第一部商用手机投放市场。这种名为"摩托罗拉DynaTAC8000X"的手机，活脱就是半块砖头，重1.13公斤，售价3995美元。这就是后来大家研究总结时所说的第一代移动通信了，采用的是模拟信号。

1987年11月，广东建成中国第一个900MHz模拟移动通信网，开启了手机在中国的时代。首批用户700人，使用的大部分都是摩托罗拉的这种砖头电话，重量750克。它的功能只有一个，就是打电话，而且它自带的电池支持的全部通话时间只有30分钟。公开售价高达20000元一部，黑市价格在35000元以上。要知道，1988年我国城镇居民平均每人用于生活费的收入全年只有1119元，能用得起的人当然少之又少，一度成为风靡一时的港台片里黑社会老大的标配，这种手机也因此就有了一个响当当的名字——“大哥大”。但那个时候的手机功能还很简单，就是能够打个电话，而且还经常串线。

在以后的发展中，手机的“瘦身”越来越迅速。1991年，手机重量为250克左右。1996年，摩托罗拉推出的StarTAC手机，重量只有96克。此后又进一步小型化、轻型化，到1999年就轻到了60克以下。

1995年左右，第二代移动通信（俗称2G）技术出现了，可以接收数字信号。通常这些手机使用GSM或者CDMA这些十分成熟的标准，具有稳定的通话质量和合适的待机时间。在功能上，二代手机除了可以进行语音通信以外，还可以收发短信、彩信、简讯等。

在更小、更轻的同时，手机价格也呈断崖式下跌。在21世纪来临之前，新手机的平均售价已经只有当年“大哥大”售价的十分之一了。

2001年，手机整合了MP3功能，可以听音乐了。

2002年，手机整合了照相机功能，可以拍照了。

2003年，彩屏手机问世了，手机已经完全不再是“大哥大”的模样。从这一年开始，手机开始向多媒体手持终端方向发展，可以通讯，可以工作，可以娱乐，可以休闲，手机用户也不再是炫富的豪商，而是上亿的普通人。

2007年，苹果公司推出的iPhone开启了第三代移动通信应用的新纪元，这时的手机就是可以上网的手机了。一般地讲，第三代移动通信

（3G）是指将无线通信与国际互联网等多媒体通信结合的新一代移动通信系统。它能够处理图像、音乐、视频流等多种媒体形式，提供包括网页浏览、电话会议、电子商务等多种信息服务。也就是说在室内、室外和行车的环境中能够分别支持至少2Mbps（兆比特/每秒）、384kbps（千比特/每秒）以及144kbps的传输速度。

第三代手机也被称为智能手机（Smartphone），是指像个人电脑一样，具有独立的操作系统，大多数是大屏机，而且是触摸电容屏，功能强大实用性高。用户可以自行安装包括游戏等第三方服务商提供的程序，通过此类程序来不断对手机的功能进行扩充，并可以通过移动通信网络来实现无线网络接入。简单讲就是：掌上电脑+手机=智能手机。智能手机为用户提供了足够的屏幕尺寸和带宽，既方便随身携带，又为软件运行和内容服务提供了广阔的舞台。很多增值业务可以就此展开，如：股票、新闻、天气、交通、商品、应用程序下载、音乐图片下载等等。

大约是2013年前后，4G手机开始出现了。4G是第四代移动通信及其技术的简称，能够传输高质量视频图像，图像传输的质量与高清晰度电视不相上下。有了4G，手机能干的事情就多了起来，每天都有成千上万的小程序被开发出来。没有手机可能什么事都干不了。

2019年被称为5G元年，因为领先国家都开始了5G的应用。对于5G与4G有何不同，大家讨论较多的是更快、更强、更安全、更少的延迟等。不过，我还是很欣赏电信行业的一个老教授的说法：5G就是比4G多1G，比6G少1G。反正，我看到因为有了5G，6个小提琴家可以在不同国家共同演奏一支曲子。

一些国家已经开始研究和部署6G，相信将来还会有7G、8G……

手机的发展不是一步到位的，而是一代一代不断改进、提升，功能越来越强大，价格越来越便宜，使用起来越来越顺手，直到再也离不开它。

这就是人们常说的“迭代创新”。

到了互联网时代，迭代创新的速度不断加快，因为在网上更新几行代码就可以完成一次产品升级。互联网公司可以“先开枪后瞄准”，就是因为可以通过迭代创新不断改进，实现以最快的速度接近目标。

从现金到扫码

2018年5月底，我去欧盟总部布鲁塞尔开会时遭遇到一件尴尬事。住下后约了几个专家朋友一起去买些简单的生活用品，于是就到了当地最大的一个超市。东西挑完了挺高兴，物价也挺便宜，但在出口结账时却遇到了麻烦——欧元收不了、美元收不了，银联卡、维萨卡也用不上！有什么办法能解决呢？老太太让我们去找最边上柜台的那个老头，那个老头也不说话，先用他自己的卡把钱付了，然后再刷我们的卡把钱转过去，总算是把这问题解决了——原来这个超市只能用当地社区的消费卡结账。出门后大家都谈到了一个共同的感受：落后，太落后了！

谁也没有想到，中国竟然成了率先进入无现金社会的国家。现在出门很少有人钱包里还装有大叠的钞票，很多人甚至连钱包都不带了。买大葱、买香烟、买衣服、买门票、乘公交、吃早餐、缴费、充值、转账、发红包，大凡需要花钱的地方，拿出手机扫码支付就可以了。不光是乞丐的茶缸上印有二维码，就连一些寺院的功德箱上也印上了二维码，没带零钱不再是不发善心的最好借口了。

以前外国人笑中国人落后，因为信用卡不普及，出门时很多人都会携带大量现金，所以国外的小偷就爱盯着中国的旅游者。

因为大家很少用现金了，所以小偷减少了，抢劫也减少了。前几天与朋友谈到他的扶贫经历，说他们对口支援的一个大山里的城市，深受数字化之害，那些靠小偷小摸维持生计的庞大群体都被迫转行了。早些年，出租车司机曾经是抢劫案的受害群体，因为他们收的是现金。现在，几乎所有司机都有一个收费二维码，也就很少再听说出租车司机被打劫了。再加上视频监控、人脸识别等技术的应用普及，也许一个“天下无贼”时代真的可以实现了。

当现金变成数字，少了花钱的感觉，消费也就变得更加随意、任性了。面对不断减少、不断变薄的钞票，人们会有压力和紧张感，但面对数字的减少时这种紧迫感就少了许多。有一个朋友在学会网上购物时就对我感慨过：“乖乖，太神奇了，不掏钱就能买东西，跟花别人的钱似的！”在美国很流行的超前消费与信用卡有关。在中国无现金消费激发了网购热潮，才会有“剁手党”概念的出现。可以说，无现金支付对消费的促进也是很明显的。

因为有了数字支付，很多新业态才得以发展起来。

支付手段的演变

在人类交易史上，以物易物占据了最长年代。

中国是世界上使用货币较早的国家，至少有4000年的历史。龟壳、海贝、蚌珠、皮革、齿角、米粟、布帛、木材、农具、家畜等都曾作为实物货币被使用过。

后来，贵金属成了货币，如铁、铜、银、金等。

公元7世纪，唐代商人开始用纸制收据来结算。

10世纪，中国发明了纸币。北宋时期四川成都的“交子”，被认为是世界上最早出现的纸币。

20世纪30年代，信用货币开始流行。

20世纪70年代以来，随着电子计算机的运用，电子货币开始出现，银行卡（Bank Card）的使用范围不断扩大。

中国银行卡产业在80年代开始起步。1993年，金卡工程启动。1997年银行卡逐步实现联网通用。到2018年，银联卡全球累计发放75.9亿张。2020年8月15日，百度公司、百信银行联合中国银联推出国内首款数字银行卡——百度闪付卡。2020年8月31日，中国银联发布首款数字银行卡“银联无界卡”。

1998年，首易信支付成立，宣告中国首家第三方支付平台的诞生。同年，北京成立了首都电子商务城，作为网上支付的示范平台。2004年12月，阿里巴巴正式推出第三方支付应用支付宝。2005年被称作是第三方支付的元年。腾讯旗下第三方支付平台财付通成立，全球支付霸主PayPal高调入华。另外50家第三方支付公司也在同年宣告成立。

2002年，银联推出了手机短信支付模式，方便用户用手机查询、缴费。

2006年，中国银联便推出一项基于金融IC卡芯片的移动支付方案。2009年前后，中国移动和银联相继在一些省市内开展移动支付业务试点。

2010年，中国银联在上海、山东、宁波、四川、湖南、深圳、云南等省市开展移动支付业务试点。央行出台《非金融机构支付服务管理办法》，确立了第三方支付相关的配套管理办法和细则。

2011年5月，央行发放第一批27张第三方支付牌照。

2011-2012年间，中国联通、中国移动、中国电信先后成立了电子商务公司。支付宝推出条形码支付业务，微信支付、京东支付、财付通等移动支付平台大量兴起。

2012年夏天，打车软件成为扫码支付最先普及的领域。微信的二维码支付也借由打车软件进入市场。

2014年3月，央行暂停二维码支付。7月，二维码支付低调重启。12月，二维码支付掀起线下补贴大战。

2015年12月，中国银联与20余家商业银行联手推出“云闪付”产品。

据佛瑞斯特研究公司数据，2016全年美国移动支付规模是1120亿美元。艾瑞咨询估计，2016年中国移动支付的市场规模达5.5万亿美元，是美国的近50倍。

2018年，支付宝、银联纷纷公开宣布推行刷脸支付产品，微信支付也在探索刷脸支付价值。美团、建行、工行等也对刷脸支付进行了尝试。2019年成为刷脸支付大爆发的元年。

为什么要重新定义

我们现在所看到的万事万物都跟以前不一样了，需要重新理解，重新适应，重新定义。

信息社会50人论坛每年都要从成员的最新研究成果中选出一些文章，汇编起来就成了一本书，也就是一个年度报告。2017年的报告就叫《重新定义一切》，我给这本书写的序言就是《为什么要重新定义》。

我们不熟悉的东西来得太快，而熟悉的东西又消失得太快，这就是我们所处这个时代的基本特征。变化越快，未来的不确定性就会越多，人们对关于未来思考的需求就会越强烈。机器人会不会让更多的人失业？人工智能会不会成为我们最可怕的敌人？基因研究突破真的会让人的寿命延长一倍吗？大数据是否会开启一个新计划经济时代？共享经济是引领人类走向大同还是导致经济走向崩溃？……这些问题是切中要害、严肃认真还是似是而非、滑稽可笑？如果有答案，也许只能是：也是，也不是。

30多年前，托夫勒夫妇在《未来的冲击》中就有这样的描述：在太短的时间内发生太多变化，会给个人和社会带来心理问题和精神上的不稳定。这个论断对于当下的中国和世界同样有参考价值。

对变化的渴望与对稳定的需要之间，始终处在对抗状态，这是这个时代基本特征的另一面。实践的快速发展使得理论、政策、治理显得滞后是一回事，理性而故意地拒绝接受变化是另一回事。好在，这种对抗预计不会持续太久了，因为越来越多的人开始强调要重新定义了。

动手写这个小序之前，没忘记上网搜一下关于重新定义都已经有了哪些书。尽管有了心理准备，还是不免有些吃惊——好像大多数事物都被人家重新定义过了！

——产品被重新定义了，比如汽车、自行车、马桶、冰箱、洗衣机、啤酒、住房，等等。

——产业被重新定义了，比如农业、制造业、商业、服务业、银行、保险、股市、医疗、教育，等等。

——要素被重新定义了，比如组织、人才、团队、安全、文化、战略、品牌，等等。

——模式被重新定义了，比如商业逻辑、股权激励、薪酬绩效、营销、售后服务、无人商店，等等。

——经济和社会被重新定义了，比如GDP、社会财富、世界、现代化、未来，等等。

——人生被重新定义了，比如工作、生活、学习、就业、创业、旅游、养老，等等。

更有意思的是，就连定义的主体也被重新定义了，比如有人在重新定义互联网、移动互联网、大数据、云计算、人工智能、区块链等等。大有“你敢定义，我就敢重新定义”之态势。如果较真起来拿起这些书翻上几页，很快就会哑然：原来熟悉的可以重新定义，不熟悉的也可以重新定义。

不管怎样，这是一件好事，毕竟越来越多的人开始接受变化、思考变化，越来越多的人知道原来的定义过时了。

我们所熟悉的一切都与过去不一样了，所以需要重新定义。

很多人抱怨现在新名词、新概念太多，让人难以适应。其实，不是新名词、新概念多了，而是新事物多了，原来熟悉的事物也发生了变化，需要用新名词、新概念来表述。比如汽车，原来是烧油的，现在改成烧气的、用电的，就有了新能源汽车。原来汽车是要有人操纵的，后来有了完全智能化的自动行驶的汽车，便有了无人驾驶汽车的概念。

对于如何重新定义，多数情况下都可以用新技术来定义，最普遍的就是可以在所有事物之前加上“数字”二字就可以了，比如数字经济、数字社会、数字政府、数字农业、数字营销、数字马桶等等，这就是所谓的“数字+”或“数字定义一切”了。类似的定义方法还有“互联网+”“智能+”“共享+”“云+”等。

还有一个最简单实用也不容易出错的定义方法就是在所有事物前面加上一个“新”字，比如新时代、新技术、新产品、新产业、新制造、新模式、新理念、新挑战、新组织、新汽车、新能源等。

Digital revolution

The survival rule of
enterprises in the digital age

3

第三章

CHAPTER THREE

网络化：网络配置一切

网络化是指企业利用互联网整合资源、创新价值、提升效率、转化动能、构建新优势的过程。

人类历史上伟大的发明有很多，比如火、电、文字、货币、车轮、钢铁、塑料、火器、汽车、电话、指南针、印刷术、青霉素、蒸汽机、避孕药、计算机、人造卫星，等等。但如果要评比人类有史以来最伟大的发明，一定会是互联网。互联网把人类及所有资源连接起来，激发了无数的创新可能，把人类带进了信息社会。

高考会消失吗?

2020年4月9日晚，我赶到清华同方广场，为智慧树“大趋势”课程主讲2020春季见面课。这是2020年该课程的第一次见面课，也是我春节之后第一次外出参加公共活动。北京的疫情管控还未见放松，进园区要验证身份证和北京健康码，还要留下身份证复印件（我一直觉得这个要求有些过分，也有些多余）。

以前给这个课程讲过关于数字经济大趋势之类的见面课，所以还算是轻车熟路。但这次是在疫情期间，所谓的见面课也只能是对着机器自己讲，学生们通过网络听讲。看不到学生，不知道有多少人在听，看不到他们的反应，多少有些不适应。不过从最后交流时间回答了不少问题看，估计上课的人还是有不少吧。

回程时听专车司机说起他正在读五年级的儿子在家上网课的事，说是效果很不好，孩子很难集中精力学习，一会儿去吃点东西，一会儿又去玩一下手机游戏。他抱怨说，久而久之会把孩子带坏的。看来疫情期间最希望学校复课的估计不是老师，也不是学生，而是家长。

我从司机师傅那里了解到，学生们在家上的网课是北京市统一安排的，不是本学校老师讲课。这个情况与前期从同事那里了解到的一样，他们的孩子用的是一个知名网络学习平台的课程。

看来，还真的是一门课程有一个好老师就可以了，其他老师的主要任务就是辅导和监督。这样的模式如果能在疫情过后还可以继续的话，网上教学共享师资的局面就真的自然形成了。也就是说，如果所有的在校教育课程都能搬到网上，优质教育资源严重不足且分布不均的情况就会得到较好的解决。

在校学习可以搬到网上，业余培训课程当然也可以。2020年4月20日早上，无意间看到一条微信，说是可以免费参加“欢乐英语4天口语特训营”，听许欢欢老师每晚的颠覆式英语口语课程。觉得有点意思，于是就点了几下手指报了名。当晚8：00，准时上课，一直听到晚上10点半，感觉真的不一样，似乎真的找到了过去学不好英语的原因。第二天就正式报名参加了“欢乐英语口语背诵营”。其实学英语对我而言没有多大吸引力，我关注的是网上英语培训模式的可持续性。跟踪学习了几个月，觉得线上学习的创新空间也是很大的，他们的很多做法堪称经典，有推广价值。

英语培训可以搬到网上，其他的培训课程是不是也可以呢？答案当然是肯定的。

如果所有的企业培训、职业培训、技能培训都能搬到网上，所有技校、高等院校的优质课程都能搬到网上，又会是怎样一种景象呢？

2009年初在西班牙巴塞罗那访问过一家网络大学，该大学所有的教学设施只有两座矮层小楼，一万多名学生来自全球，800多位教师也来自全球，所有课程都在网上进行，收费同线下的巴塞罗那大学一样。当时就想，如果各大学都能开办网络大学，或者网络上能开办各类大学，大家随时可以选择入学，也许高考制度就需要重新设计了。

如果网上教育成为常态，学生们的成绩、特长、社会活动、各种表现都被记录和保存，也许高考制度就不再成为必要了。

在家看病

▼

疫情期间，在家看病成为一个新时尚。学习强国平台与多家第三方平台合作，推出了在家看病专用频道。一大批医院开始把过去根本不愿意或者不可能提供在线服务的一些业务搬到了网上。前几年开始起步的互联网医院这一次也发挥了重要的作用，并突破了一些政策的限制。

据《文汇报》报道，2020年2月底，上海徐汇区中心医院拿到了互联网医院牌照，开通了医保结算，成了一家真正的互联网医院，用户可以在线诊疗、复诊、开方、配药，通过医保在线结算，药品快递到家。打开“徐汇云医院”App，几乎任何时候都能找到来自各科室的值班医生。除了每天安排30名～50名医生护士在线值班外，徐汇区中心医院还鼓励其他医生随时通过手机和电脑的医生终端参与线上问诊。①如果只是轻问诊，用户从登录到开始问诊，只需要花费两三分钟时间，如果放在以前要跑医院、挂号、候诊，至少需要两三个小时。

在优质医疗资源严重不足的情况下，看病难、看病贵一直是个大难题，现在似乎有了重大转机。

互联网医疗在中国已经有了10多年的发展历程，但一路走来磕磕绊绊非常艰苦。2010年后网上问诊渐成规模，2020年新冠疫情的暴发等于是给互联网医疗打入了一剂强心针。根据易观调查数据，2020年春节期间，互联网医疗在线问诊领域独立APP日活最高峰值达到671.2万人，一批成熟的互联网医疗平台终于迎来了快速发展的新契机。

互联网给医疗带来的变化是多方面的。

——**从线下到线上**。有研究认为，大多数疾病是不需要到大医院治疗的，一般性的疾病和健康问题通过网络问诊或社区医院就可以解决。如果能够在家通过互联网问诊解决自己的问题，对于患者来说当然是最大的福音。也许将来的医疗共享平台可以像叫外卖、叫滴滴一样把医生请到家里来，实现真正的在家看病。

——**从一次看病到持续关注**。好大夫在线CEO王航曾经谈到，未来医疗的核心追求是优质服务，可以把医院里一次一次的、间断的单次诊疗，转向线上线下结合的长期诊疗，甚至终身跟踪治疗。

——**从以医院为中心到以患者为中心**。要真正做到以患者为中心而不是以医院为中心，需要按照患者的需求设计新的服务流程。在这些方面，互联网能够发挥很大的作用，比如可以通过云端服务平台帮助患者和医生

① “在家看病”成越来越多患者就医日常. 央广网，(2020-05-08). http://www.cnr.cn/shanghai/shzx/ms/20200508/t20200508_525082642.shtml.

始终保持联络；通过设立相互评价机制，激励医生提供优质服务；建立慢性疾病管理平台，将疾病治疗过程管理体系化、标准化。

——**从医院品牌到医生品牌**。在互联网上，专业能力过硬又善于沟通的医生会得到更多的好评，也会成为其他患者选择医生的依据。这样，不仅造就了一批口碑好的网红医生，提高了优质医生的收入，也增加了线下医疗的流量。过去大家主要看医院品牌，将来可以选医生品牌。

——**从雇佣到协作**。随着互联网医疗的发展，医生和医院之间也会形成一种新型的协作关系。现在的医院和医生之间是领导和被领导、雇佣和被雇佣关系，将来会演变成协作关系。

——**从面对面门诊到远程专家门诊**。有了互联网，基层医疗机构可以提供远程专家门诊服务，承担更多的医疗任务。不仅可以更充分发挥优质医疗资源的作用，还有利于提高基层医疗机构的医疗水平，病人也可以实现在家门口就能看到北京、上海等大城市的专家。

——**从独占到共享**。利用互联网平台，医院、医生、技术、仪器等优质医疗资源可以通过共享的方式发挥更大的作用。

——**从封闭到开放**。互联网医疗会走向开放，变成开放平台，吸引更多的医疗机构、医生和患者加入进来。

一家医院、一个医生的能力是有限的，但所有医院、所有医生经过互联网整合起来以后其能力和成效就会被放大。优质医疗资源严重不足和分布不均的问题，有望通过互联网得到极大的缓解。

疫情下的企业自救

▼

互联网不仅可以改变教育和医疗，在所有领域都能发挥巨大作用。为应对疫情影响，互联网无疑成了各类企业自救和止损的诺亚方舟。

2020年2月，全球最大的智能手机展——巴塞罗那展取消了，华为却通过直播的方式发布了自己的新品手机。

做床垫的慕思寝具用7天时间组建了97个微信团队进行全员营销，1个月里在网上卖掉了15万张床垫，超过了上年同期的销售业绩。

疫情加快了线下娱乐产业向线上转型的步伐，各大酒吧纷纷在视频平台开起了线上直播。2月3日，摩登天空在B站直播间发起线上试播，同时在线人数达到27万人。2月16日晚，刷宝APP直播间开启三个小时的“云蹦迪”狂欢，累计观看人数达到101.4万。

在线下娱乐基本被锁死的情况下，电影《囧妈》春节期间在网上发行，将产品以版权转卖的方式交给线上视频平台，让制片人摆脱了项目积压的风险，带来立竿见影的回报。

2020年2月15日，中国音乐家谭盾的《武汉十二锣》在比利时安特卫普首演，令欧洲观众落泪。当时他说，自己最大的心愿，是盼望疫情早日平息，带着《武汉十二锣》回家。这个心愿真的实现了，而且完成了一场具有里程碑意义的真正的云上交响。4月12日，武汉解封后的第5天，谭盾通过互联网集合了中国、美国、俄罗斯、日本、保加利亚、法国、韩国、挪威、德国、以色列十国艺术家，于武汉、上海、纽约三地，通过5G技术在线联袂演奏。在上海云直播现场，谭盾用手机连线湖北编钟博物馆5G同步，六面巨锣在纽约，六面巨锣在上海，隔空同步韩国女高音、中国指挥家和10国音乐家。锣声依次炸裂，人声轻轻吟唱，音乐催人泪下，声浪直指人心，撞击着人们的心弦，抚慰着心灵的伤痛，也传递着来自音乐的祈祷、温暖、爱与希望。有报道称，《武汉十二锣》云直播，充满了科技感、未来感、神秘感，从视觉上甚至有点纪念碑式的仪式感。

家电行业一季度销售额整体大幅下滑，实体门店更是无法正常营业，这就使得包括格力在内的家电企业，不得不采用各种各样的营销手段来提升公司业绩。2020年4月1日，格力电器董事长董明珠在接受央视财经采访时表示，尽管大家都往直播带货这个方向走，她依然还是要坚持走线下，不愿意转向线上销售的原因主要是不想让格力五六十万线下门店的销售人员失业。其实这也是很多传统企业发展线上业务的共同想法，担心线上业务会冲击线下，造成左手搏右手的局面。但事情很快就有了神奇的变化。4月24日，董明珠迎来直播首秀，化身最强推销员与网友互动。可能是因为首次直播团队经验不足，直播间接连出现了卡顿、重声、没声音等bug，商品销售额只有22.53万元，但毕竟格力走出了第一步，当晚累计观看仍然达到了431万人次，在线人数峰值21.63万人。

餐饮业无疑是在疫情中受伤最重的行业之一。食材储备损失、人力成本、房屋租金是疫情带给餐饮企业的三个硬伤，有调查称大多数餐饮企业很难支持3个月。但餐馆注定要吃大亏吗？也不尽然。西安一家老字号羊肉泡馍以前只有堂食，估计与羊肉泡馍的特点相关。但疫情期间这家店也进行了创新，把各类食材都做成半成品，用户很容易就可以动手做出老字号风味。餐馆还组建了自己的配送队伍，增加用户对食品安全的信心。由于这家餐馆平时积累了很好的用户资源，也深得用户信任，疫情期间通过微信等手段一联系便有了生意。外卖并不是唯一的自救方式。一些企业把堂食产品通过规范的工业化生产转变成可以在电商平台上销售的产品。

汽车、住房、马桶、农产品等都选择了网上销售，也使得直播带货在2019年元年开启之后走上了快车道。

互联网简史

为什么互联网会有这么大的魔力？它还会向哪个方向发展？我们不妨

先透过后视镜看一看过去，再抬起头来看一看未来。

互联网概念在20世纪60年代被提出来，可以说互联网的出现是冷战的结果。

在传统的战争环境中，切断一根电话线就可以让军事指挥系统陷入瘫痪。有没有可能建立一个不怕打击的通信网呢？这就是互联网作为军事研究目的的初衷：网络必须经受得住故障的考验并维持正常工作，即当网络的某一部分遭受攻击时，其他部分仍可以保持正常的通信工作。

互联网的原型是局域网（Local-area network，LAN），又叫区域网，就是以一台主机位中心，连接多个计算机终端，形成一个物理上独立的电脑网络。把多个局域网连接起来就形成了互联网，所以互联网也成了“网络的网络”。

1969年，美国国防部高级研究计划局（Advanced Research Projects Agency, ARPA）着手建立了世界上第一个电脑网——阿帕网（ARPAnet），试图将加州大学洛杉矶分校（UCLA）和斯坦福研究所（SRI）的局域网连起来。1969年10月29日，大学生查尔斯·克莱因发出了世界上第一个互联网短信“Login”，一场技术革命的序幕从此拉开。

1969年底，阿帕网的节点增加到4个，犹他大学和加州大学圣巴巴拉分校接入进来。

1981年，阿帕网连接的局域网增加到213个。

在阿帕网之外，美国政府机构如航天宇航局、能源部、国家科学基金会以及一些高等院校也分别开发建设自己的互联网络。

1970年代初，欧洲各国开始建设自己的互联网络。其中英国开发的X.25从一开始就允许民间机构接入，这与阿帕网有明显区别。

网络多了，互相之间的连接和通信就变得十分困难，需要一个通用标准。

早期，国际电信联盟（ITU）曾将英国X.25网络的数据标准接受为国际标准。但后来没有争过美国人。

阿帕网开始使用的标准叫网络控制协议的标准（Network Control Protocol，NCP）。后来设计者们发现这个标准有缺陷，即只能在同构环境下运行，如果网络上的计算机使用不同的操作系统就没法玩了，这样的限制当然不利于网络的发展。

在美国国防部的资助下，斯坦福大学的温顿·瑟夫(Vinton Cerf)和罗伯特·卡恩（Robert Kahn）开始研究在异构环境中使用的新标准，可以让各种硬件和操作系统都能适用。1973年，最核心的两个协议被设计出来，即传输控制协议和网络协议，简称TCP/IP（Transmission Control Protocol/Internet Protocol）。1974年12月，卡恩与瑟夫正式发表了TCP/IP协议并进行了详细的说明。

1982年，阿帕网开始采用TCP/IP协议。1983年元旦，阿帕网的所有用户转换到新标准上，TCP/IP协议正式替代了NCP。这个过程中瑟夫等人第一次使用了“互联网络”（Inter-networking）这个词，后来简化为“互联网”（Internet），词性也从动名词转化为名词。

1984年，TCP/IP协议得到美国国防部的肯定，成为多数计算机共同遵守的一个标准。

后来美国人压倒欧洲，使得TCP/IP协议最终成为国际标准，也为世界性的互联网发展铺平了道路。

其实，TCP/IP协议不只是包含TCP和IP两个协议，而是包含了多个协议，只是因为这两个协议比较基础和重要，就被选出来作为简称了。温顿·瑟夫和罗伯特·卡恩等人也因此获得了“互联网之父”的称号。

1984年，美国国家科学基金会组建了NSFnet，用一个56kb/s的骨干通信线路连接了美国6个超级计算机中心。各大学的主机可连接到本校的校园网，校园网可就近连接到地区网，每个地区网又连接到主干网，主干网再通过高速通信线路与阿帕网连接。这样一来，学校中的任一主机可以通过NSFnet来访问任何一个超级计算机中心，实现用户之间的信息交换。后来，NSFNET所覆盖的范围逐渐扩大到全美的大学和科研机构，NSFnet和阿帕网就是美国乃至世界互联网的基础。这一年，连接到互联网上的主机超过1000台。到1990年，阿帕网停止运营，被NSFnet彻底取代。

如果互联网只能做到让计算机之间实现简单的通信和文件传输，那所谓的革命性影响就要大打折扣了。如何让所有人都可以随时分享包括文件、图片、音频、视频信息呢？这就需要等待天才的出现了。

蒂姆·伯纳斯·李(Tim Berners-Lee)就是这样的天才。1989年，他向所在的组织欧洲原子核研究会（CERN）提出了建设万维网（World Wide Web，WWW）的设想，以方便该组织的研究人员分享和更新信息。具体设想就是：大家把各种信息放到服务器上，建立一个超文本（Hypertext）链接，形成多媒体网页，这样另一端的用户就可以在自己的计算机上借助浏览器（Browser）查看所需的网页，也可以将自己制作的网页上传到服务器上。

可以把万维网设想成一个分布在全球各地的图书馆网络，每一个服务器就是一个单独的图书馆，上面的每一个超文本网页就是你要找到的图书、文件、音乐带等，只要知道地址你就能随时查看。这个设想实在是太酷了！

这个设想后来催生了多项技术发明：制作网页的标准语言HRML（Hypertext Markup Language），网页传输标准HTTP（Hypertext Transfer Protocol），网址URL（Unifor Recource Locator），浏览器（Browser），等等。

1990年12月20日，蒂姆·伯纳斯·李开发出第一个浏览器，并建立了世界上最早的网页。12月25日，罗伯特·卡里奥在CERN和他一起成功通过Internet实现了HTTP代理与服务器的第一次通讯。1993年，万维网对所有人免费开放。这方面，我们所有人都应该向蒂姆·伯纳斯·李表示敬意。他一直坚持非盈利原则，不申请专利，不收专利费，所有人都可以免费使用。

回顾历史就会发现，互联网原型在1960年代就诞生了，为什么没有迅速流传开来呢？原因有很多，简单归纳一下就是：复杂、枯燥、限制多。有了万维网，情况就有了很大的改观。

人物简介

蒂姆·伯纳斯·李(Tim Berners-Lee)

1955年6月8日，伯纳斯·李（Tim Berners-Lee）出生于英格兰伦敦西南部。父亲是康威·伯纳斯·李，母亲是玛丽·李·伍兹。他的父母都参与了世界上第一台商业电脑曼切斯特1型（Manchester Mark I）的建造。伯纳斯·李在辛山小学（Sheen Mount Primary School）念小学，在伦敦伊曼纽尔公学（Emanuel School）念中学。1973年，他中学毕业，进入牛津大学王后学院深造，最后以一级荣誉获得物理学士学位。1980年担任欧洲CERN独立承包人，1984年以研究员身份加入该组织，1989年开始构建万维网。1994年转至麻省理工学院组建万维网联盟。2004年获封为英国爵士。2017年，他因“发明万维网、第一个浏览器和使万维网得以扩展的基本协议和算法”而获得图灵奖。

资料来源：百度百科等

随着技术进步和应用多样化，互联网的功能被逐步开发出来，也就吸引了更多商业机构加入进来。

到1992年，美国国会意识到政府的限制会阻碍互联网技术的进一步发展，便通过了《科学与先进技术法案》，允许商业网络接入政府所建的骨干网络如NSFnet。这一年，连接到互联网上的主机数量超过100万台，互联网协会（ISOC）成立，商业化应用开始迎来爆发式增长。

1993年，美国在线（American Onlion）向普通的个人计算机用户提供接入服务，开始将世界上所有人连到互联网上。这一年也就被称为互联网商业化元年。

剩下来的所有创新几乎都交给市场了。

1994年，网景公司推出第一个网页浏览器（Netscape）。这一年，斯坦福大学博士生杨致远等人创办的雅虎公司推出搜索引擎，用户输入关键词就可以找到想要的网页。

这一年，杰夫 · 贝索斯(JeffBezos)的亚马逊（Amazon）公司开始上线销售电子书。

1995年，微软公司推出IE浏览器并迅速击败网景公司。

这一年，eBay开始网上拍卖以及支持线上交易的电子支付。

1996年，同样是斯坦福大学博士生的拉里 · 佩奇(Larry Page)和谢尔盖 · 布林(Sergey Brin)在学生宿舍中开发了一种新的搜索方法，人工智能开始用于搜索引擎。在试图以100万美元卖给雅虎遭到拒绝后，他们在1998年成立了谷歌公司（Google），很快成为网上浏览和搜索的首选工具。

互联网总有一天会将所有人都连在一起，社交媒体的出现加速了这一天的到来。

2003年，哈佛大学本科生马克 · 扎克伯格(Mark Zucherberg)创办了一个网站Facemash，让学生上传自己照片看谁更帅更漂亮，后来进一步扩充内容帮助学生应付考试。2004年扎克伯格注册成立了脸书公司（Facebook），这也就是最早的微博了。到2018年，脸书公司的活跃用户达到了惊人的22亿人。

2007年，史蒂夫·乔布斯在苹果公司推出首款触屏智能手机iPhone，开启了移动互联网的新纪元。

中国互联网发展简史

1 第一次 互联网大浪潮1994年—2000年，从四大门户到搜索。

- 1994年，中国开始全面接入互联网。
- 1997年6月，丁磊创立网易公司。
- 1998年，张朝阳创立搜狐网。
- 1998年，邮箱普及第一单网上支付完成
- 1998年11月，马化腾等人创立腾讯。
- 1998年12月，王志东创立新浪。
- 1999年，聊天软件OICQ 出现，后改名腾讯QQ。
- 1999年9月，马云创办阿里巴巴。
- 2000年1月，李彦宏创建百度公司。

2 第二次 互联网大浪潮（2001年—2008年），从搜索到社交化网络(博客、sns、论坛、微博)。

- 2001年，中国互联网协会成立。
- 2002年，博客网成立。
- 2002年，个人门户兴起，互联网门户进入2.0时代。
- 2003年，淘宝网上线，阿里巴巴推出支付宝。

- 2004年，网游市场兴起。
- 2005年，博客元年。
- 2008年，中国网民达到2.8亿人，开始成为第一网民大国。

3

第三次　互联网大浪潮（2009年—2014年），从PC互联网到移动互联网。

- 2009年，SNS社交网站活跃。
- 2010年，团购网站兴起，数量超过1700家。
- 2012年，手机网民规模首次超过台式电脑，微信朋友圈上线，今日头条上线，滴滴、快的平台上线。
- 2015年，首次提出“互联网+”。
- 2016年，共享单车元年、网络直播元年、知识付费元年。

4

第四次　互联网大潮（2020年—），互联网深化应用。

- 2020年，新冠病毒肆虐，在家上学、在家看病、在家学技能等兴起。

5G时代

▼

华为公司因为在5G方面的领先而受到美国制裁，成为全球5G之争的热点事件。

2019年5月16日，美国商务部宣布将华为和它下面的 68家子公司列入美国的出口管制清单，不得向美国公司购买零部件和服务。大家担心华为会成为第二个中兴通讯，但这个情况并没有出现。华为宣布所有备胎一夜之间转正，所有的战略储备产品浮出水面，全面取代美国的产品。

2019年5月20日，美国商务部宣布，对华为颁发90天的临时许可，禁令直至8月19日正式生效。

2019年8月19日，美国商务部再次对华为禁令延长90天，直至11月19日正式生效。

2019年11月18日，美国商务部发布公告，宣布对华为90天再延期许可，美国企业可以继续与中国华为技术有限公司进行业务往来。

2020年2月13日，2020年3月11日，再延期……

2020年5月6日，路透社消息称，美国商务部近日签署一项新规，此新规将允许美国企业与华为合作，共同制定下一代5G的网络标准。同一天，有外国媒体报道称，31家科技公司和电信公司共同组建了一个5G联盟，目的是推动建立开放、互通的5G网络系统，从而有效摆脱对单一供应商的依赖，避免将来的5G市场上出现“一家独大”的垄断局面。在这31家公司名单中几乎都是大家耳熟能详的国际科技巨头，比如说微软、谷歌、IBM、思科、美国电信运营商AT&T、英特尔、三星、高通，等等。

美国为什么要举国对付华为？表面上看美国的借口是国家安全，实际上是因为华为在5G方面的全球领先。德国的专利数据公司IPlytics曾经发布了一份关于“5G标准专利声明的实情调查”报告，截至2020年1月1日，全球共有21571个5G标准专利项声明，其中华为拥有3147项排名第一，其后分别是三星（2795）、中兴（2561）、LG电子（2300）、诺基亚（2149）和爱立信（1494）。2019年，华为研发费用达1317亿元人民币（约合186亿美元），占全年销售收入的15.3%，2020年预计会超过200亿美元。目前华为在全球拥有有效专利85000件，发明专利占比90%，欧盟专利局专利申请3524件排名第一。美国以为如果能打垮华为，就可以扭转5G时代的竞争格局。

美国的制裁确实给华为带来了很大麻烦。2019年6月17日，在与美国学者尼古拉斯·尼葛洛庞帝、乔治·吉尔德对话时，任正非一连说了三个“没想到”：“没想到美国政府打击华为的战略决心如此之大、如此之坚定；没想到美国政府对华为的打击面如此之宽广，不仅仅是美国的零部件不能供应华为，还不让华为参与很多国际组织、不能跟大学加强合作；没想到他们的‘弹头’打击如此之准，处处都打在华为的要害点上，数千个点需要修复。”但是，美国的制裁显然并没有达到预期的目标。任正非在多个场合表示，美国的制裁可能会影响华为300亿元的销售收入，但这对华为来讲并不是什么大不了的事。美国阻止华为，华为就将花在美国方面的资源转向欧洲、亚洲。美国断供技术和产品，华为就转而自己研发生产。短期看，华为有损失。长期看，美国的制裁可能会逼出一个更强大的华为。

美国是如何失去5G时代移动通信优势，中国又是如何后来居上的呢？

在1—4代移动通信技术发展过程中，美国一直都具有绝对领先优势，但其中也有一些微妙的变化。1983年，美国摩托罗拉公司正式推出世界第一款手机，标志着移动通信系统1G时代的诞生。在1G时代，美国是一枝独秀一马当先，占尽了优势，大收技术、产品、标准之利。1990年代2G时代开启的时候，欧洲开始发力。2000年代3G时代开启的时候，欧洲大有领先之势，中国成为平衡欧美竞争的中间力量，开始有了自己的3G标准。2010年代，随着移动互联网崛起，4G时代到来，中国应用市场的繁荣带动了技术的研发创新和技术设施的跨越式发展，美国在4G基站建设方面的落后已经十分明显了。2020年代的5G时代，中国的竞争优势开始凸显。

5G是第五代移动通信技术的简称，绝不只是“比4G多1G”那么简单。按照通信专家吕廷杰教授的说法，一般来讲奇数代通信技术（比如1G、3G、5G）往往具有革命性，而偶数代通信技术（如2G、4G、6G）往往是对上一代技术的提升与完善。也就是说，5G带来的影响可能是革命性的。

对于5G技术关键能力的变化，中国移动提出过“5G之花”概念。绿叶代表了5G的三个效率指标：频谱效率、成本效率、能效。六个花瓣分别代表了5G的六大性能指标：用户体验速率可以达到1Gbps，是4G的10—100倍；连接数密度可以达到每平方公里10万个，比4G提高10倍；端到端时延可以达到毫秒级，比4G缩小近百倍；移动性可以达到每小时500公里以上，比4G提升10倍；峰值速率达到10Gbps,是4G的10—100倍；流量密度在每平方公里30Tbps以上，是4G的30倍以上。

也许我们并不知道这些技术指标的真正含义，更无法测算这些技术上的变化会带来怎样的影响，但有一点可以肯定：5G一定会比4G更快、更好、更安全。4G已经改变了我们的生活和工作，5G的影响一定会大得多。

我在抖音上看到一个小视频，一位老大爷到通讯营业厅办手机电话卡，无论营业员小姑娘怎么劝，老大爷都一口咬定要办一个2G的卡。后来小姑娘说：“2G卡您只能给大婶们发短信，3G卡您可以看大婶们发的照片，4G卡您可以看大婶们跳广场舞，5G卡您可以与大婶们一起跳广场舞。”于是，大爷果断办了一个5G卡。

万物互联

▼

计算机可以连接起来，就有了PC互联网。手机可以连接起来，就有了移动互联网。后来到了可以将所有物品连接起来的时候了，于是就有了物联网。

物联网（The Internet of Things，简称IoT），简单来讲就是将各种物体连接起来的网络。物联网就是将各种信息传感设备与互联网结合起来而形成的一个巨大网络，实现在任何时间、任何地点，人、机、物的互联互通。

当所有需要联网的物体都能联网时，就是所谓的万物互联了。

连接这些物体的目的当然是为了获取信息，实现对这些物体的管理控制。连接物体的装置有很多，比如各种信息传感器、射频识别技术、全球定位系统、红外感应器、激光扫描器等各种装置与技术。使用这些技术装置就可以实时采集各类物体的声、光、热、电、力学、生物、位置等各种需要的信息，并可以通过各类可能的网络接入，实现物与物、物与人的泛在连接，实现对物品和运动过程的智能化感知、识别和管理。

不难看出，物联网是互联网的延伸概念，是互联网泛化发展的产物。1995年比尔·盖茨在《未来之路》一书中已经提及物联网概念，只是当时受限于技术条件，当时并未引起世人的重视。

1998年，美国麻省理工学院创造性地提出了当时被称作EPC系统的“物联网”的构想。

1999年，美国Auto-ID首先提出“物联网”的概念，主要是建立在物品编码、RFID技术和互联网的基础上。

中国早期是将物联网称为传感网，中科院在1999年就启动了传感网的研究，并建立了一些适用的传感网。

2003年，美国《技术评论》提出传感网络技术将是未来改变人们生活的十大技术之首。

2005年11月17日，在突尼斯举行的信息社会世界峰会（WSIS）上，国际电信联盟（ITU）发布了《ITU互联网报告2005：物联网》，正式提出了“物联网”的概念。报告指出，无所不在的“物联网”通信时代即将来临，世界上所有的物体从轮胎到牙刷、从房屋到纸巾都可以通过因特网主动交换信息。射频识别技术（RFID）、传感器技术、纳米技术、智能嵌入技术将得到更加广泛的应用。

一般来讲，物联网有三个基本特征。一是整体感知，即可以利用射频识别、二维码、智能传感器等感知设备感知获取物体的各类信息。二是可靠传输，即通过互联网、无线网络等，将物体的信息实时、准确地传送，以便信息交流、分享。三是智能处理，即使用各种智能技术，对感知和传送的数据、信息进行分析处理，实现对物体的监测与控制。

物联网的应用非常广泛，在环境、交通、物流、安保等基础设施领域都可以利用互联网推动智能化发展，使得有限的资源更加合理地使用分配，从而提高了行业效率、效益。在家居、医疗健康、教育、金融与服务业、旅游业等与生活领域相关的应用中，物联网可以极大改进服务范围、服务方式和服务质量，提高人们的生活质量。

星链计划

能不能在海上、沙漠、深山、空中飞行中也能自由上网，真正实现网络无处不在呢？埃隆·马斯克的“星链计划”就是想解决这个问题。

“星链计划”是太空服务公司SpaceX在2015年提出的，通过近地轨道卫星群，提供覆盖全球的高速互联网接入服务。

埃隆·马斯克是一个传奇性人物，作为“钢铁侠”的原型，他的许多大胆设想一开始都是那么不可思议，但又一一付诸实现令很多人大跌眼镜。他一手缔造的SpaceX是要利用人造卫星，将高速宽带互联网覆盖到难以建造地面基站或者人迹罕至的地区，使得地球上几乎所有地区的人们都可以使用廉价且稳定的高速宽带。

2015年1月，马斯克宣布SpaceX计划将约1.2万颗通信卫星发射到轨道，其中1584颗将部署在地球上空550千米处的近地轨道，并从2020年开始工作。这一项目被命名为“星链”（Starlink）。有关资料显示，该公司还准备再增加3万颗卫星，使总量达到约4.2万颗。

2018年3月，猎鹰九号火箭在一次常规发射任务中搭载了2颗小卫星——“丁丁-a”和“丁丁-b”，它们是SpaceX星链计划的试验星，并开展对地通信测试。

2019年5月23日，美国太空探索技术公司利用猎鹰9号运载火箭成功将“星链”首批60颗卫星送入轨道。

2019年10月22日，美国太空探索技术公司说，美国空军正在测试这家企业所建“星链”卫星网络的互联网加密服务。

2019年11月11日，美国太空探索技术公司用一枚猎鹰9号火箭将第二批60颗“星链”卫星送入太空。

2020年1月6日，美国太空探索技术公司用一枚猎鹰9号火箭将第三批60颗“星链”卫星送入太空。

2020年1月29日，猎鹰9号火箭从佛罗里达州卡纳维拉尔角空军基地升空。发射约1小时后，第四批60颗“星链”卫星被送至地球上空290千米处。

2020年2月17日，美国太空探索技术公司用一枚猎鹰9号火箭将第五批60颗“星链”卫星送入太空。

2020年3月18日，第六批60颗“星链”卫星被一枚猎鹰9号火箭送入太空。

2020年4月22日，美国太空探索技术公司用一枚“猎鹰9”火箭将“星链”计划第7批60颗卫星送入太空，继续搭建全球卫星互联网。

至此，SpaceX已经成功发射8次，包含星链卫星422颗，有417颗星链卫星处于运行状态。

如果一切顺利，“星链”可以在全球范围内提供低成本的互联网连接服务。SpaceX称，2020年星链可以向美国和加拿大部分地区提供服务，2021年可以向人口密集地区提供几乎覆盖全球的服务。

不用四处寻找路由器，不必担心海上深山没有信号，但“星链计划”依然受到不少质疑甚至激烈反对，理由是可能引发太空灾难和污染天空。

对于星链计划可能带来的影响，有人断言颠覆5G的不是6G，而是星链计划。但也有人认为，星链计划只是对现有移动通信系统的补充，不会颠覆5G，也不是6G的代名词。

在星空基础设施建设方面，中国的北斗系统建设也有了新的进展。北斗卫星导航系统，是为全球用户提供全天候、全天时、高精度的定位、导航和授时服务的时空基础设施。自20世纪80年代开始，中国就在探索适合国情的卫星导航系统发展道路，形成了“三步走”发展战略：2000年年底，建成北斗一号系统，向中国提供服务；2012年年底，建成北斗二号系统，向亚太地区提供服务；2020年，全面建成北斗三号系统，向全球提供服务。

2020年6月23日9时43分，西昌卫星发射中心用长征三号乙运载火箭成功发射第55颗北斗导航卫星，标志着北斗三号全球星座部署全面完成，也标志着北斗卫星导航系统“三步走”战略任务圆满收官。

有人将星空基础设施环境下的互联网称为星空互联网，这并不是一个科学的概念，甚至有误用误导之嫌。也许将来可以让所有星球及其附属物都连接起来，才是名副其实的星空互联网。不过，星空基础设施的不断完善，确实可以促进地球上的万物互联，真正实现“无处不在”，让“一网打尽”成为可能。

生命互联网畅想

▼

好几年前就思考一个问题：在PC互联网、移动互联网、物联网之后，互联网还会向哪个方向发展？后来受到“动物语言翻译器”的启发，我觉得将来互联网也许真的可以将所有生命体连接起来，并命名为生命互联网。

“动物语言翻译器”是谷歌在2010年愚人节那天提出的一个概念，可以不必当真。不过，借助大数据、人工智能等技术，动物语言也许真的可以被准确理解。一旦人类可以与动物直接交流，那么可以想象的空间就非常大了。

2019年4月1日，也是愚人节那天，信息社会50人论坛的几位老师到顺义的共享小木屋小聚，就谈到了生命互联网。5月15日，在论坛为迎接信息社会日到来组织的一次研讨会上，我应邀第一次正式讲述了对生命互联网的思考。

我想表达的意思是：互联网终会将所有的生命体连接起来，人类智慧得以丰富和发展。将来人不仅可以和鱼通信，鱼和鱼也可以通信，甚至鱼和鸡也是可以通信的。

最早的互联网是把电脑连接在一起，后来移动互联网是把手机连接在一起，物联网可以实现万物互联，再往后发展可能就是生命互联网，所有动物的智慧都可以用来为人类服务。

生命互联网，就是通过互联网把所有的生命连接起来。人类可以借助互联网了解其他生命的行为和思想，各种生命之间也可以进行方便的交流。现在已经有人在试着去做动物语言编辑器，如果将来可以实现的话，畜、禽、鸟、兽、鱼、虫、植物等各类生命体就可以与人类自由交流。不仅可以增进人和动物之间的和谐相处，更重要的是可以加强生命间的合作。借助动物甚至植物的智慧，人类的智慧将得到新的极大拓展。

人类一直在试图利用动物的智慧，人类与动物的交流从来就没有中断过。2019年4月在吉林省辽源市调研时，几位论坛的老师就同几头鹿进行了交流，给它们食物，它们会使劲点头表示感谢。将来动物语言编辑器成熟之后，也许它们就可以直接跟你说谢谢，可以说中文、英语甚至方言。

对于人与动物之间的语言交流，已经有过一些实验。美国一位女科学家训练了一只叫亚历克斯的非洲鹦鹉，能够识别50多种不同的物体，会说至少150个单词。如果想要吃什么，它会直接向女主人说出来。有时不想训练了，会用英文说："我想回笼子里去了。"如果鹦鹉打翻了水杯，它也会说："I' m Sorry."女主人为亚历克斯做了一个智商测试，发现这只鹦鹉的智商相当于一个5岁的孩子，真的很聪明。每一天，亚历克斯都会对女主人说"我爱你"，而当这只鹦鹉去世的前一天，它对女主人说了一句："你要好好的，我爱你。"

人与动物之间的交流实际上不仅仅是靠语言，手势之间的交流也被研究开发出来了。在美国，几个教授培训了一个大猩猩，这只大猩猩名叫可可，能够用一千种简单的手语和人类进行沟通，同时可以理解2000个英语单词。

有更多的事例证明人与动物间的深入交流是可行的。有人养了三只猫狗，每到下午五六点钟的时候，它们三个就排成队在家门口等主人回来。北极熊在有人喂食时，会抱着人的腿蹭来蹭去。有人曾经治好了一只老虎，后来他到森林的时候发现一只老虎扑向他，跟他表示了多种亲密行为，原来就是他治好的那一只老虎。还有诸如《战马》《我有狐狸》等电影作品，都反映了人与动物的深度交流。

值得关注的是，动物的智慧远比我们知道的要强大得多。小鸟能够用石头把蛋壳砸碎，猴子会用鱼竿叉鱼，小松鼠会存储和保护粮食，珊瑚、小鱼、蚂蚁、蝴蝶的智慧都被写成书了。我们对动物智慧的认知，从来没敢小觑，毕竟还是知之甚少。

在网上能看到不少关于十大智慧动物的研究排名，其中有一个排名依次分别为：类人猿、大象、鲸鱼、兔子、乌鸦、猴子、鹦鹉、绵羊、章鱼、鲸鱼。当然还有其他的一些排名把猪也算上了。

人类寻求动物的帮助实际上一直都在进行。农业革命里重要的工具发明是犁，而犁是要靠牛来拉动的。如果没有了骆驼，古代的丝绸之路也就很难被走出来了。在雪地运输常用的工具是雪橇，狗就排上了用场。当然，狗对人的帮助还有很多，比如牧羊、防暴、导盲等。

人类寻求动物帮助的实例很多，动物主动帮助人类的事件也不少。在哈尔滨海洋世界，训练员突然在水中昏厥，海豚就把他给推上岸了。还有一些报道显示，大猩猩曾经拯救落水儿童，大象在洪水爆发时主动救人。有一只小兔子，在男主人因糖尿病昏厥时，在主人身上跳来跳去并发出尖锐的叫声，吸引了他的妻子过来，及时送到医院挽回了生命。有一头猪在它的女主人心脏病发作时，竟然能跑到高速公路上拦车，直到有一位汽车司机终于看明白了，停下来跟着它找到了女主人家，及时将她送到医院救治。

当然，动物报复人类的事也有不少，基本都是不正当相处的结果。

人类从动物那里也已经学到了很多东西。迷彩服就是从变色龙那里得到了启示，飞行器、飞机跟鸟类的飞翔有关系，雷达是从蝙蝠那学的。人类的很多发明是通过对动物的研究和学习得出来的，比如从苍蝇、蜻蜓、青蛙、螳螂、鸡蛋、昆虫、蛇、鱼、蜘蛛、鹰等动物那里都学了很多东西。

动物之间的跨界交流也是存在的。小狗能够给小羊喂牛奶，发大水的时候马能够当运输工具把小狗驮过去，大象可以给斑马洗澡，鸽子一直陪伴失去母亲的小猴子。动物之间的交流很多，只不过我们还不一定能够完全看懂而已。

如果我们能够与所有动物交流，那么值得做的事情就很多了。从可以查到的可靠资料看，目前我们认知的动物有150多万种。可能每天都有不同的物种在消失，也有一些新的物种在产生。关于动物的种类划分也有很多，反正人类只是其中的一分子。

除了动物之外，植物实际上也是有智慧的。目前至少有50多万种植物，它们的智慧实际上也是值得我们去发现并利用的。诸如竹子、杨柳、喇叭花、瓜、捕蝇草、含羞草、火龙果，等等，这些植物实际上也有很多智慧是我们现在人类还不能够完全破解的。

新一代的信息技术为我们理解和利用生命的智慧提供了无限的可能。有了大数据，我们就有机会了解这些动物、植物的智慧到底是怎么回事。

我们可以从人类语言交流的变化一窥端倪。现在多语种的编译软件已经开始流行，不同语言之间可以实现自动翻译，就连地图导航都可以选择不同方言版。把语音转化成文字、把文字转化成语音已经变得非常简单。也许用不了多久，我们可以与世界上所有人进行无障碍交流，你说的是母语，不同的人听到的是自己最熟悉的语言。

这种技术进一步发展也许就可以应用到不同动物之间的交流方面。现在已经有人在研究猫的表情、狗的动作、青蛙的每一种叫声。通过大数据长期的观察和机器学习，就可以准确理解动物的语言。将来当你听到猪叫时，手机会告诉你它在打招呼还是在抱怨，你说的话也会转化成猪能听得懂的语言。

如果我们对所有的动物都能够有这样更深一步的理解和沟通，就可以让动物给我们做更多的事情。比如要在海洋深处找到一艘沉船，派一条鱼过去就可以了。据说这种鱼最深能够潜到水下8000多米，基本上南太平洋大部分地方都能找得到。不仅可以发现每一艘沉船，就连海底有什么矿物也可以轻易获知。如果想知道近期会不会发生地震或者废墟里还有没有生命，喊一只蚂蚁过来问问就知道了。据说鹰的眼睛能够看到50公里以外的一只兔子，让它帮助人类发现点东西就很简单了。

总之，所有的生命都是有智慧的，生命互联网可以帮助我们更好地了解各种生命，更好地与它们相处，限制它们对人类的侵害，还可以更好地利用它们为人类服务，拓展人类智慧的空间。

第三只手

当互联网把所有物体连接起来的时候，所有的资源及其运动就会被发现，并由此引发资源配置方式的重大变化。用一句话概括就是：网络配置一切。资源配置方式的变化，会成为一系列创新的动力源泉，这才是互联网的根本意义所在。

长期以来，我们比较熟悉两种配置资源的力量：政府和市场，分别被称为“看得见的手”和“看不见的手”。由于信息不对称，这两种力量的使用总是很难把握，通常的表现就是“面多了加水，水多了加面”。

现在有了互联网，多了一种资源配置的力量，我们不妨称之为“第三只手”。互联网在很大程度上解决了信息不对称难题，需求和供给变得相对清晰可见，政府和市场作用的发挥也显得更加自如了。

以网约车为例，平台可以清晰地知道在特定时点特定区域的用户需求数量和可用车辆数量，也知道道路哪里畅通哪里拥堵，是否需要采取措施鼓励更多司机上线。对于用户而言，打开手机APP输入你想去的地点名称，就可以马上知道有多少人在排队叫车、需要等待多长时间、走哪条路最近、行程要用多长时间、要花多少钱。有了这些信息，用户就可以迅速决策是否等一等再叫车、叫什么车型、是否加价以减少等车时间、走哪条路等。对于司机而言，有了上述信息，也能够清晰知道什么时候上线最为合适。对于政府而言，可以根据这些信息不断改进和完善监管政策。

互联网能改变出行，当然也能改变吃饭、购物、教育、医疗、制造、就业、养老以及你能想到的方方面面，所以就有了“互联网+”的概念、思路和战略。

2015年7月，国务院正式发布《关于积极推进“互联网+”行动的指导意见》，对互联网+的定义是：“互联网+”是把互联网的创新成果与经济社会各领域深度融合，推动技术进步、效率提升和组织变革，提升实体经济创新力和生产力，形成更广泛的以互联网为基础设施和创新要素的经济社会发展新形态。对于为什么要做互联网+，意见指出：积极推进互联网+，有利于重塑创新体系、激发创新活力、培育新兴业态和创新公共服务模式，对打造大众创业、万众创新和增加公共产品、公共服务“双引擎”，主动适应和引领经济发展新常态，形成经济发展新动能，实现中国经济提质增效升级具有重要意义。

意见提出的目标设计是：到2018年，互联网与经济社会各领域的融合发展进一步深化，基于互联网的新业态成为新的经济增长动力，互联网支撑大众创业、万众创新的作用进一步增强，互联网成为提供公共服务的重要手段，网络经济与实体经济协同互动的发展格局基本形成。到2025年，网络化、智能化、服务化、协同化的“互联网+”产业生态体系基本完善，“互联网+”新经济形态初步形成，“互联网+”成为经济社会创新发展的重要驱动力量。

为实现上述目标，意见提出了11项重点行动：“互联网+创业创新”“互联网+协同制造”“互联网+现代农业”“互联网+智慧能源”“互联网+普惠金融”“互联网+益民服务”“互联网+高效物流”“互联网+电子商务”“互联网+便捷交通”“互联网+绿色生态”“互联网+人工智能”。

显然，这11项重点行动并不是互联网+的全部内容，各行业、各领域都需要推进互联网，而且都可以借助互联网+得到创新发展。

在研究和推进“互联网+”时，有三个基本要点需要把握好：

其一，要把互联网的所有功能和属性都加进去。互联网不仅仅是一项技术，还是基础设施、渠道、模式、思维、空间、生存环境。随着认识和应用的不断深化，互联网的功能和属性还在不断拓展、丰富。在做“互联网+”时，要将其所有属性都考虑到、加进去。

其二，要把互联网加到所有要素及其所有环节中去。在考虑将互联网加到什么地方去的时候，要关注所有相关要素及其每一个变化环节。每一个产业、企业，每一项业务都会涉及多种要素资源。一般来讲，资源要素包含直接要素和间接要素。直接要素包括自然资源、劳动力和资本等，间接要素包括科技、教育、管理、信息等。这些要素在产业、企业、业务的设立、研发、生产、管理、销售、服务、投资等不同发展阶段和具体环节的作用是不一样的，所需要的条件和实现方式也不一样。如果这些要素及其每一个变化环节都能充分利用好互联网的所有功能，那么就可以说是基本上做到了“互联网+”，原有的产业就变成了产业互联网或互联网产业。

其三，要充分利用所有新一代信息技术。在谈互联网+的时候，不能只看到互联网，而是要看到以互联网为代表的所有新一代信息技术，比如互联网、移动互联网、物联网、大数据、云计算、人工智能、3D打印、现代物流、移动支付、AR/VR、区块链、数字孪生，等等。更多的新技术还在不断地酝酿、涌现，都需要关注到、利用好。

当所有新一代信息技术的所有功能都能充分与所有要素及其每一个环节结合，那么一个完美的产业互联网就出现了。

上述过程可以用一个简单的公式来表示：

“互联网+” ＝所有技术(∑T)×所有功能(∑F)×所有要素(∑E)×所有环节(∑P)

如果用I+表示“互联网+”(Internet plus)，用T代表技术(Technology)，用F表示功能（Function），用E表示要素（Element），用P表示环节（Period），上述公式就可以简化为：

I+=∑T×∑F×∑E×∑P

由于技术、功能、要素、环节丰富而多变，所以会形成无限多个组合，每一种组合就是一种创新，都可能带来一个新的局面。

在熊彼特的创新理论里，所谓创新就是生产函数的改变。也就是说，生产函数里每一个元素的细微变化都会带来不一样的结果，就是一个创新。正因为如此，“互联网+”也就带来了无限多的创新机会。

人物简介

约瑟夫·熊彼特（Joseph Alois Schumpeter

约瑟夫·熊彼特（Joseph Alois Schumpeter，1883年2月8日—1950年1月8日），1901年—1906年在维也纳大学攻读法学和社会学，1906年获法学博士学位，后移居美国，一直任教于哈佛大学。

1912年，熊彼特发表《经济发展理论》一书，提出了“创新”及其在经济发展中的作用，被誉为“创新理论”的鼻祖。

熊彼特认为，创新就是建立一种新的生产函数，也就是说，把一种从来没有过的关于生产要素和生产条件的“新组合”引入生产体系。这种新组合包括5种情况：⑴采用一种新产品或一种产品的新特征；⑵采用一种新的生产方法；⑶开辟一个新市场；⑷掠取或控制原材料或半制成品的一种新的供应来源；⑸实现任何一种工业的新的组织。

资料来源：《百度百科》等

互联网+带来的变化集中体现在两个方面：一是融合，二是创新。

融合讲的是融在一起，界限消失。互联网+带来的融合是多方面的。

一是技术融合。信息技术与交通技术、航天技术、海洋技术、生命技术、新材料技术等所有技术的结合越来越紧密，有时我们甚至很难将它们区分开来。

二是数据融合。各类生产活动都会产生多样化数据，也会用到多样化数据。

三是产品融合。产品中的数字化含量也来越大，数字化、网络化、智能化开始重新定义产品。可追溯农产品、数字马桶、无人驾驶汽车等仍然具备传统功能，但在很大程度上都可以看作是新型的电子产品。

四是产业融合。一二三产业的界限正在消失。过去人们常说养牛养羊是第一产业，杀牛宰羊是第二产业，吃羊卖牛是第三产业，出洋相吹牛皮是第四产业。现在，谁能说清楚互联网养猪、IBM、苹果手机是第几产业呢？

五是产消融合。消费者的每一个行为都成为生产改变的依据，每个人既是生产者也是消费者。比如你在使用导航的时候，也在提供着路况信息；你在评论区的每一条评论，都可能是生产者改进产品和工艺的决策依据；消费者可能自己设计一双鞋子，用3D打印机打印出来。

“互联网+”带来的创新也是全方位的，包括技术创新、产品创新、模式创新、组织创新、制度创新、理念创新，等等。

因为有了互联网+，我们就不难理解为什么这些年会有那么多的新产品、新业态、新模式出现，也就不难理解众创空间里的年轻人会有那么多的奇思妙想，也就不难理解为什么本来做得好好的一个企业甚至一个产业一夜间会被新业态肢解或颠覆。

互联网+的背后是什么在起作用呢？是数据。互联网将万事万物连接起来，就可以掌握各种数据，并根据这些数据决策和行动，于是便逐步进入了一个“数据驱动一切”的时代。

4

第四章

CHAPTER FOUR

数据化：数据驱动一切

数据化是指企业将各类资源及其活动转化成数据并以此指导决策和行动的过程。

现在我们已经习惯，起床先看手机上的天气预报，否则都不知道该穿什么衣服出门。现在的天气预报可以准确到分钟级，基本上是可以信任的。记得有一次我突然听到一个甜美的童音说："主人，再过五分钟就要下雨了，您带雨伞了吗?"还真是有点小惊喜。有了天气预报小程序，我们随时可以知道何时何地会下雨、雨量大小、气温高低，还能知道空气质量好坏。如果遇到恶劣天气，比如暴雨、台风、冰雹、沙尘暴之类，还会有更多的渠道和信息提醒我们。这样，要不要出门、穿什么衣服、带什么工具也就心里有底了。

现在我们已经习惯，出门先看导航。无论是乘车、开车还是步行，哪条路线最近、最省时、大约需要多长时间都一目了然。难怪有人说，现在老司机不看导航都不会开车了。记得刚开始的时候，多数导航都不是太好用，经常出笑话，也经常挨骂。后来用得多了，导航的错误率迅速下降，越来越好用了。记得用了几次网约车软件后，地图导航直接把我送到了家门口。这让我有些惶恐，但想到带来的便利也就只好认了。现在数字地图的功能越来越丰富，可以从地图上查找商店、餐馆、银行、车辆、厕所、朋友的位置，等等，俨然成了一个生活大舞台。真没想到，20世纪90年代美国副总统戈尔提出的"数字地球"设想，现在竟然可以通过数字地图得以实现。

现在我们已经习惯，购物先看评论。网上的商品实在是太丰富了，买哪家企业哪家商店哪种品牌哪种型号呢？评论区里可以找到答案，大家都说好也就没问题了。在互联网带来的新物种中，电子商务的影响最大最深，也最出人意料。面对面的交易都有可能上当，网络上陌生人间的交易如何靠得住呢？第三方支付、互评价机制解决了这个问题。你的好与坏都有记录，就像谷歌董事长施密特所讲："互联网没有删除按钮。"

现在我们已经习惯，就餐先看排名。有一次出差从深圳飞到徐州，错过了饭时，还要坐两个多小时汽车才能到连云港。来接我的朋友建议顺路到附近的双沟镇用餐，那里的羊汤很出名，刚举办过羊汤节。其实，中国各地到处都有地标性美食，有很多都已成为城市名片和重要产业，也是各地打造全域旅游的重要环节。有些地方开办了美食命名的节日，比如豆腐节、驴肉节、山珍节，等等，还有些地方成立了推动地方名吃产业化的政府机构，如小吃办、烧饼办、牛肉面办，等等。了解一个地方的文化，不妨从品尝当地的小吃开始。那天用完餐后一位大嫂还问我们怎么找到她们这家餐厅的，我们笑着说："网上找的。"现在有专门的餐饮排名网站，要找到哪家餐馆比较受欢迎实在是太简单了。

不知不觉中，我们似乎已经进入了一个"数据驱动一切"的时代。

用数据说话，靠数据决策，依数据行动，有时是自觉的选择，有时却是被迫的接受。

我们在使用数据，也在创造数据。

无论是想自如应用数据，还是尽量保护隐私，了解一些数据法则都是有些意义的。

万物皆数据

▼

谈到数据，有必要先认识一下美国的物理学家约翰·惠勒。

惠勒曾经是黑洞的命名者，对于黑洞他有一句名言叫"黑洞无毛"，意思是说黑洞一旦形成，除了三个守恒的物理量外，其他的信息都消失了，连毛发都找不着了。在他去世的前一年，也就是2007年，他又留下了另外一句名言——"世界是由数据构成的"（It from bit）。这句话有时也被翻译成万物皆数据、万物源于比特。认识数据或者大数据，可以从理解这句话开始。

人物介绍

约翰·阿奇博尔德·惠勒

约翰·阿奇博尔德·惠勒（John Archibald Wheeler，1911年7月9日—2008年4月13日），美国物理学家。

1911年7月9日，约翰·阿奇博尔德·惠勒出生在美国的佛罗里达州。1933年获得约翰斯·霍普金斯大学博士学位后来到丹麦哥本哈根，在尼尔斯·波尔指导下从事核物理研究。1937年惠勒提出了粒子相互作用的散射矩阵概念。1939年与尼尔斯·波尔、苏联的弗朗克尔一起提出了原子核裂变的液滴模型理论。1957年与米斯纳开始发展“几何动力学”。1965年获得爱因斯坦科学奖。1969年惠勒在纽约的一次会议上首次使用“黑洞”一词。1968年获得原子能委员会恩利克·费米奖。1982年获得玻尔国际金质奖。1983年他提出了参与宇宙观点。1993年，获Matteucci Medal。1997年获得沃尔夫奖。2008年4月13日，因患肺炎医治无效，在位于其新泽西的家中逝世，享年97岁。

资料来源：百度百科

比特（bit）是信息或数据的最小单位，正如原子是物质的最小单位。

当我们说世界是由物质构成的，也就是说世界是由原子构成的。现在惠勒说世界是由数据构成的，也就是说是由比特构成的。

这两种说法哪个对呢？都对。

事物总是有多种属性。比如，我们可以说人是一种动物，我们也可以说人是由有机物构成的一种物质。又比如，我们可以说互联网是一种技术，也可以说互联网是新型基础设施，是媒介，是渠道，是新模式，是新思维。

当关注原子属性时，世界就是原子构成的。当关注数据属性时，世界就是比特构成的。

比特是计算机环境下的数据计量单位，有了计算机才有比特。在计算机环境里，所有的事物都是比特。当计算机可以认知所有事物时，所有的事物也就变成了比特。计算机只认识两个数，即0和1。随着技术的发展，所有的事物都可以转化成计算机可以识别的0和1，也就可以说一切皆可计算了。

计算机可以将所有事物及其变化转换成0和1，并将计算结果以人可以读懂的方式呈现出来，于是数据就可以变成符号、数字、文字、图形、地图、声音、视频等。

我们可以进一步思考一下：有没有计算机，数据就在那里，不多也不少。

这样，我们就可以看到三类数据。

第一类数据是认知数据，即人类已经掌握并运用的全部数据。这些数据构成了人类已知的知识和智慧总和，既包括有外在表现形式的图书、音视频、数据库、电子文档等，也包括已经掌握但没有外在表现形式的常识、经验等。

第二类数据是机器数据，即机器可以捕捉和计算的数据。第二类数据也可以称之为显在数据，包括各种类型的传感器、智能终端等记录和保存下来的数据。通常说的大数据主要指的就是这一类数据，这也是目前数字化转型工作的重点。

第三类数据是客观数据，即事物及其变化的所有数据。第三类包括上述两类数据，也包括尚没有被人类认知、未被机器捕捉但客观存在的数据。对于那些未被认知、捕捉的数据，我们可以称之为潜在数据或隐藏数据，这是未来技术发展努力的对象。

数据无处不在

▼

数据是客观存在，越来越多的潜在数据被机器变成显在数据。

互联网、移动互联网、产业互联网、智能终端、智能制造，还有各种各样的应用系统，每时每刻都在产生大量数据。我们坐在屋里是数据，站在屋外也是数据；睡着了是数据，醒来也是数据；电表正常运转是数据，停止运转也是数据。所有物体的状态和运动都能被机器记录下来，并以数据的形式展现出来。除了我们以前熟悉的统计数据之外，现在更多的是交易数据、行为数据和传感数据。

以前我们无法得到的很多数据，现在变得随处可得，就给了我们无限的创新可能。所有的数据都可以用来重新加工、重新利用，让它产生更大的价值。

现在我们到一个公园或者旅游景点，可以从公告牌上看到游客数量和拥挤程度。在公交或地铁站，可以看到下一班车到达的时间。在各类网上商城和应用APP上，我们可以看到交易数量和用户评价。有了这些数据，很多决定和选择就变得非常简单了。

目前的计算机已经可以帮助我们得到比以前多得多的数据，但没有被认知的数据永远是大多数。

红绿灯的故事

交通信号灯用不同颜色灯光来指导人们的出行行为，也是数据驱动行为的一个表现。连幼儿园的孩子都知道它的含义："红灯停，绿灯行，黄灯亮了停一停"。"红绿灯，没嘴巴。没嘴巴，会说话。绿灯亮了快快走，红灯亮了要停下"。

红绿灯反映的数据含义也不是一成不变的。据说第一个红绿灯于1868年12月10日在伦敦议会大厦广场出现，由英国机械师德·哈特设计制造，由一个警察手持长杆挂两个煤气灯来指挥交通。那时还没有汽车，主要是为减少马车轧人事故的发生。采用红绿两种颜色则是受约克城女性着装习惯的启发——着红装的女人表示已结婚，而着绿装的女人则是未婚者。后因煤气灯突然爆炸伤人，就不再使用了。

1914年，美国的克利夫兰市率先恢复使用电气信号红绿灯，后在多个城市推广。

1918年，红黄绿三色信号灯正式出现。

中国最早的马路红绿灯在1928年出现在上海英租界。

20世纪60年代，交通信号灯开始变成计算机化。

20世纪90年代，倒数计时器被引入了交通信号灯。

21世纪00年代，智能交通系统开始出现，信号灯可以根据车流量变化自动调整。同时，信号灯与监控视频结合，可以准确捕捉闯红灯、超速、不系安全带、违章掉头等行为。

将来，信号灯可以与汽车联网，让交通管理更加智能化。

也许，最终的结果是在无人驾驶时代到来的时候，不再需要任何形式的红绿灯。

数据无时不变

▼

世界无时无刻不在变化，数据也在变化。世界在变化，就是数据在变化。所以古希腊哲学家赫拉克利特说，人不能两次踏入同一条河流。

现在大家关注的重点是大数据（Big Data），其实主要指的就是二类数据，即机器能够捕捉和处理的数据，只是构成世界的所有数据的一部分。

仅就大数据而言，不断变化也是其核心特征。

对于大数据的认知起源和发展历程，目前学界并没有统一的说法，但有一些事实可以帮助我们做一些了解。

阿尔文·托夫勒（Alvin Toffler）1980年在《第三次浪潮》中预言了信息时代的到来会带来数据爆发，这可以看作是对大数据最早的思考了。

随着移动互联网、物联网的兴起，数据爆炸时代真的到来时，大数据的概念便呼之欲出了。

一般认为，美国硅图公司（SGI）首席科学家约翰·麦西（John R. Masey）1998年在USENIX大会上首次使用了“大数据”（Big Data）这个词。但他自己后来也称只是想用一个短语来描述数据爆炸现象，并没有进行更深入的研究和思考。

后来逐步有了关于大数据特征和运行规律的研究成果。

2001年2月，麦塔集团（后被高德纳咨询公司收购）分析员道格·莱尼撰写了一份题为《3D数据管理：控制数据体量、速度和多样性》的报告，指出数据增长面临三大挑战和机遇：体量（Volume）、速度（Velocity）与多样性（Variety），合称为“3V”。这可以看作是大数据3V特征的源头了。

随着大数据在一些领先公司的应用，对于大数据的研究也进一步取得突破。IBM、麦肯锡等公司和机构都发布了相关的研究报告。2008年，《自然》杂志出版大数据专刊，掀起了大数据研究热潮。有人在3V的基础上增加了一个低密度价值（Value），形成了大数据的4V特征。再后来又有人增加了一个真实性（Veracity），形成了大数据的5V特征。这也说明人们对大数据的认识是逐步深化的。

对大数据的系统性研究取得突破性成果的还应该算牛津大学教授维克托·迈尔-舍恩伯格（Viktor Mayer-Schönberger），他被誉为“大数据商业应用第一人”，2010年就在《经济学人》上发布了长达14页对大数据应用的前瞻性研究，不久出版了《大数据时代》一书（Big Data: A Revolution That Will Transform How We Live, Work, And Think）。

旅美学者涂子佩的《大数据》一书2012年在国内出版，副标题是“正在到来的数据革命，以及它如何改变政府、商业与我们的生活”。这本书对国人认识和研究大数据起到了启蒙作用。

无论人们给大数据总结出多少个特征，都是为了显示与以前的数据不同之处。我们可以将以前熟悉的数据称为小数据，其中最有代表性的就是统计数据。这样，还可以看到大数据的另外一些属性，比如大数据是机器捕捉的数据、是全样本数据、是实时产生并不断变化的数据等。一旦大数据被加工成固定不变的统计数据，它也就变成了小数据。

数据互动互生

▼

所有的数据都不是孤立的，任何数据的变化既是结果，也是原因。

在网上购物时，一般会查看商品的介绍、成交量、用户评论，有时还要配以品牌影响力研究、亲朋消费体验等，这些数据最终促成下单或是不下单。在这个过程中，实施购买或者终止购买是上述数据的结果。一旦购买成功，物流、售后服务、使用体验等就会产生新的数据，会影响到以后会不会继续购买这个品牌。同时，自己的购买增加了商家的交易量，也会对其他用户产生影响。也就是说，消费行为数据也是产生更多消费行为和数据的原因。

在开车使用地图导航时，选择走哪条路线是地图上拥堵数据的结果，一旦选择了走哪一条路，也就成了增加这条路拥堵的原因。无论做出什么样的选择，都会产生新的数据，并对新数据的产生带来影响。

2020年疫情出现缓和后，我到一家大型医药企业调研。他们说多数药品销量形势不错，但没想到的是感冒药销售出现了大跌。后来分析才明白，人们在疫情期间减少外出，外出时都戴上了口罩，就阻断了感冒病毒的传播途径。原来为了防止新冠病毒感染的行为，客观上抑制了感冒病毒的传播，并影响到了相关药企的发展。后来还有消息称，不仅感冒减少了，往年该季节比较流行的手足口病、疱疹性咽峡炎也大大减少，影响了不少公立医院的收入，一些以儿科为主营业务的私立医院受到的影响更大。

轻微的数据变化可能会带来更多数据激烈的变化。这很容易让我们联想到蝴蝶效应、混沌科学甚至不可知论。

美国气象学家爱德华·洛伦兹（Edward N.Lorenz）1960年代描述了蝴蝶效应：一只南美洲亚马逊河流域热带雨林中的蝴蝶，偶尔扇动几下翅膀，可以在两周以后引起美国得克萨斯州的一场龙卷风。也就是说，一个不起眼的小动作能引发一连串的巨大反应。对这种现象的深入研究就导致了混沌科学的出现。

现实中的蝴蝶效应有很多，在天气、股票市场、金融危机、颜色革命、网络谣言等方面都有呈现。

蝴蝶效应真的是不可预测、不可逆转的吗？有了大数据，也许情况会大不相同。

事物的变化也就是数据的变化，如果能够影响数据的变化，也就能改变事物变化的轨迹。

当数据足够多，数据之间的联系足够清晰，许多不可知就会变为可知，许多不可控就会变为可控。

在疫情中很多产业、企业蒙受了巨大损失，但也有一些产业、企业在疫情中受益甚至绝地反击。

具有较强数据敏感力的企业会较早感知数据的变化，分析其可能产生的影响，较早采取行动化解风险，并捕捉到新的发展机遇。

数据是可以被捕捉的

人类社会发展的历程就是认识数据、改变数据、创造数据的过程。

数据是客观存在，数据就在那里，人类捕捉数据的能力是逐步提高的。

在机器可以捕捉数据之前，人们获得数据的主要方法就是观察和体验。明代大思想家王阳明为了体验格物致知，曾经对着竹子看了七天，最终因身体不支而作罢。唐代的青原惟信禅师说："老僧30年前未参禅时，见山是山，见水是水。及至后来，亲见知识，有个入处，见山不是山，见水不是水。而今得个休歇处，依前见山只是山，见水只是水。"这既是人生的三大境界，也道出了捕捉数据并从中发现规律的基本路径——观察、体验、思考。

在约翰·惠勒看来，当我们看太阳、月亮、星系或者一个原子时，它们的本质是储存在它们里面的信息或数据。当宇宙被观察时，信息就展现出来。

随着技术的发展，尤其是计算机出现以后，越来越多的数字技术和产品被用来发现和捕捉数据，人类获取和利用数据的能力得以大大提升。

在手机里装上传感器，就可以知道每天走多少路。这些数据能透露很多的信息，甚至可以影响到很多决策和行为。你可以知道自己是否需要增加锻炼，厂家可以通过你的行走习惯判断你其他方面的行为偏好，保险公司可以据此推断你的健康状况。每天打开手机多少次、在手机上花了多少时间、在某一个应用上停留了多久、重复观看一部电影的某一个情节多少次、去过什么地方、买过什么商品等，几乎每一个行为细节都被记录并保持下来。

各类传感器、遥感卫星、视频监控、智能终端等一刻不停地在监控着事物的变化，并将数据记录下来。

数字化程度越高，捕捉数据的能力就越强。

数据是人类智慧的原始宝藏

由机器捕捉到的数据处在知识模型的最底层，也被称为原始数据，可以看作是人类智慧的原始宝藏。

有了这些基础数据，机器会进行简单加工，处理成人能看懂的数据，这个时候它就有了一定的含义，这些具有一定含义的数据就是信息。

有了这些信息，经过算法的改进和经验总结，人们会从中发现一些带有规律性的东西，如定理、公式等，这就是我们常说的知识。

利用这些基本的知识去指导决策和行动，这就是人类特有的智慧。

智慧之上还有没有更高级的知识形态呢？我觉得如果有的话，可以称之为理念，就是上升到一定高度、普遍认可、无须求证的智慧。比如西方法典里的私有产权应该得到保护的理念、美国宪法体现的自由高于一切理念、中国文化里的仁义礼智信理念等。

这样，从原始数据到信息、知识，再到智慧、理念，就构成了一个较为完整的知识体系模型。有了更多的数据，就会有更多的信息，就会形成更多的知识和更高层的智慧、理念。数据的基础性价值也就体现在这里。

说数据是原始宝藏，还因为这些数据如果不能形成有效的信息、知识、智慧、理念，那么它就像煤炭、石油、稀土、铁矿石一样在地下可能已经埋藏了好几亿年，如果不加以利用一样发挥不了任何作用。

到了21世纪，大家越来越明白数据的重要性，认识到数据是宝藏，是战略资源，是比资本、土地、劳动力更加重要的生产要素。这是因为技术的发展使得数据捕捉、挖掘、分析、利用的能力大大提高了。一方面是现在有很多的技术能够去挖掘出来，让机器能读懂它的变化。另一方面，现在又有了机器学习这样的人工智能，使得机器可以把这些数据转化成人类能看得懂、用得上的信息和知识。这样就能使人类认识和改造世界的能力得到空前的提升。以前无法解释的东西现在可以用数据说话了，以前难以发现的规律现在很容易就呈现出来了。

数据是有用的

▼

如果所有数据都能被捕捉、被计算，那么事物变化的规律就会很容易被看到、被利用。

从目前研究看，大数据至少具备识别、重现、关联、溢价、预测等五大功能效应。

——大数据的识别效应。大数据可以把你和别人区别开来，识别人的身份、位置，识别各种机器的运行状态，也可以识别真假。识别功能在打击犯罪方面用得已经比较充分，网上追逃抓逃就是很好的例证。前些年张学友的演唱会，就利用身份识别逮住过不少在逃犯。无论在美国还是在中国，都有利用遗传基因比对破获多年悬案的报道。有一次在调研智慧城市建设时，看到一个城市利用交通视频监控系统，可以轻易将套牌车找到并实施制裁。现在人脸识别、猪脸识别、动作识别、声音识别、指纹识别、虹膜识别等数据应用已经越来越普及。

——**大数据的重现效应**。数据一旦被捕捉到，就可以记录、保存下来，以供重复利用。有一次我去东北出差的时候，发现汽车前面放有一个小屏幕，不停地在显示前面的道路情况，司机说这是行车记录仪，是保险公司免费帮助安装的，可以有效用于防碰瓷。现在城乡各个路口、超市、餐馆、电影院、停车场甚至教室等几乎所有公共场所都安装有监控摄像头，真的形成了天罗地网，不仅减少了犯罪，也减少了各种不必要的纷争。将大数据用于食品追溯、药品追溯已经很普遍。

——**大数据的关联效应**。大数据可以用于找到和分析各种相关关系，从中找到一些潜在的规律。通过搜索关键词的使用可以分析各种社会热点和舆情，也可以用于分析流行性感冒的一些发展和传播情况，通过历史数据分析可以找到重大节日或体育活动中销售最好的水果和食品，可以用食盐销量分析经济状况，用城市灯光测算GDP和人口，用用电量分析经济形势。

——**大数据的溢价效应**。与物资资源不同，数据资源不是越用越少，而是越用越多。数据不仅可以复制、再生，更重要的是数据应用可以产生新的数据。用得越多，产生的新数据就越多。

——**大数据的预测效应**。利用大数据可以预测经济走势、天气变化、自然灾害、疾病流行以及人的行为变化。通过用电大数据、购物大数据、出行大数据、食盐消费大数据、城市灯光大数据等预测分析经济发展走势的案例已经有很多。气象大数据不仅可以预测天气变化，还可以预测农业生产走势。人的行为也是可以提前预判并采取应对措施的，这对于预防犯罪和指导商业活动都十分有效。

如果能够掌握并利用好大数据的功能效应，企业的发展机会就会更多一些。

——**产品推荐**。客户行为分析已经是用得比较多了，对用户交易、浏览、评价数据等进行相似性分析，结合年龄、职业、收入、习惯、位置等数据，可以较好掌握一个用户在什么时间有购买某种商品或服务的需要，就可以进行个性化的推介。

——**产品设计**。用户对产品质量、外观、性能、价格等的评价数据，已经成为很多公司改进产品设计的重要依据。

——**广告投放**。什么样的广告投放能够效果更好？像过去那种漫天撒网的做法已经越来越少了，针对性的广告投放能收到更好的效果。在一次研讨会上，一家电商平台的高管说他们做出了一个新的服务软件，客户只要提供一百个用户的信息，这款软件就可以推荐5万个潜在用户。也就是说，通过分析这100个用户的基本特征，这款软件就可以从后台的数据库里找出5万个甚至更多具有类似特征的用户。那一百人需要你的产品，这五万人也就可能需要你的产品。

大数据还可以用于产品定价、客户忠诚度分析、产品生命周期管理、服务的改进、安全生产控制、绩效考评等。

总之，企业经营管理各个环节的决策都可以借助大数据变得更科学、更靠谱。

知识能力决定数据能力

掌握的信息和知识越多，看到的数据越多，产生新数据的能力就越强。

掌握数据越多，认识和改造世界的能力就越强大。

同样一个案发现场，福尔摩斯可以找到更多线索。

同样一个坟堆，一般人看到了不会有什么感觉，部分人会产生几声唏嘘，而白居易可以由此而写出《长恨歌》。

同样一座山，不同的人看到的景象和引发的思考会很不一样，历史学家、物理学家、化学家、数学家、地质学家、诗人、画家、哲学家等读出的数据和信息会大不相同。因为他们观察的出发点、角度不一样，更因为他们已经拥有的数据、信息、知识、智慧本来就不一样。

同样一组数据，不同的人、团队、组织应用的效果也会有很大区别，由此开发出的产品和成果也会多种多样。

美国政府在推行数据开放初期，曾用15组开放数据征集数据应用解决方案，竟收到10000多份应用方案。通过数据开放寻求创新解决方案的做法后来被广泛推广，我国北京、上海、贵阳、哈尔滨等城市都曾举办过类似的数据开放应用大赛。

有一次参加上海论坛期间看到一个案例，某大学开放一段时间的校园一卡通消费数据，希望征集到可以改进智慧校园建设的解决方案，吸引到150多个团队参赛。有很多创意超出人们的想象，记得有一个团队竟然根据这些数据整出了“学霸指数”和“学渣指数”，还有的团队设计出了寻找最佳恋爱对象的网络模型。

个人或单一组织的知识能力有限，但网络化集群的创新能力是无限的。

现实中很多政府机构、企业、社会组织掌握着大量的有用数据，但对于如何使用这些数据却知之甚少。这种情况下，最好的办法就是通过开放数据寻求社会支持或合作。

数据无限接近事实

▼

数据掌握越多，发现的规律就越多。

数据足够多，规律会自然呈现。

生活水平提高和老龄社会的到来，使得养生变成最为关切的话题之一。但因没有足够的数据支撑，关于生活习惯对健康和寿命的影响总是仁者见仁智者见智，甚至完全相反的结论和判断都会同时拥有大量的拥趸。

2018年2月，美国《纽约每日新闻》发表题为“为认真生活干杯”的文章，一项由加利福尼亚大学的神经学家领导的一项研究认为，适度饮酒能改善长寿。据说这项研究跟踪了2003年开始的90岁以上的研究中注册的1700名非会员，以探讨日常生活对长寿的影响。研究人员宣称，每天喝两杯啤酒或葡萄酒的受试者过早死亡风险降低了18%。同时，每天锻炼15分钟～45分钟的参与者将同样的风险降低11%。报道称，在奥斯汀举行的美国科学家年度会议上，研究人员还发现每天工作繁忙的受试者不那么容易死，比如每天有2个小时的时间专注于兴趣爱好上可以降低21%的死亡风险。而每天喝两杯咖啡的人则会降低10%的死亡风险。除此之外，他们还发现轻度超重（不是肥胖）者过早死亡的概率降低了3%，认为年轻时瘦得皮包骨到变老时会很瘦很瘦，对健康不利。

传统观点认为，脂肪摄入量过多不利于身体健康，低脂饮食才是王道。就连世界卫生组织也提出，脂肪摄入占每天总能量摄入比重应在30%以下，饱和脂肪酸摄入比例应在10%以下。但一些研究报告却给出了不同的结论。2017年8月，在欧洲心脏病学大会上，加拿大麦克马斯特大学的研究人员公布了他们一项历时10年，包括18个国家13万多人大型队列研究的结果：与最低脂肪摄入组（10.6%）相比，最高摄入组（35.3%）全因死亡风险（全因死亡指一定时期内各种原因导致的总死亡）、中风和非心血管死亡风险都更低，下降18%～30%不等。对于饱和脂肪酸，摄入量较高（10%～13%）的人心血管疾病的发生和死亡风险也均未受到影响，全因死亡风险和中风风险也降低了。

类似的研究报告数不胜数，但争论似乎并没有减少。原因可能是多方面的，出于科学的、文化的、经济的、政治的等诸多因素考虑，不同的人从不同的角度会有不同的结论，多数人会选择性使用数据和信息。如果数据足够多，足够说明问题，也许规律会变得浅显、稳定，争议就会少很多，错误而可笑的行为也就越来越少了。

经验数据、抽样调查数据的不足之处太过明显，也是争论和分歧产生的重要原因。如果大数据能提供历史性全样本数据，那么结论就会变得更加清晰、稳定、可信。

数据越多，越接近于事实。

当所有的数据都能够被捕捉时，一个透明的社会也就到来了。

当然，我们也要保持清醒的头脑，再多的数据也不是事实本身。也就是说，数据永远不可能等于事实。人类掌握数据的过程是渐进的，与客观存在的数据相比，人类能够捕捉、认知、利用的数据永远都只是一部分。大数据不管有多大，都具有局限性。客观世界在不断变化，客观数据也会不断产生、变化、爆炸，数据认知永远落后于数据变化。

同时，我们还要看到，数据是活的，人更是活的。选择性使用数据、误用数据、歪曲数据、滥用数据在现实生活中是很常见的，要小心“数据陷阱”。

数据能力是核心竞争力的基石

▼

用数据说话、靠数据决策、依数据行动正在成为生产、生活、治理的常态。

本章开始谈到的起床看天气、出门看导航、吃饭看点评、购物看流量等是数据驱动的表现。

规律就是数据及其联系变化的轨迹。规律是事物之间内在的必然联系，决定着事物发展的必然趋势。

数据越多，应用就越多，规律性的东西被发现的就越多，人们就会越相信数据、依赖数据，数据驱动一切就变得更加普遍。

当实践活动越来越被数据驱动时，数据能力就变得更加重要。于是，数据逐步成为核心竞争力的基石。我在赵刚博士的《数据概论》一书的序文中，对数据做了八个方面的总结，详见附录，可以更详细地了解我对“数据驱动一切”的理解。

5

第五章

CHAPTER FIVE

智能化：让机器聪明起来

智能化是指企业利用人工智能技术不断提升能力、
创新价值的过程。

谈到工业革命，人们就会想到瓦特的蒸汽机。谈到人工智能，很多人也会很自然地想到谷歌的阿尔法狗。毕竟阿尔法狗碾压人类围棋高手的事实是那么真切又略显残酷，以至于改变了很多人对人工智能的认知。这一章我们就从阿尔法狗开始谈起。

阿尔法狗的表演

2016年3月10日，在开往南方小城的高铁上，一路上我都在通过手机观看韩国棋手李世石与谷歌人工智能机器人阿尔法狗（AlphaGo）之间五番围棋大战第二局的网上直播。在前一日举行的第一局比赛中，阿尔法狗轻松拿下，后面的比赛就更为引人注目。所以，虽然信号时断时续，仍不愿离开片刻。

这场人机围棋大战被称为世纪之战，也被很多人称为人类智能最后保卫战，似乎如果李世石输了就标志着人工智能已经彻底击败人类，那么许多关于人工智能统治人类的担心都有可能变成现实。也许正是因为有这样的担心，这场人机大战就格外引人注目，几乎成了全球各大媒体报道的中心，也吸引着十多亿人跟着围观，尽管其中很多人此前可能从来没有关心过围棋。

坐在我旁边同去参加第二天要举行的一个人工智能论坛的年轻专家似乎也很关注这场比赛，他认为尽管阿尔法狗侥幸赢了第一局，但要最终取胜几乎是不可能的。我的心情很复杂，但确实已经接受了现实——机器与人的不同之处在于，只要它能赢你一盘，你就再也没有机会。因为它一旦知道了如何赢你，剩下的就是算力的比拼了。就像你不能与飞机比速度、与火车头比力气、与潜艇比游泳一样。

几天后最终结果出来了，阿尔法狗以4：1总比分获胜。李世石仅在第四局中获胜，被很多人认为算是为人类保留了一些脸面。那位年轻专家还特意发来一条微信：你说人类没机会了，可李世石赢了一盘，所以你输了。我从来不打赌的，但还是回信表示认可，尽管对于为什么阿尔法狗在第四盘会输给李世石一直存在疑问。

比分多少似乎并不重要，但人工智能战胜了人类顶尖高手是不争的事实。同时我们也已经看到，阿尔法狗最大的胜利是对人工智能进行了一次全球性的科普，也代表了高科技企业对人工智能技术充满野心的宣告。很多人因为这场人机大战了解了人工智能，很多人也因之了解了围棋。阿尔法狗挑战成功，标志着人工智能水平又上了一个大台阶，同样是人类的一大进步。人工智能不再只是实验室的智慧探索，而是正在成为未来科技的基础，是推动商业变革与社会发展的强大动力。

自从有了计算机，人们就在探索机器能否像人一样具有智能，就期待着机器可以帮助我们做更多的事情。

通过智力游戏挑战展示人工智能进步的做法很早就开始了。

1952年，有计算机之父称号的阿兰·图灵就编写了一个国际象棋程序。据说当时没有一台计算机有足够的运算能力去执行这个程序，他就模仿计算机与一位同事下了一盘，结果程序输了。后来美国新墨西哥州洛斯阿拉莫斯国家实验室的研究群根据图灵的理论，设计出世界上第一个电脑程序的象棋。

1957年，司马贺曾预言十年内计算机下棋会击败人。

1959年，亚瑟·塞缪尔在IBM的首台商用计算机IBM701上编写了跳棋程序，战胜了当时的跳棋大师罗伯特·尼赖。

1968年，麦卡锡和象棋大师列维(David Levy)打赌说十年内下棋程序会战胜列维，最后赔了列维两千块。这件事被很多不看好人工智能的人当着笑话谈了好多年。

直到1997年，IBM的计算机“深蓝”（Deep blue）终于击败了俄罗斯国际象棋大师卡斯帕罗夫。此前的1996年，“深蓝”挑战失败，卡斯帕罗夫批评计算机下棋缺乏悟性，永远不会战胜人类。后IBM对深蓝进行了升级，使它拥有480块专用CPU，运算速度翻倍，每秒可以计算2亿次，可以预测未来八步或更多的棋局，终于让卡斯帕罗夫臣服，承认深蓝有时可以“像上帝一样思考”。

“深蓝”击败卡斯帕罗夫是人工智能发展史上的又一个里程碑事件，此时距离阿兰·图灵编写第一个象棋程序已经整整过去了45年。

此后，很多人都把围棋看作是人机大战的最后堡垒。围棋向来被认为是变化最多、最复杂的智力游戏，长期以来计算机围棋程序很少能战胜业余棋手。就在阿尔法狗与李世石决战前夕，围棋界似乎根本就不相信机器可以战胜高段棋手，更不要说世界围棋冠军了。

其实，这次谷歌携带阿尔法狗是有备而来，也是信心十足。与其说是比赛，不如说是表演。

早在2015年10月，阿尔法狗就与欧洲围棋冠军樊麾进行过一次对决，在没有任何让子的情况下，以5:0完胜。但这次比赛更像是一次试手，其结果和过程一直被要求保密。可以想象，这次试手又让DeepMind团队获得了很多感悟，从而使阿尔法狗变得更加强大，足够碾压所有人类棋手。

在战胜李世石后，阿尔法狗还精心做了几场表演。

2016年12月29日至2017年1月4日，阿尔法狗在弈城围棋网和野狐围棋网以“大师”（Master）为注册名，依次对战数十位人类顶尖围棋高手，取得60胜0负的辉煌战绩。

2017年5月23日至27日，在中国乌镇围棋峰会上，阿尔法围棋以3∶0的总比分战胜排名世界第一的世界围棋冠军柯洁。在这次围棋峰会期间，阿尔法狗还在5月26日战胜了由陈耀烨、唐韦星、周睿羊、时越、芈昱廷五位世界冠军组成的围棋团队。

在柯洁与阿尔法狗的人机大战之后，DeepMind团队宣布阿尔法狗将不再参加围棋比赛，因为人类已经再也没有机会获胜。

2017年10月18日，DeepMind团队公布了最强版阿尔法围棋，代号“阿尔法元”（AlphaGo Zero）。这个新的围棋程序采用了新的机器学习算法，根本不用学习棋谱，而是通过左右手互搏的方式自己学习。经过短短3天的自我训练，阿尔法元就强势打败了此前战胜李世石的旧版阿尔法狗，战绩是100∶0。又经过40天的自我训练，阿尔法元又打败了阿尔法狗“大师”版本。

显然，阿尔法元的出现并不是为了证明人工智能还可以更好战胜人类棋手，而是在探寻机器学习的新途径。这种学习方法的改进，可以应用到更多的领域，为人工智能带来更多的发展空间。

围棋人机大战让我们知道，人类是败在了计算机高速的计算能力和优秀的人工智能算法之下。

人类输了吗？当然不是。只能说是人类进步了，创造出了更好用的机器。

正是因为人行进的速度不够快，所以才有了马车、汽车、火车、飞机、高铁。

正是因为人的力气有限，所以才有了千斤顶、吊车、拖拉机、推土机。

正是因为人的视力有限，所以才有了望远镜、显微镜、透视镜。

如果你还要问：机器会思考吗？科学家们也许会反问你：潜艇会游泳吗？

机器可以下棋，当然就可以做更多的事情。这一切是怎样发生的，又将如何演进？是时候了解一下人工智能发展历史了。

人工智能简史

有了现代计算机之后，就有人在思考另一个问题：既然机器可以计算，那么机器是不是可以思考呢？

1950年，图灵发表论文《计算机器与智能》（Computing Machinery and Intelligence）正式提到这个问题，并因之获得“人工智能之父”称号。这篇论文提出了一个著名的思想实验——图灵测试（The Turing test）：在一个人和一台机器隔开的情况下，通过一些装置向被测试者随意提问，经过多次测试后，如果机器让平均每个参与者做出超过30%的误判，那么这台机器就通过了测试，并被认为具有人类智能。

人物

阿兰·麦席森·图灵

阿兰·麦席森·图灵（Alan Mathison Turing，1912年6月23日—1954年6月7日），英国数学家、逻辑学家，被称为计算机科学之父、人工智能之父。

1912年6月23日，图灵出生于英国伦敦。

1926年，图灵考入英国著名的谢伯恩公学，在中学时就获得了国王爱德华六世数学金盾奖章。

1931年，图灵进入剑桥大学国王学院。

1932年，图灵荣获英国著名的史密斯数学奖。

1936年9月，图灵应邀到美国普林斯顿高级研究院学习，1938年夏取得博士学位后回到英国，仍在剑桥大学从事数学研究和计算机研制工作。

1939年，图灵应召到英国外交部通信处从事破译敌方密码的工作。他参与了世界上最早的电子计算机的研制工作。

1945年，因在二战中为破译德军密码做出的巨大贡献，图灵荣获政府最高奖——大英帝国荣誉勋章。

1945年到1948年，他在英国国家物理实验室工作，负责自动计算引擎的研究。

1948年，图灵到曼彻斯特大学工作。

1950年，图灵编写并出版了《曼彻斯特电子计算机程序员手册》。这期间，提出了著名的“图灵测试”，提出关于机器思维的问题，发表论文《计算机和智能》(Computing machinery and intelligence)，引起了广泛注意和深远影响。

1951年，由于在可计算数方面所取得的成就，图灵成为英国皇家学会会员，时年39岁。

1952年，图灵写了史上第一个国际象棋程序。

1952年，因同性恋被判“化学阉割”。

1954年6月7日，图灵被发现死于家中的床上，床头还放着一个被咬了一口的泡过氰化物的苹果，被认定为自杀身亡。

1966年，为纪念图灵对计算机科学的巨大贡献，美国计算机协会（ACM）设立了一年一度的图灵奖，以表彰在计算机科学中做出突出贡献的人，被喻为“计算机界的诺贝尔奖”。

2012年6月，33位图灵奖获得者首次共聚旧金山，纪念艾伦·图灵100周年诞辰。

2013年12月，英国女王伊丽莎白二世向图灵颁发了皇家赦免。

2014年，安德鲁·霍奇斯所写传记《阿兰·图灵传》被改编成电影《模仿游戏》，获2015年第87届奥斯卡最佳改编剧本奖。

2019年7月，阿兰·图灵登上英国面值50英镑新钞（将于2021年底进入流通）。

资料来源：《百度百科》等

1956年8月，在美国汉诺斯小镇的达特茅斯学院，约翰·麦卡锡、马文·闵斯基、克劳德·香农、艾伦·纽厄尔、赫伯特·西蒙等科学家聚在一起，召开了一个“人工智能夏季研讨会”(Summer Research Project on Artificial Intelligence)，准备用两个月时间讨论用机器来模仿人类学习以及其他方面的智能。据说这个会并没有开满两个月，也没达成普遍共识，但却确定了一个新的词汇：人工智能（Artificial Intelligence, AI）。因此，1956年也就成了人工智能元年。麦卡锡(John McCarthy)当时是达特茅斯学院的数学系助理教授，是会议的召集者，也是他给这个会议起的名字，但他自己也说“人工智能”这个词并不是他的原创，而是从别人那里听到过，只是记不起是谁说的了。

达特茅斯会议之后，人工智能研究进入了20年的黄金时代。约翰·麦卡锡开发了LISP语音，成为以后几十年来人工智能领域最主要的编程语言。马文·闵斯基对神经网络有了更深入的研究，也发现了简单神经网络的不足。多层神经网络、反向传播算法开始出现，专家系统开始起步。第一台工业机器人走上了通用汽车的生产线，也出现了第一个能够自主动作的移动机器人。

1964到1966年间，麻省理工学院的人工智能学院编写了世界上第一个聊天程序（ELIZA），能够根据设定的规则，根据用户的提问进行模式匹配，从预先编写好的答案库中选择合适的回答。这也是第一个尝试通过图灵测试的软件程序，据说在首次使用的时候就骗过了很多人。

1965年，美国著名计算机学家费根·鲍姆在斯坦福大学带领学生开发了第一个专家系统（Dendral），可以根据化学仪器的读数自动鉴定化学成分。费根·鲍姆在20世纪70年代还开发了另外一个用于血液病诊断的专家程序（MYCIN霉素），可能也算是最早的医疗辅助系统软件了。

1967年，日本早稻田大学启动机器人研究项目，1972年完成了第一代机器人产品（WABOT-1），有双手双脚、摄像头视觉和听觉装置。这个机器人能移动也能搬东西，但每走一步要45秒而且只能走10厘米。

受计算能力和经验数据制约，很多理论上的成果无法变成现实，20世纪70年代人工智能研究一度受到挑战和打击。

1979年，斯坦福大学制造了史上最早的无人驾驶车（Stanford Cart），它能够依靠视觉感应器自主穿过散乱扔着椅子的房间，尽管慢到需要几个小时才能完成。

1980年，卡耐基梅隆大学研发的一款能够帮助顾客自动选配计算机配件的软件程序（XCON）正式投入使用。这个系统包含了设定好的2500多条规则，在后续几年处理了超过80000条订单，准确度超过95%，每年节省超过2500万美元。这个系统的成功标志着专家系统开始在特定领域发挥威力，也带动整个人工智能技术进入了一个繁荣阶段。

在整个20世纪80年代，约有三分之二的世界500强公司开始设立人工智能部门，开发和部署各自领域的专家系统，也涌现出很多人工智能软硬件公司。

1982年，日本国际贸易工业部发起了第五代计算机系统研究计划，预计投入8.5亿美元创造超级人工智能计算机。因为个人计算机发展较快，这个计划并不算很成功，但开启了并行计算的先河，也极大推进了日本工业信息化进程。

也是在1982年，美国数十家大公司联合成立微电子与计算机技术公司（MCC），并于1984发起了人工智能历史上最大也是最有争议性的项目Cyc，目的是建造一个包含全人类全部知识的专家系统。截至2017年，Cyc积累了超过150万个概念数据和超过2000万条常识规则，曾经在各个领域产生超过上百个实际应用，也被认为是当今最强人工智能计算机沃森（IBM Woston）的前身。

1986年，位于慕尼黑的德国联邦国防军大学把一辆梅赛德斯-奔驰面包车安装上了计算机和各种传感器，实现了自动控制方向盘、油门和刹车，时速可达80公里。这可能是真正意义上的第一辆自动驾驶汽车。

神经网络在20世纪80年代有了较快进展，到90年代开始商业化，被用于文字识别、图像识别和语音识别。

1988年，美国科学家朱迪亚·皮尔将概率统计方法引入人工智能推理过程，对后来人工智能发展起到了重大影响。IBM沃森研究中心把概率统计方法引入到人工智能的语言处理中，Candide项目基于200多万条语句实现了英语和法语之间的自动翻译。同年，英国人工智能科学家卡朋特开发了聊天程序（Jabberwacky），其后续版（cleverbot）至今仍然很多人在使用。

在此后的10多年里，人工智能技术逐渐与计算机和软件技术融合，更强大更快速的计算机硬件也为取得突破性的成果创造了条件。但这一时期人工智能算法理论的进展并不大。

互联网的兴起也为人工智能应用拓展了新的空间。1995年，理查德·华莱士开发了新的聊天机器人程序（Alice），能够利用互联网不断增加自身的数据集，优化内容。

1997年，IMB的计算机深蓝（Deep blue）战胜了世界象棋冠军卡斯帕罗夫，称为人工智能史上又一个标志性事件。

1998年，美国公司创造了第一个宠物机器人（Furby）。

2000年，日本本田公司发布了机器人产品阿西莫（ASIMO），经过多年的升级改进，目前仍是全世界最先进的机器人之一。

1996年，美国伊莱克斯公司推出了第一款吸尘器机器人，因产品缺陷最后以失败告终。但2002年iRobot推出的扫地机器人（Roomba）却大获成功，至今仍是扫地机器人最好品牌之一。

2004年，美国神经科学家杰夫·霍金斯出版《人工智能的未来》一书，对后来神经科学的深入研究产生了深刻影响。

2006年，杰弗里·辛顿出版《Learning Multiple Layers of Representation》，奠定了后来神经网络的全新架构，是人工智能深度学习的核心技术。

移动互联网技术、云计算技术的爆发积累了历史上超乎想象的数据量，加上机器学习理论和技术的突破，为人工智能的后续发展提供了足够的素材和动力。

2007年，在斯坦福任教的华裔科学家李飞飞发起创建了ImageNet项目，号召民众上传图像并标注图像内容，以便向人工智能研究机构提供足够数量可靠的图像资料。自2010年开始，ImageNet每年举行大规模视觉识别挑战赛，深度学习成为热潮。2012年，华裔科学家吴恩达向世人展示了一个超强的神经网络，它能够在自主观看数千万张图片之后，识别那些包含有小猫的图像内容。

图像识别技术正逐渐从成熟走向深入。从日常的人脸识别到照片中的各种对象识别，从手机的人脸解锁到AR空间成像技术，以及图片、视频的语义提取等等，机器视觉还有很长的路要走，也还有巨大的潜力等待挖掘。

2009年，谷歌开始秘密测试无人驾驶汽车技术。2014年，谷歌成为第一个通过美国州自驾车测试的公司。

2010年，亚马逊公司就开始研发语音控制的智能音箱，2014年正式发布了产品Echo，这是一款可以通过语音控制家庭电器和提供资讯信息的音箱产品。随后谷歌、苹果都推出类似产品，国内厂商如阿里、小米、百度、腾讯等也都纷纷效仿，一时间智能音箱产品遍地开花，都试图抢占用户家庭客厅的入口。

2011年，IBM的沃森系统在综艺竞答类节目《危险边缘》中，与真人一起抢答竞猜，凭借其强大的知识库战胜了两位人类冠军。至此，在图像识别领域或常识问答比赛上，人工智能都开始表现出超过人类的水平。

2014年，伊恩·古德费罗提出GANs生成对抗网络算法。这是一种用于无监督学习的人工智能算法，由生成网络和评估网络构成，以左右互搏的方式提升最终效果。这种方法很快被人工智能很多技术领域采用。

2016年和2017年，谷歌发起了两场轰动世界的围棋人机之战，其人工智能程序（AlphaGo）连续战胜曾经的围棋世界冠军韩国李世石，以及现任的围棋世界冠军中国柯洁。再后来的阿尔法元（AlphaZero）在人类看来就只能是“神一样的存在”了。

中国科学院院士谭铁牛把人工智能发展历程分成六个阶段：一是起步发展期：1956年—20世纪60年代初；二是反思发展期：20世纪60年代—70年代初；三是应用发展期：20世纪70年代初—80年代中；四是低迷发展期：20世纪80年代中—90年代中；五是稳步发展期：20世纪90年代中—2010年；六是蓬勃发展期：2011年以后[①]。

我们已经看到，语音识别、图像识别、远程控制、智能机器人、深度学习等技术正广泛应用于各行各业，半个多世纪前科学家们提出的愿景正在一步步变成现实。

智能时代来临

当人工智能得到广泛应用并产生深远影响时，智能时代也就到来了。

人工智能在2010年代进入蓬勃发展阶段不是没有道理的。

一般认为，人工智能发展取决于三个要素：数据、算法、算力。用公式表示就是：人工智能（AI）＝数据+算法+算力。

人工智能半个多世纪以来进展缓慢，主要原因就是算力不足、数据不够、算法不优。经过几十年的发展，这几个难点在2010年后都有了重大突破。摩尔定律引发的半导体进步以及云计算、边缘计算等发展，算力已经不成问题。互联网、移动互联网、物联网的发展及应用让数据变得极大丰富。机器学习、深度学习等进步使得算法越来越优化。于是，人工智能就迎来了“忽如一夜春风来，千树万树梨花开”的新阶段。

① 谭铁牛. 人工智能的历史、现状和未来. 新华网，
https://baijiahao.baidu.com/s?id=1626225036349017037&wfr=spider&for=pc.

机器可以学会下围棋，当然可以学会干更多的事情。

机器学会了语言识别，就可以当导游讲解、播报天气预报、播报新闻、用不同方言导航、做不同语言间的翻译，还可以与你直接交流对话。微软的小冰、苹果的Siri、百度的小杜、小米的小爱等语音交互产品已经很多了。

机器学会了图像识别，就有了人脸识别、植物识别、动物识别、文字识别等广泛应用。

机器将有用的信息找出来并转化成人类能看懂的信息，就可以用于各种决策。

机器可以利用信息自动处理事务，就有了多种形式的生产机器人、服务机器人、特种机器人。

不仅大量重复性的工作可以交给机器去做，越来越多的经验性智力工作也可以交由机器去做。机器人用于书法、绘画、对联、写诗、体育报道等已经不是什么新鲜事。

人工智能已经在各个领域发挥重要作用，将来的应用或更广泛、更深入。由此引发的一些深层次问题也开始引起人们重视，比如：会不会引发大量失业？机器人会不会毁灭人类？如何引导并规范科技伦理？有些担心是不必要的，有些则需要认真对待，在发展中找到好的解决方案。

梦数据

▼

有一天早上，我清晰记得一则新闻："关于造纸术和印刷术孰早孰晚的争论持续了600年—800年，今天终于有了答案"。但很快，这则新闻让我产生了诸多疑问：我是怎么知道这则新闻的？是听到的还是看到的？是来自于报纸、广播、电视还是微博、微信、今日头条？造纸术和印刷术孰早孰晚有必要争论吗？即便有争论为什么要持续600年—800年而不是600年、700年、800年？为什么说有了答案却没有给出答案？答案到底是什么？有了答案会带来什么影响？我试图通过回忆找到这则新闻的来源，但怎么也理不清思路。直到听见窗外池塘边的一声蛙鸣，慢慢睁开双眼，发现天已大亮，才猛然意识到刚才只是做了一个梦。拿过手机看了一下时间，显示为早上5点21分。

习惯性地上网查了一下，一般都认为“公元105年，中国蔡伦发明造纸术”，就连2004年出版的《中国大百科全书》也是这么说的。但又有一些资料说，考古学界对“蔡伦纸”是否是中国最早的纸有很大争议，因为考古发现的“灞桥纸”“金关纸”“马圈湾纸”等都是西汉晚期的纸，都比东汉前期的蔡伦纸要早，1986年发现的“放马滩纸”更是比蔡伦纸早了200多年。至于印刷术的发明，从小就知道毕昇发明的活字印刷术被称为中国古代四大发明之一。具体时间上大概是在北宋仁宗庆历年间（1041—1048），据说这个方法还没来得及推行毕昇就仙去了。但此前的雕版印刷术早在8世纪就已经很流行了。相比之下，1398年才出生的德国人古登堡发明了铅字印刷，虽然贡献卓著，但也只能算是后起之秀了。先有纸才会有印刷，这基本就是一个常识，当然也就不该有什么可争论的了。

特别想知道的是，为什么会做这样的梦？

现在网上有不少关于解梦的网站。我也上网查了一下，对于“造纸术与印刷术的争论”，查不到相关梦的解释，估计没有人做过这样的梦。查“梦见假新闻”，倒是有一大堆的释梦：上学的人梦见自己发现假消息意味着文科成绩不理想，做生意的人会秋来好转，怀孕的人会生男孩，出行的人会平安……更有意思的是还有这样一句话：“就在今天，全球华人世界里大约有701人跟你一样也梦见自己发现消息是假的。”这就说明，已经有人在做关于梦的大数据统计分析。

现在已经有很多城市、很多公司在做大数据梦，却很少有人真正关心梦的大数据。

如果利用大数据、人工智能等技术，捕捉梦的信息、梦的成像，并对梦的信息进行挖掘分析，是不是非常有价值有意义呢?

据说每人每天要做4—6个梦，多数的梦都会在5分钟后被忘得一干二净，但有一些梦会记忆深刻，永远也忘不了。有的神奇，有的怪异，有的美好，有的恐怖。有些人从梦里得到启迪，有些人在梦里获得顿悟。

古往今来，中华文化史上总有那么多梦的萦绕。皇帝的梦、大臣的梦、英雄的梦、小人的梦，形形色色不一而足。关于梦的成语就有很多:白日做梦、夜长梦多、酣然入梦、半梦半醒、如梦方醒、痴人说梦、魂牵梦萦、醉生梦死、梦寐以求、黄粱美梦、重温旧梦、同床异梦、一帘幽梦、庄周梦蝶、梦幻泡影、人生如梦……

至于诗词文艺作品里的梦更是数不胜数。就拿唐代三大诗人来说，就梦得七荤八素。浪漫不羁的诗仙李白最爱做梦，其实他的人生整个就是一场大梦，所以他除了梦长安、梦吴越、梦辽东、梦关山，还梦春草、梦松月、梦江花、梦池塘，简直就是无物不可梦，无梦不可诗，诗里全是梦，梦里全是诗。一生潦倒的诗圣杜甫大多数时间连做梦的心情都没有，但偶尔也会“春渚日落梦相牵”“至今梦想仍犹在”，怀念李白时会“三夜频梦君，情亲见君意”。最会拿梦说事儿的还应该是诗魔白居易，他说琵琶女“夜深忽梦少年事，梦啼妆泪红阑干”，说唐玄宗“悠悠生死别经年，魂魄不曾来入梦”，说杨玉环“闻道汉家天子使，九华帐里梦魂惊”，想元稹时会“夜来携手梦同游，晨起盈巾泪莫收。”随着年龄和阅历的增加，白居易对梦的理解也最为深刻:“渴人多梦饮，饥人多梦餐”“既得安稳眠，亦无颠倒梦”“荣枯事过都成梦，忧喜心忘便是禅”。就连一诗留芳的张若虚也没忘记在《春江花月夜》里呻吟“昨夜闲潭梦落花，可怜春半不还家。”

宋代大文豪苏轼想念亡妻时说“夜来幽梦忽还乡，小轩窗，正梳妆”，感慨时会说“人生如梦，一尊还酹江月”“世事一场大梦，人生几度秋凉”。老成持重的欧阳修也会忽然觉得“风月无情人暗换，旧游如梦空肠断”。生逢乱世的辛弃疾时常会“醉里挑灯看剑，梦回吹角连营”。

沈括本是一个大科学家，晚年偏偏爱上梦溪园，他给自己的科学巨著起个名字就叫《梦溪笔谈》。

从周公到弗洛伊德，古今中外对梦的研究已经有很多，但似乎谜团是越来越多而不是越来越少了。

不仅人类会做梦，很多动物也会做梦。它们的梦数据也许会带给我们更多的发现和惊喜。

也许终有一天，嵌入式芯片或神经感知系统的进一步发展，人工智能会通过脑电波捕捉到所有的梦数据。

梦数据不仅会帮助我们解开更多梦的秘密，还会给我们带来更多灵感，发现更多需求，提供更多解决人生甚至人类难题的新思路新方法。

不死的人生

2016年下半年，为完成“新常态下的新动能”研究任务，课题组先后到11个省份开展调研。有一次在去南方一个省份调研的高铁上，大家的话题聚焦到了人工智能。有一位领导问人工智能最终会发展成什么样，我想了想说：将来人工智能可以让人生不死。显然，这个回答让所有人都很惊愕，非得让我说出个子丑寅卯来。我举出了一个场景例子：将来有一天有朋友来到你的墓碑前，你的虚拟形象可以从一块屏幕上跳出来与他谈笑风生，回忆在一起工作生活中的点点滴滴，告诉他有一次醉酒的准确时间、在海边游泳被美女欺负的具体地点，甚至可以提醒他公司目前可能遇到的危机风险……这个话题后来在多种场合被当作经典笑谈。

其实，提出这样的设想并不是临时的抖机灵，也不全是异想天开。

记得在2014年与IBM（中国）的高管交流时，我就半开玩笑地建议他们将来可以开发出一个代写“自传”的业务，一定很受欢迎。

简单想一下就知道，一个人的文章、讲话、视频都已经数字化，并可以通过网络获取。一个人在什么时间、去过什么地点、与什么人在一起、做过什么事都可以被记录。得过什么病、吃过什么药、每天走多少路、摄入多少卡路里也可以被记录。如果一生中的点点滴滴都被记录、被存储，从中选取有用信息自动生成一本“传记”就变成一件十分简单的事情了。未来的传记不只是一本书，而是包括声音、视频等在内的多媒体传记。

其实，类似的片段化服务在生活中已经有了。数码相机刚刚流行时，在很多旅游景点就有人提供即拍服务。后来，一些旅游景点把游客在景区内的全程活动剪辑成一个光盘，游客可以选择付费领取。再后来，有了“微博书”“微信书”。

大概在2017年前后，借助虚拟现实等技术，邓丽君“复活”了，可以到现场演唱经典歌曲。此后，虚拟演唱会开始风靡。

在美国，一个数据达人将父亲一生的视频资料整理出来，当作礼物送给生前好友。

涂子沛在《数商》一书中说，用视频记录一个人一天24小时活动产生的数据量大约是4G，100年的数据量也就140T左右，存储这些数据的成本也许只需要两万元。这个算法有点简单粗暴，但确实说明了数据可得。

数据有了，抓取有效数据的技术有了，数据呈现的技术也有了，人生不死是不是就可以变成现实了？真实的躯体不见了，但虚拟的人生可以再现，甚至可以永久存续、不断丰富。

很有意思的是，百度创始人李彦宏竟也有类似的想法。2019年12月20日，在第二届崇礼论坛上，李彦宏在做“智能经济时代：中国创新改变世界”演讲时谈到，如果往长远去想，人工智能可以让人获得永生。大概意思是说，一个人的行为、照片、讲话录音等各种各样数据都可以数字化并存储起来，计算机就可以学习这个人的思维方式。

1949年中华人民共和国成立后不久，诗人臧克家为纪念鲁迅逝世13周年写过一首诗，名字叫《有的人》，其中有两句一直被后人流传：“有的人活着，他已经死了；有的人死了，他还活着。”

也许，我们现在就可以说：只要你活过，就永远不会死。大数据可以让人不死，人工智能可以让人永生。

6

第六章

CHAPTER SIX

生态化：从独木到丛林

生态化是指平台型企业利用技术、产品、数据、用户、渠道等资源优势，不断创新产品和服务，并带动更多的资源汇集，逐步形成一个生态体系的过程。

对于很多人来说，阿里巴巴是做电子商务的，腾讯是做社交游戏的，百度是做搜索引擎的，华为是做通信设备的，小米是做手机的……但现在它们的业务已经不那么单纯，也许10年后大多数人会说不清它们到底是做什么的，只能记得它们早期的核心业务。因为它们从某个时段起，都开始了生态化扩张之路。不仅互联网公司开始做生态，传统企业也开始做生态。有的叫生态链，有的叫生态圈，有的叫生态体系，有的叫生态系统，可以统称为生态经济。

两场赌局的背后

在2012年的CCTV年度经济人物颁奖大会上，阿里巴巴的马云和万达的王健林之间有一场豪赌吸引了大量的眼球。马云说到2020年电子商务交易额占社会商品零售总额的比重会达到50%。王健林说要是达到了我给你一个亿，达不到你给我一个亿。2020年，电子商务占社会商品零售总额的比重不会超过40%，所以表面上看王健林在对赌中赢了马云。最终结局如何其实并不重要，重要的是第二年王健林就把百货给卖掉了，而马云开始走向实体搞起了新零售，还花了好几十个亿买了王健林很多股份。这说明通过两种思潮之间的碰撞，双方都觉醒了，实体经济与互联网经济在走向融合，而融合是生态化的重要途径和表现。

无独有偶，2013年12月12日，在第二年的CCTV年度经济人物评选颁奖大会上，在主持人的挑唆下，小米公司董事长兼首席执行官雷军与格力集团董事长董明珠就发展模式再次展开激辩，并打下10亿元的天价赌局。雷军说到2018年小米的营业额会超过格力。要知道小米当年的销售额满打满算也就200多亿元，而格力的销售额会超过1200亿元。董明珠当然不相信小米5年后会超过格力的神话。雷军说如果到时没有达到目标，愿意输给董明珠一元钱。董明珠说一块钱没意思，要赌就赌10亿元。2018年已经过去了，结局如何？董明珠赢了。2013—2018年格力销售额从1200亿元增长到了2000个亿，而小米销售额从265亿元增长到了1749亿元。值得玩味的是，2019年一季度小米销售额已经超过了格力。所以有媒体说如果雷军多说3个月的时间就能赢了。

没有人去关心雷军是否如约付给董明珠10亿元，但接下来的变化确实很有意思。雷军开始加速拓展小米实体店，很快实体店占到了手机销售的52%。董明珠回来之后就把她所有的广告代言人全部拿下，开始玩互联网经济，自己成了网红，并开始涉足手机通讯、新能源汽车，新冠肺炎疫情期间还亲自走进了直播间。

雷军敢于和董明珠对赌，他的底气从哪里来？答案很简单，因为那时雷军已经决定走生态化扩张之路。

小米生态

▼

雷军与董明珠对赌的时间发生在2013年，小米开始发力生态链是什么时候？也是2013年。是巧合吗？当然不是。对赌的时间点是2013年的12月12日，这个时候小米生态链战略布局已经有了半年的时间。雷军要造一片竹林，那种根系发达可以自己不断长出新竹笋的竹林。在他眼里，董明珠的格力就好比一颗老松树，虽然每年都在生长，但毕竟速度太慢。所以，雷军有底气。

应该说小米是较早有明确意识做生态的公司之一，因为2013年的时候业界几乎还没有几个人谈生态链、生态圈这样的概念。

为什么要做生态链呢？2017年，小米公司出了一本书叫《小米生态链战地笔记》，对这个问题给出了一个答案。雷军对互联网发展阶段有自己的判断：第一阶段是互联网，第二阶段是移动互联网，第三阶段是物联网（IoT）。每个阶段，都会有成就万亿级大公司的机会。在互联网发展的第一阶段，雷军创办了金山软件（2007年上市）和卓越网（后来卖给了亚马逊）。在互联网发展的第二阶段，雷军于2010年创办了小米，很快在智能手机市场打开了局面，积累了1.5亿用户。到2013年的时候，雷军觉得物联网的风口就要来了，这样的机会当然不容错过。所以他对负责产品设计的小米联合创始人、副总裁刘德说："要迅速地去市场上扫描，抢公司、抢项目。"

对于如何做生态链，小米当时也没有经验，刘德后来说接到这个任务时感觉就是在做二次创业，又是一次从零开始。

最初的想法也很简单，就是用投资的方式，找最牛的团队，用小米的平台和资源，帮助大家做出真正的产品，迅速地布局物联网。于是，刘德带着从小米公司拉出来的十几个工程师，开始了百亿投资的生态化布局。

在接下来的3年里，小米生态化布局可谓是捷报频传。2014年“抢”了27个项目，2015年“抢”了28个项目，2016年“抢”了22个项目。也就是说，平均十几天就投一家公司。在3年的时间里，小米生态链企业已经达到77家，其中30家发布了产品，生态链硬件销售额已突破100亿元。那时，雷军的目标是打算用小米手机的成功经验，复制出100个“小小米”。

按照刘德的说法，小米生态链是一个基于企业生态的智能硬件孵化器。生态链公司不是小米的部门，也不是小米的子公司。小米对生态链公司投资不控股，对生态链公司输出产品方法论、价值观，提供全方位支持。

简单地讲，小米布局物联网生态的模式就是“投资+孵化”，就是“弄一堆兄弟公司，大家一起来打群架”。这样做的好处显而易见：小米自己不可能做太多产品以撬动所有行业，时间上也不允许。投资不控股主要是为了形成较有效的激励机制，每支队伍都是独立的公司，打下来的是自己的天下，这样才能保持团队生猛，实现野蛮生长。

小米是做手机起家的，所以在布局生态圈时也是以手机为中心逐步展开的。其投资顺序也很有章法：离手机近的早点做，离手机远的晚点做；离用户群近的早点干，离用户群远的晚点干。

这样逐步形成了由近及远的三个投资圈层：

第一圈层是手机周边产品，如耳机、小音箱、移动电源等。

第二圈层是智能硬件产品，如手环、空气净化器、净水器、电饭煲、无人机、平衡车、机器人等。

第三圈层是生活耗材类产品，如毛巾、牙刷等。

小米做前两个圈层都算是应有之义，但做毛巾、牙刷之类的生活耗材似乎有些匪夷所思了。对此，《小米生态战地笔记》给出的解释是："小米是一家科技公司，但科技公司有一个非常大的问题就是：不确定性。这是由科技公司的属性决定的，谁都不一定能够始终站在科技的制高点上，所以当一家科技公司拥有了大量生活耗材类的生意时，它们就能够对这家科技公司不确定的属性产生巨大的对冲作用。"很直白，原来就是为了规避风险。

当然，雷军也可以这样解释："我的梦想就是要做制造业的'鲇鱼'，以此推动中国制造业进步，连毛巾牙刷也不放过。"或者说："我是在用互联网思维做毛巾、牙刷，与别人还是不一样的。"

通过雷军、刘德等小米高层在不同场合的介绍，也可以了解小米生态链方法论的一些主要考虑：找到一个竞争不充分、没有垄断玩家、大量中小卖家充斥市场、代工体系成熟的蚂蚁市场，设计一款满足核心需求的产品，用新的智能和价格标准搅动整个行业的变革，形成先发优势，打造爆款。在具体的产品运作上，灵活运用雷军的互联网思维七字诀——"专注-极致-口碑-快"。

随着时间推进，小米生态也在不断繁衍壮大。2020年到来的时候，小米生态链阵营中的企业已经超过200家，打造的产品范围涵盖手机电脑、数码周边、美妆个护等，当然在小米有品APP上还可以买到牙刷、毛巾、枕头、床垫、签字笔、拉杆箱。小米2019年财报显示，IoT及生活消费品收入达到438亿元，占总收入的25%，连续3年都保持着80%以上的增速，总营收额仅次于小米手机业务。

到2020年第一季度，小米IoT智能物联网设备连接超过2.52亿台，拥有5个以上设备连接到公司IoT平台的用户数量达到460万，米家应用拥有4000万月活用户，其中约三分之二的用户是非小米手机用户。

总体上看，小米生态化扩张目标明确，路径清晰，效果明显。

阿里生态

▼

阿里生态是长出来的，并不是一开始就规划出来的。可以说它是阿里的选择，也是时代的产物。

1999年，马云在杭州城郊湖畔花园小区自己的家中成立阿里巴巴。

2003年5月，淘宝网在马云公寓内创立，定位是C2C购物平台。

2004年，支付宝应运而生，为淘宝用户的快速扩张打下了坚实基础。

2007年，阿里巴巴B2C业务在香港上市（2012年6月退市）。

也就是在这一年，生态系统建设开始进入阿里高层的战略视野。

按照阿里巴巴集团前总参谋长曾鸣在《智能商业》一书中的说法，阿里巴巴对生态的思考可以追溯到2007年，那时产业界对于生态系统这个概念还很陌生。

2007年淘宝网发展迅猛，但“下一步往哪走”却成了难题，内部争论很激烈。那年9月阿里的年度战略讨论会破例离开西湖，选择到宁波召开，据说是马云想让大家看看大海，可以有更宽的视野。就是在这次研讨会上，阿里巴巴定下了未来10年的发展战略——“建设一个开放、协同、繁荣的电子商务生态系统”。直到2016年底，马云带着合伙人又开了三次会，最终提出了未来的新目标，即阿里巴巴要积极推动打造一个互联网经济体。在曾鸣看来，互联网经济体可以看作是生态系统的升级版。

就是在那次战略会上，阿里提出了“千亿美元”目标。要知道2007年阿里的市值也就100亿美元多一点，十年扩张十倍的目标很激动人心，也存在很大挑战，所以阿里将这个计划命名为“奔月计划”。如何让这个计划变成现实呢？就是要打造阿里的生态系统。这个系统的核心是客户，关键是数据，基础是底层的信息流、资金流、物流。

要做生态，就要打通数据，包括内部数据和外部数据，这就要对外开放。如果在淘宝层面对外开放数据接口，别人可以利用淘宝的基础设施建超市、百货公司和商店）。如果在集团层面对外开放数据接口，就意味着外面的人可以用阿里的基础设施开发一个类似淘宝的平台与之产生竞争。据说会上对这两种选择存在很大争议，没有达成一致意见。但大家形成的共识是：如果真正能够把数据打通，还能把对外开放数据接口做好，阿里巴巴应该会创造一个前所未有的经济奇迹——生态系统，实现千亿美元目标还是可能的。

当年提出的生态系统中，主要的业务是七块，也就是7个公司负责的业务，分别是：B2B、淘宝、支付宝、阿里软件、中国雅虎、阿里妈妈、物流。其中物流是首次提到，2013年才正式成立菜鸟网络。

在之后的几年里，其中几项业务的变化也很耐人寻味：雅虎中国很快就出现了非常大的问题，后来改成“口碑”（2013年关掉“口碑”，2015年重新启动）。阿里妈妈在2008年的淘宝战略会议上被强迫并入淘宝。阿里软件2008年随着总裁的离职被关掉，最后跟集团的搜索部门合并，成立了新的阿里巴巴云计算公司。

2009年，阿里云成立，旨在为各项业务提供扎实的基础设施和技术架构。

在2009年—2011年的3年里，关于业务重点选择的争论愈演愈烈。未来的产业格局到底是B2C，还是C2C，抑或是一个搜索引擎指向无数小的B2C？最后马云决定让市场说话，在2011年6月把淘宝一拆为三：一淘网、淘宝网、淘宝商城。一年后，结果出来了：一淘重新回归淘宝，淘宝商城正式更名为“天猫”。而2012年淘宝销售额跃上了1万亿元的台阶。

2012年7月，阿里宣布将子公司的业务升级为阿里国际业务、阿里小企业业务、淘宝网、天猫、聚划算、一淘和阿里云七大事业群，以数据为核心的多元化大生态初步形成。

2013年1月，七大事业群又再度拆成25个事业部。

2013年5月，阿里、顺丰、三通一达等共同组建“菜鸟网络科技有限公司”，致力于打造智慧物流骨干网络，打通了线上线下、买家和卖家之间的任督二脉。

2014年9月，阿里在美股上市，总市值超过1680亿美元（此前频繁参与陌陌、新浪微博、高德软件、PPTV 等并购项目）。

2014年10月，蚂蚁金服正式成立，旗下有支付宝、余额宝、招财宝、蚂蚁聚宝、网商银行、蚂蚁花呗、芝麻信用等子业务板块，标志着阿里金融生态闭环基本形成。

2015年3月，阿里巴巴对旗下淘宝、天猫、聚划算进行统一规划管理，整合为“阿里巴巴中国零售平台”。

2015年12月，阿里再次架构调整，推出“大中台、小前台”战略，新设中台事业群。

2015年，全盘收购优酷，开启“大娱乐”之旅，进入全面内容化转型。

2016年，蚂蚁金服等9家企业发起设立信美人寿，开始介入养老保险和健康保险业务。

2016 年 10 月，马云首提新零售，“盒马鲜生”首家门店开张。

2017年1月，全面拥抱“五新”（新零售、新金融、新制造、新技术和新能源）战略。

2018年，天猫升级为大天猫，阿里云事业群升级为阿里云智能事业群，成立新零售技术事业群。

2018 年 4 月，阿里联合蚂蚁金服完成对饿了么全资收购。同年 10 月，阿里宣布成立本地生活服务公司，由饿了么和口碑合并组成，新零售商业生态更加饱满。

2019年9月，马云正式卸任阿里巴巴集团董事局主席，但给阿里留下了一个更加宏大的愿景：“到2036年，服务20亿消费者，创造1亿就业机会，帮助 1000万家中小企业盈利”。

到2020年1月，阿里市值突破6000亿美元。马云在阿里成立之初时说“要成为世界三大互联网公司之一”，现在看来已经指日可待了。

曾鸣还对阿里生态演变做过一番概括：“阿里的愿景从最初要做‘一家服务于中国小型出口企业的电子商务公司’，到要构建‘开放协同繁荣的电子商务生态系统’，再到现在要‘构建未来的商务生态系统’；其商业模式也从B2B向C2C，再到B2C、云计算、金融服务等不断扩充演变；其组织架构也随之从单一的B2B部门，演化出淘宝、阿里云、蚂蚁金服等，淘宝一拆三，三拆25，再又整合，等等。”

从这样的发展历程可以看出，阿里的战略方向是在不断调整中逐步清晰的。阿里是干出来的，不是设计、规划出来的。“先开枪后瞄准”是阿里后来总结出来的经验教条，其中包含有太多的纠结与艰辛。

拥抱变化可以看作是阿里巴巴价值观的核心，也可以帮助我们更好理解其变化历程和生态形成逻辑。2004年总公司成立5周年时，阿里巴巴将“成为一家持续发展102年的公司”定为愿景，并正式形成了“六脉神剑”的价值观：客户第一，团队合作，拥抱变化，诚信，激情，敬业。2019年公司成立20周年年会时，阿里巴巴宣布了作为公司价值观的“新六脉神剑”：客户第一，员工第二，股东第三；因为信任，所以简单；唯一不变的是变化；今天最好的表现是明天最低的要求；此时此刻，非我莫属；认真生活，快乐工作。

如今的阿里巴巴已经不再是一个简单的电商公司，各业务板块已经形成了一个庞大的生态体系：国内零售有淘宝、天猫、聚划算，跨境和全球零售有全球速卖通、天猫国际和Lazada，国内和全球批发有1688、阿里巴巴，金融有蚂蚁金服，物流有菜鸟网络，云计算有阿里云，数字媒体和娱乐有优酷、UC、阿里音乐、大麦，创新业务有钉钉、高德地图，本地服务有口碑网、饿了么等。

阿里生态圈在掌控网络流量、培养黏性客户、股权投资、大数据技术的基础上，正在不断开疆辟土。未来阿里还会走向哪里，最终会长成什么样，也许只有时间可以给出答案。

腾讯生态

▼

腾讯人很少谈自己的生态圈建设，但腾讯的互联网生态确实是非常庞大的。所以有人称，腾讯才是互联网的霸主，拥有一个腾讯账号就可以在互联网世界畅行无阻。社交、游戏、音乐、电影、购物、外卖、地图、打车、旅游……几乎你能想到的地方，都能看到腾讯的身影。在一次内部讨论会上，我曾经问过一个其实不需要答案的问题：将来还有什么是腾讯不能干的？

也正是因为如此，要想弄明白腾讯生态并不是一件容易的事。也许可以从QQ生态、微信生态、投资生态角度一窥管豹。

1.QQ生态

QQ是腾讯开发的一款社交软件，也是腾讯生态的策源地，目前QQ本身也已经成为一个生态体系。

1998年，马化腾和同学张志东等人一起创办了腾讯公司。

1999年2月，腾讯推出即时通讯软件OICQ。这是一种可以在线聊天和共享文件的互联网通讯工具，可以看作是中国版的ICQ（三个以色列人开发的产品，1998年底拥有约1000万用户，被美国在线AOL收购）。9个月后，OICP用户达到100万个，但却没钱投资购买服务器，还要面临ICQ的商标侵权官司。马化腾希望以300万元卖掉腾讯，但买家只愿意出60万元。后来，风险投资方IDG和香港电讯盈科以220万美元的价格拿到了腾讯40%的股权。

2000年，OICQ正式更名QQ。用户量很快达到1亿人，因收入模式没解决，钱也快花光了，却没有一个中国人愿意购买腾讯。后来是南非的一家媒体巨头给出腾讯6000万美元的估值，并从IDG和电讯盈科手中购得腾讯32.8%的股权（这笔交易后来成为风险投资史上获利最大的交易之一）。

直到2002年，腾讯才找到从QQ获利的途径——推出QQ秀，允许用户拥有个性化头像，但每个头像需要支付0.5元～1元（据说这个模式是受到了韩国一家公司的启发）。后来"红钻会员"服务项目，需要每月支付10元。这些货币化努力使腾讯每月可以收入数千万美元。

2003年，腾讯推出QQ游戏。基于2亿注册用户，腾讯游戏迅速改变了中国网络游戏市场格局，2004年跃居中国第一大休闲游戏门户网站。网络游戏也为腾讯积累了大量的财富，为进一步投资扩张提供了保障。

2005年，为了应对微软MSN的冲击，腾讯收购了Foxmail（一家电子邮件服务公司），升级成QQ邮箱。2005年6月，QQ注册用户接近8亿，2009年2月达到9亿，年底成为全球唯一注册用户超10亿的聊天工具。

在其后的发展中，QQ不断升级，功能不断丰富，基于QQ的产品和服务也越来越多，比如QQ空间、QQ音乐、QQ输入法、QQ工具栏、QQ对战平台、QQ电脑管家、QQ词典、QQ浏览器等。

2.微信生态

2010年美国出现了一款名为Kik messenger 的应用程序，允许用户通过无线网络与通讯录中的人交换免费消息，这项应用引起了腾讯的注意，并很快开发出自己的类似产品——腾讯微信。当时在中国做同样产品的还有小米的雷军，米聊甚至还先于微信。后来听马化腾回忆这段历史时说，对于当时要不要做微信，腾讯内部存在很大争议，因为大家担心会造成微信会和QQ之间的左右手互博。马化腾甚至感慨道：如果微信晚推出半年，也许腾讯就死掉了。

2012年，微信用户达到1亿，成为社交媒体应用程序历史上用户增长速度最快的软件。到达1亿用户这个里程碑，QQ 用了10年，Facebook用了5年半，Twitter（推特）用了4年，微信只用了433天。

2012年7月，微信公众号上线。在后来的发展中，微信公众号逐步形成广告推广、电商、内容付费、付费打赏等清晰的商业模式，围绕公众号产业链集聚了大量第三方运营企业。

2013年8月，微信支付正式推出。

2014年1月，微信红包功能出现，带动了微信支付的快速普及。通过每年推出不同的红包玩法，刺激用户绑定银行卡，进而将微信支付培育为中国最多使用的两大移动支付手段之一。之后，微信支付持续下沉，不断衍生外延业务。微信支付不断延伸线下支付场景：除大众点评、饿了么等O2O商户以及线下商超外，微信支付不断入驻出行工具、无人零售机器等新场景。微信支付还通过为商户提供消费数据，帮助商户识别行业趋势，解读消费习惯，提升行业效率，从而促进企业进行精准营销。

2017 年初，微信小程序正式发布。凭借无须安装、触手可及、用完即走的优点以及小程序自带的社群属性，小程序在微信生态内迅速成长。

到2018年3月，微信小程序月活跃用户已经超过4亿，上线小程序数量高达58万个，主要涉及零售，电商，生活服务，政务民生等200余个领域。

微信用户已经超过10亿人，基于微信的应用，腾讯的触角已经延伸至各行各业，一个庞大的微信生态已经形成。

3.投资生态

像其他互联网巨头一样，腾讯在完成原始积累后，投资并购成为生态化扩张的重要途经。按腾讯总裁刘炽平的说法，投资是腾讯的核心战略之一，也是核心业务之一。不过，腾讯的投资方向比较明确，比较专注于全球范围内消费互联网和产业互联网相关领域。正是依靠不断的投资，逐步形成了关联各行各业的庞大生态体系。

2020年1月16日的腾讯投资IF（Insight & Forecast）大会透露，腾讯总计投资企业超过800家，其中70多家已上市，逾160家成为市值或估值超10亿美元的独角兽。

刘炽平称，腾讯投资的核心逻辑就是创造价值，而创造价值的首要目标是创造用户价值，所以腾讯遵循用户第一、被投企业第二、腾讯第三的原则。也就是说，腾讯投资的首要目标就是在过程中创造价值，并且把绝大部分价值分享出去，仅留一小部分给腾讯自己。

腾讯在选择投资对象时最看重的是创始人和团队，是要投资创意而不是投资资源。被投企业要有核心竞争力才是关键，比如有创造价值的清晰定位，有很强的产品能力、技术能力和战略能力，具备高效率、强组织的供应链能力和人才打造能力等等。

腾讯对被投资企业的帮助是多方面的。一是在关键时刻给予企业最关键的帮助，是维持生态体系的重要手段。据公开报道资料，在京东打造移动端体验、滴滴进行技术架构提升、美团跟大众点评合并但面临严峻的补贴大战、美团扩张外卖业务时，腾讯都提供了关键性的帮助。在海外公司方面，在Epic Games从单机游戏向移动游戏的转型期间，SEA（Garena）从代理游戏变为自主研发再到发展电商的过程中，腾讯也提供了许多帮助。二是利用平台优势给企业正确的帮助，使之创造新的价值、建立新的文化，是腾讯投资的一贯做法。被投企业的产品和服务可通过腾讯社交平台触及亿万用户，可以依托腾讯支付平台构建符合自己的商业模式。腾讯的内容平台可以让内容创造者更好地获取用户。同时，这些合作伙伴及其创新应用也对平台的完善和改进做出了贡献。三是通过多种方式不断完善对被投企业的增值服务体系。比如让被投企业和腾讯内部业务线产生更多有机的商业合作，包括上下游协同、横向合作开放平台能力等。在组织能力建设、管理能力打造和管理咨询方面，腾讯组建了专业团队向被投企业提供服务。

腾讯的生态化投资，也获得了丰厚的回报。一是形成了庞大的生态体系，使得腾讯的平台能力进一步增强。二是获得了良好的投资收益。在腾讯投资的800多家公司里，有15家公司创造了超过10亿美金的回报，有6家公司创造了超过50亿美金的回报，还有1家公司创造了超过100亿美金的回报。三是形成了更加清晰的整体战略布局。有了更多的合作伙伴，腾讯可以“有所为有所不为”，集中精力专心做好核心产品。

据透露，早期腾讯传统的投资主要集中在游戏内容、前沿科技方面，下一步会更加关注交易平台、智慧零售、产业互联网和海外投资。

百度生态

▼

百度重视生态圈的建设，是希望通过生态圈成员间的数据、技术共享，实现加速创新、规模化应用落地和持续共赢发展。百度生态建设的内容集中体现在两个方面：人工智能（AI）生态和移动内容生态。

1. 以开放平台为抓手构建AI生态圈

百度2010年起开始布局人工智能。面对人工智能技术应用落地过程中遇到的难题，百度决定通过各类平台对外开放，最大程度降低产业智能化门槛，避免重复“造车轮”。希望政府、企业和个人都可以像用水和电一样，使用百度拥有的人工智能技术和服务，这样就可以汇聚大量合作伙伴和开发者，逐步构建AI生态圈。目前，百度已建成飞桨深度学习开源开放平台、百度大脑AI开放平台、Apollo自动驾驶开放平台、小度助手开放平台、百度智能云等多个平台。

百度大部分AI平台都是开源的，这样就可以吸引更多优秀的开发者参与进来，帮助完善AI平台功能，共同推出行业解决方案和生态合作方案，让实验室技术更快地在具体场景落地，还可以培养用户的使用习惯，也会带来更多发展机会。

——“飞桨”深度学习开源开放平台

搭建并开放深度学习平台，是掌握智能时代的生态话语权的普遍选择。国外的科技公司如谷歌、脸书、亚马逊等都研发了自己的深度学习框架，并无一例外全部开源供全社会使用，进行智能新应用的开发，打造类似Windows、Android的生态系统。无人车、机器翻译、语音和图像识别等重大创新，都是在企业内部的深度学习框架上开发出来的。

百度的深度学习平台起名为“飞桨”。2012年百度开始尝试将深度学习技术应用于语音识别、OCR(光学字符识别)等业务，并于2013年开始研发飞桨，2016年飞桨正式开源。“飞桨”以百度多年的深度学习技术研究和产业应用为基础，是集深度学习核心训练和预测框架、基础模型库、端到端开发套件、工具组件和服务平台于一体的深度学习开源开放平台。据百度提供的资料，“飞桨”具有完全自主知识产权，在开发便捷性、训练规模、推理速度、产业级模型库等核心技术指标上，已经具备替代国外框架的能力。

“飞桨”依托深度学习技术与应用、国家工程实验室以及众多的开发者、高校、科研院所和产业合作伙伴，到2020年8月，已经凝聚了194万开发者，服务8.4万家企业，创建了23.3万多个模型。随着影响力逐步增强，众多芯片厂商主动适配“飞桨”操作系统，加入硬件生态圈。同时，“飞桨”也逐步在农林、医疗、工业制造、消费类电子、电力能源、交通、环保等领域落地实践，涌现出一批成功应用案例。

——百度大脑AI开放平台

百度大脑AI开放平台是百度人工智能技术积累和产业实践的集大成者，自2010年起开始技术布局并积累基础能力，后逐步完善。2016年，百度大脑1.0正式开放，之后持续迭代升级。百度大脑已形成了包括基础层、感知层、认知层、平台层以及AI安全五大核心架构在内的技术布局，成为软硬一体AI大生产平台。到2020年8月，百度大脑开放了近270项场景化AI能力，有超过210万的开发者使用，是业内服务规模最大的AI开放平台，日调用量突破万亿次。

——Apollo自动驾驶开放平台

百度从2013年起研发自动驾驶技术，可能是国内最早布局自动驾驶的企业。到2020年8月，百度Apollo已取得150张自动驾驶路测牌照，占全国总数的一半以上，自动驾驶专利数达到1598件。

Apollo自动驾驶开放平台于2017年正式发布，旨在以百度技术为依托，秉承“开放能力、共享资源、加速创新、持续共赢”的理念，对外提供开放、完整、安全的软硬件和服务平台，帮助开发者快速搭建完整的自动驾驶系统。2017年11月，Apollo成为科技部首批国家人工智能开放创新平台。经过3年的发展，百度Apollo已形成自动驾驶、车路协同、智能车联三大平台和三重开放的布局，在全球都屈指可数。目前Apollo已具备复杂城市的自动驾驶能力，可提供Robotaxi、Minibus、自主泊车等多种解决方案。

截至2019年底，Apollo拥有生态合作伙伴近200家，包括汽车厂商、一级供应商(Tier1)、地图公司、芯片公司、投资基金、个人开发者、创业公司、科研机构和政府等，全球超过3.6万名开发者使用Apollo开源代码开展应用创新。

在乘用车方面，百度与一汽红旗合作的国内首条L4级自动驾驶乘用车前装产线已正式投产下线，首批量产车已落地长沙开展无人驾驶出租车（Robotaxi）运营。

在其他车型方面，百度Apollo携手多家企业打造的接驳、物流、环卫车型等已在全国30多个城市落地运行，接驳乘客近9万名，完成数万单物流配送。

在车载操作系统方面，百度车联网已携手300家头部生态伙伴，与60多家汽车企业合作，合作上市车型超过400余款。“小度车载”每天为超过1000万用户提供导航服务，每年伴随用户行驶超过10亿公里，每个月语音交互达1500万次。

2020年新冠疫情期间，Apollo与生态伙伴携手将无人智能防疫车、智能机器人等应用于疫情防控，发挥了重要作用。

——“小度助手”（DuerOS）开放平台

“小度助手”开放平台是对话式人工智能操作系统，能够为中小企业提供一整套对话式人工智能解决方案。2017年7月，小度助手开放平台正式发布，经过一年的努力，平台可提供10大类目400多项能力，用户可在不同场景下实现指令控制、信息查询、知识应用、寻址导航、日常聊天、智能提醒和多种对话式AI服务等功能。据称，小度助手已经是中国最大的对话式人工智能生态，超过42000名开发者使用。截至2020年3月，小度助手语音交互次数达到65亿次，是上年同期的近3倍。

2018年，百度推出了全球首款带屏的智能音箱。2019年，小度智能音箱全年销量中国第一，同比增长达380%，全球销量紧随亚马逊、谷歌跻身前三。IDC等市场研究公司调研显示，2019年小度有屏智能音箱出货量全球第一。

“小度助手”为核心的生态圈，是以优质内容为核心支撑，以开发者、品牌方和合作者为驱动力的全面生态体系。除了百度强大的搜索信息流和丰富的内容生态支持外，“小度”与包括爱奇艺、凯叔讲故事、蜻蜓FM、QQ音乐在内的诸多品牌达成合作，共建优质内容生态圈。

“小度助手”生态圈布局已经深入智能家居、车载和随身设备等多个场景，覆盖酒店、养老、地产等多个行业。

——百度“智能云”开放平台

到2020年8月，百度“智能云”已经在多个领域取得了产业升级化落地成果。在智慧金融领域，百度“智能云”已服务近200家金融客户，涉及营销、风控等十几个金融场景。在智能客服及营销领域，相关产品和服务已经成功落地80多家客户，获得了多个行业级创新奖项。在智慧医疗领域，基于百度智能云开发的产品已经服务300多家医院和超过1500家基层医疗机构，服务超过2500万人次。在智慧城市领域，“百度城市大脑”已经在北京、重庆、苏州等城市落地，成为新一代城市智能基础设施。在智慧能源领域，百度智能云的企业级AI中台、知识中台在国家电网、南方电网等头部客户落地应用，支撑20多个业务场景。2020年7月IDC发布《中国人工智能云服务市场研究报告(2019)》显示，在中国AI公有云服务整体市场格局中，百度智能云在整体调用量、市场份额方面均名列第一，拥有最多的AI产品数量。

百度面向高校、企业和开发者提供资源、培训、认证、竞赛和就业平台，全方位助力人工智能人才培养，打造了产学研用一体化的资源体系和协同育人的合作生态圈。到2020年8月，百度已经培养了超过100万人工智能人才，并计划在未来5年培养超过500万人工智能人才。目前，百度人工智能人才培养已覆盖了全国420所高校、千余名一线人工智能专业教师，惠及数万名学生。累计赋能超5000家企业开发者，认证近百位首席人工智能架构师。仅2019年，百度举办了超过200场线下活动，覆盖的产业链人群超过1亿人次。

2.致力于构建中国最大的以信息和知识为核心的移动生态

2013年1月12日，李彦宏在一个创新大会上谈到了百度在移动互联网领域的战略：既做入口，又做生态圈。“百度必须要做一个大公司应该可能做的事情，让移动互联网更健康，去搭平台，让有产品梦想的人做出改变世界的产品。”这是公开资料能看到的百度发力移动内容生态圈建设的最早报道。

百度的移动生态是以信息和知识为核心的移动生态，用户总量超过10亿。百度搜索是人们获取信息和知识的重要途径，疫情期间平均每天有超过10亿人次通过百度搜索了解疫情最新进展。百度APP有2.3亿日活用户。百度的信息流日均推荐量150亿。百度智能小程序月活用户数已经突破5亿，入驻小程序数量达42万。“百家号”已有超过300万创作者。“好看”视频有80万媒体机构及专业生产内容（PUGC）创作者。百度知道、百度百科、百度文库、百度经验、宝宝知道和百度学术六大产品矩阵组成的百度知识类产品已累计生产超10亿条高质量内容，构建了中国最大的知识内容体系。截至2020年8月，百度知识垂类已拥有2.2亿内容创作者，包括6万合作机构和5万专家学者，百度知识内容的日检索量峰值达到20.5亿人次，用户每天在百度知识消费的时长达到6.3亿分钟。

百度计划通过与各类手机厂商、运营商、企业、内容创作者等多元类型伙伴的深度合作，共同推动移动内容生态圈发展。

一是打通分发平台，让优质内容实现一次创作，多平台分发。百度将全面打通百度APP、百家号、智能小程序、好看视频、百度百科、百度贴吧以及爱奇艺等所有百度系的移动产品和平台，让创作者能够一次创作，多平台分发。

二是流量扶持，给予生态圈伙伴资源分发支持，助力优质内容创作者变现。流量是百度移动生态圈核心竞争力之一，近年来百度在持续加大对优质内容的流量支持力度，将更多利好政策和预算向优质内容倾斜，推动平台内容生态的健康发展。比如百度为扶持创作者在智能小程序推出了“造星计划”，将在1年内扶持近100个拥有用户月活突破10万的创意智能小程序。在直播领域，“百家号”发布“百度直播聚能计划”，拿出百亿流量和5亿补贴发掘和培养优质直播创作者，意在打造1000位月收入过万的主播。百度知识垂类拟通过“星知计划”，为知识视频创作者提供专项流量包以及多元变现能力，让创作者共享知识红利。

三是落地内容创业中心，为内容创业者提供线上线下一体化成长服务，促进原创内容生态建设。为了给生态圈内的内容创业者持续提供优质的平台和资源，百度与各地政府合作，在郑州、成都、武汉、西安、长沙、合肥、济南、哈尔滨、邯郸、温州等多个城市落地百家号内容创业中心。中心将为内容创业者提供办公场地、专业辅导、行业交流、品牌包装、融资服务、流量扶持、专属经纪、创企服务等八大支持，全方位赋能内容创业者。到2020年8月，内容创业中心已服务3000余位创作者。

华为生态

最能体会到生态即生命的要算是华为了。

2020年8月7日，中国信息化百人会2020年峰会在深圳召开，无论是在主论坛还是分论坛上，华为多位高管的发言都指向生态建设。华为公司董事、消费者业务CEO余承东说："我们要构筑产业的核心能力，要向下扎到根，向上捅破天。根深才能叶茂，上面的生态要丰富和完善。"华为公司董事、战略研究院院长徐文伟说："为数字化新生态打下一个坚实的底座，消除技术瓶颈，融通产业碎片，与合作伙伴一起构建数字化新生态。"华为公司高级副总裁、云与计算BG副总裁张顺茂说："各个行业，比如石油、金融或者是地质勘测等等，都会有一个自己的产业链，并能够在这个产业链上形成自己的应用市场，形成产业链上的生态伙伴共享应用的生态。"

从做产品转向做生态，华为实施这一战略转移的时间并不长，一定意义上可以说是被逼出来的。

2019年5月16日，美国正式将华为列入"实体清单"，导致华为遭受到美国几十家企业一系列"软硬件"的集体断供，其中有很多都是华为公司依赖已久的通讯设备零部件供应商、手机PC零部件供应商还有技术支持供应商等一些极其重要的合作伙伴。尽管华为早就意识到可能面临的竞争和矛盾，并且做了一些准备，但面对如此打击仍不免有些措手不及。

去华为参观考察过的人一定会记得一幅图片：二战中一架被打得像筛子一样的伊尔-2攻击机，浑身弹痕累累，终于安全返回。华为的缔造者任正非在多个场合都谈到过这个图片，用这架飞机来形容华为在美国打击下的真实状况。在华为内部出版的《采访实录》里，每一册都印有这张图片，还配有一段文字："没有伤痕累累，哪有皮糙肉厚，英雄自古多磨难。"这应该是近年来华为最励志的一张图片了。

与一般的软硬件断货相比，谷歌禁止华为手机使用它的GMS服务，简直就是釜底抽薪，试图将华为在海外市场发展的基础彻底掐断。

这种情况下，加速生态化建设自然就成了华为的战略选择。

从公开资料看，华为的生态化之路始于2017年11月的"耀星计划"。这是华为开发者联盟启动的一项计划，拟投资10亿元，为开发者提供人才培养、开发支持、营销辅助等一系列的资金与资源扶持，推进智慧生态发展。"耀星计划"提出将围绕VR/AR、华为云基础设施、AI、游戏、影音娱乐等各项业务，构筑全场景创新数字服务生态，以创新性、商业价值评估为依据，采取分级激励的方式，回馈开发者。2018年提出每年投资10亿元支持"耀星计划"。2019年8月，华为宣布"耀星计划"全面升级，面向全球开发者提供的激励金额达到10亿美元。

在2019年8月召开的开发者大会上，华为正式推出了"1+8+N"的生态理念，也可以看作是华为生态愿景的集中体现。其"1"是指以手机为中心。"8"是指要打造八个辅助设备：智能电视、平板电脑、个人电脑、智能眼镜、智能音响、智能耳机、智能手表、信息处理、HMSCore。其中，HMSCore是一套包含了位置追踪、登录、App内购物、广告、脸部识别等等功能的工具箱，相当于为开发者们提供一个八宝箱。"N"是指链接无限多个IoT设备服务。最终目的是实现一个以HMS主导的生态系统，使八个辅助设备可以与用户的智能手机以及其他辅助设备之间相互合作，营造一个无缝隙切换的环境。

华为通过HMS Core面向开发者全面开放"芯-端-云"能力，比如机器学习、HiAI、AR引擎等领先能力。同时，华为还为全球开发者提供一站式高效运营支持服务，提供覆盖"创意-开发-分发-运营-分析"全生命周期的67项服务，助力开发者专注应用创新。

华为的目标也很清晰，就是在全球范围内大范围鼓励开发者加入HMS生态系统，以期在最短的时间里打造出一个继谷歌和苹果之后第三大生态系统。

截至2019年底，华为HiLink平台接入100多个品类，近期目标是三年内让中国三分之一的IoT设备支持华为的HiLink标准。华为AppGallery上列出了2200多个快速应用，全球已有8000多个优质服务集成到华为能力库，在数字服务与用户需求之间建立了无缝连接。

截至2020年3月，全球集成到HMS Core的应用数量已超过60000个，同比增长67%。

到2020年5月，已经有1万多个应用得到"耀星计划"的激励。

据2020年6月1日举行的华为分析师峰会透露，在HMS注册的开发者超过140万，华为AppGallery每月活跃用户超过4.2亿。

2020年7月23日，在第十九届中国互联网云端大会上，华为宣布自研的HMS服务全球月活跃量达到7亿，全球注册开发者达到160万，接入的应用数量超过8.1万。同期，华为发布耀星·领航计划，为助力开发者应用出海，为全球用户丰富应用体验。华为消费者云服务总裁张平安表示："华为希望通过耀星·领航计划继续做好合作伙伴的放大器，将中国互联网业界伙伴的应用创新带到全球，帮助合作伙伴实现全球化。"

与谷歌的GMS服务日活用户过亿、开发者数量过千万、生态应用数过百万相比，华为HMS生态系统还有不小的差距。但毕竟华为全力打造生态服务系统建设才只有一年多的时间。对于华为而言，最糟糕的事情已经基本解决，成功打破了海外市场的僵局。更重要的是，借助华为HMS生态系统，国内很多优秀的APP应用也能够走上国际舞台，不用再担心被国外科技巨头突然下架了。

值得注意的是，相比其他公司生态建设注重投资扶持企业，华为更注重与各个领域内的头部玩家合作共同打造产品。还有一个明显的不同点是，华为更加重视对基础研究生态的培育，对全球多所高校的基础研究给予了大力扶持。

生态的形成与演变

生态化是平台化无边界发展的必然结果。

当一个平台聚集了足够多的供给方和需求方时，就会自动产生新的供给和新的需求，就会逐步形成一个具有自我进化功能的生态体系。

在这个过程中，平台企业的生态化意愿和推动作用至关重要。

一般而言，企业生态化大体会经历核心业务成熟、平台搭建、能力嫁接、战略合作、平台赋能、生态完善等几个发展阶段。

一是核心产品和业务的形成。企业由小到大发展过程中，会逐步形成自己的核心产品和业务，并由此积累起稳定且不断扩大的用户规模以及技术、渠道、人才、管理、数据等基础优势。这些构成了企业进一步发展的基本要素，也是平台化和生态化发展的基础条件。大的平台往往都是从原有企业核心业务发展起来的，比如百度的搜索引擎、阿里的淘宝网、腾讯的QQ、小米的手机等。核心产品和业务往往也是生态体系的核心层，是整个生态体系的原始树种，也是能量来源。

二是平台的搭建与扩张。在企业发展到需要用互联网整合资源的时候，平台的搭建就顺理成章了。平台不仅可以整合企业内部的资源，提升运营管理效率，还可以整合外部资源，将产业链上下游相关企业聚集到一个平台上。对于一开始就是平台化运作的互联网企业而言，成功的关键在于吸引大家的参与，快速形成正向的网络双边效应。对于传统企业而言，行业和区域领头企业更容易吸引外部企业进入，可以快速形成平台的资源聚集规模效应。互联网平台是企业生态化的原型，也是整个生态体系的场地和空间。

三是快速复制、转移、嫁接优势资源和核心能力。有了互联网、大数据、云计算、人工智能等技术，再加上数字技术、数据、模式和思维、人才和经验都具备较强的通用性，使得优势资源的复制、转移、嫁接变得简单、快捷、低成本。比如小米可以将手机业务的模式快速复制到电视机、路由器及周边产品，百度可以将搜索中的深度学习技术复制到无人驾驶汽车领域，腾讯可以将QQ的经验和能力转移到微信等。通过能力嫁接，可以让企业从一棵树变成一片林。

四是投资吸引合作伙伴。随着平台体量的增大，新的需求和发展机遇不断被引发出来，但一个企业无法做完所有生意，通过投资扶持一批创新企业成为合作伙伴便显得更为有效。这样子既可以撬动更多资源，拓展业务边界，增加企业创收，减少鸡蛋放在一个篮子的风险，也不会过多影响核心业务发展。同时，合作伙伴的增加对平台的改进和完善也会有很大促进。投资的选择往往是核心业务的周边产品和关联产品，形成生态体系的紧密层。生态化的投资可以延展森林边界，更可以丰富物种。

五是开放平台赋能。平台积累的计算能力、数据、客户、渠道等资源除了有利于寻找更多可以投资的合作伙伴外，还可以发挥更大的作用，开放便成了普遍的选择。开放平台可以让中小企业尤其是初创企业可以直接利用平台的优势资源，提升了效率，减少了创业风险。对平台企业而言，开放资源可以使平台参与者更多、内容更丰富、功能更完善、集成创新能力更强。谷歌、苹果、腾讯、百度等都通过开放平台集成了数以百万计的应用，使得生态系统不断丰富壮大。众多开发者和用户的参与，形成生态体系的外围层。开放赋能使得生态体系物种更加丰富，产生新物种的能力大大增强。

六是生态体系的完善与提升。生态系统进一步发展，会围绕重点业务形成众多子生态，共同构成互相影响、互相作用的庞大生态体系。要维系生态体系活力，大家需要共同遵守统一价值观指引下的一些基本准则，比如以用户为中心、创造新价值、着眼于未来、开放、诚信、共赢、社会责任等。在此基础上，生态体系的演进方向还将受到平台企业核心业务、创新和服务能力演变的影响。

不是所有的企业都具备平台化、生态化发展的条件和能力，但所有企业都应该有平台化、生态化的认识和思维。

7

第七章

CHAPTER SEVEN

共享化：所有能共享的终将被共享

共享化是指企业用共享经济模式提高资源利用效率的过程。一方面，企业以共享的方式提高自身资源利用效率；另一方面，企业以共享的方式更有效地使用外部资源。

2018年10月，我给即将完成的《共享经济100问》书稿写了一篇序言——《共享经济的历史性机遇不容错过》。其中有这样一段话："共享经济是信息技术革命与人类社会发展内在需求相结合的产物，是适应信息社会发展的新业态、新模式、新理念。从一定意义上说，看不懂共享经济就看不懂中国经济的现在，也看不懂世界经济的未来。"后来编辑把这段话的最后两句印到了书的封面上，多少让我有些不安。

不过，做出这个判断并不是我个人闭门思考的结果。2017年8月，经官方正式批准，我应泰国驻华大使邀请专程赶到曼谷，给泰国的企业家们做了一个关于中国共享经济发展的专题演讲。对这次活动的安排，我也有些纳闷：中国值得研究和借鉴的东西很多，为什么非得要我来讲共享经济呢？大使的回答让我很吃惊："他们觉得如果不了解共享经济就看不懂中国经济了。"后来经过进一步观察，我觉得共享经济关系全球经济的未来发展，看不懂共享经济也会看不清全球经济的未来。

三个时间点

共享经济这几年在全球发展都非常快，已经成为经济发展新的动力源，也被称为是最活跃的经济发展新形态，对我们的生活也产生了非常大的影响。

那么共享经济到底是怎么起来的？总的来看，共享经济的概念和原形都是起源于美国，但是很快就风靡全球。在这个过程中，中国共享经济发展应该是表现最好的，可以说中国的故事最精彩。

共享经济是信息革命与经济社会发展融合发展的必然产物。共享经济实际上标志着我们已经进入了新的时代，即共享时代。如果从时间轴来看，共享经济的起源可以定格在20世纪90年代的中后期，发展过程中有三个时间点十分重要。

第一个关键的时间点是1993年，标志性事件是互联网走向商业化，使共享经济成为可能。有了互联网，很多人就开始琢磨，如何利用互联网把资源的价值最大化，才有了一些共享经济的初始原形，比如音乐的共享、知识的共享等。到了20世纪90年代后期逐步有人尝试把一些实物的产品进行共享，比如Zipcar就是那个时候开始出现的。

第二个关键的时间点是2008年，标志性事件是全球金融危机，需求的爆发促使共享经济走上快车道。受金融危机影响，很多人感觉到自己的钱不够花了，就开始琢磨着能不能用已经拥有的资源换取一些收入，这是很多共享经济原形出现的一个主要原因。在危机的大背景下，所有的国家都在寻求让经济重新振作的出路，这个时候共享经济就有了它的用武之地。当然，还有另外一个重要的条件——与共享经济发展相关联的一系列现代信息技术像云计算、物联网、大数据、移动互联网、移动支付、现代物流等到了成熟期。这些技术并不是说在2008年前后才出现，有的已经出现了十几年，甚至几十年。但是，新技术从发明出来到实现规模化商业应用往往需要一段时间，被称为技术发展的沉默期。到了2008年前后，上述这些技术大部分渡过了沉默期，开始成为共享经济发展的重要支撑。我们现在看到的起步比较早后来发展也比较好的一些共享经济原形，比如Uber、Airbnb、WeWork等，基本上都是那个时候开始出现的。很快，中国也开始涌现一批共享经济平台企业，如滴滴出行、途家网、小猪短租、饿了么等。

第三个关键的时间点是2013年，标志性事件是资本开始大量涌入，对共享经济起到了强大的刺激和推动作用，开始呈现爆发式增长。我们做过测算，2013年之前涌入到共享经济领域的风险资本总体上不会超过40亿美元，但2013年之后每年的数量都远远超出上述数字。所以也有人说共享经济是这些风险资本堆起来的，当然这也不全对。更重要的原因是，在2013年前后风险资本已经看到了共享经济的潜力和盈利能力，然后才会大量涌入。

从地域上看，美国是共享经济的发源地，早期的一些主要共享经济原形都是从美国发起的。在共享经济席卷全球的过程中，也呈现出一些不同的特点，总体上表现为快慢不一、冷热不均、各有偏好。受文化、技术、政策等因素影响，各个国家共享经济的起步时间、发展速度、普及程度有很大区别。有些国家从一开始对共享经济就比较友好，有些就相对差一些。像英国对共享经济的态度是比较积极的，所以他们提出来要打造全世界的共享经济中心。欧盟的态度还算是比较明朗，曾经专门出台过政策来鼓励各国都要利用共享经济重新振兴。

各国的重点发展领域的表现也不完全一样。英国共享经济的各种类型都表现不错，荷兰的餐饮共享做得比较好，芬兰的P2P金融借贷走得较早，法国的汽车共享和二手车市场进步快，德国人比较严谨但也有一些独特的共享经济原型（如“共享姥姥”等）。

当共享普遍存在时，共享就成为一个时代的标志，也就是说一个共享的时代就到来了。如果不能够了解共享经济，就很难认识现代经济的发展。如果不熟悉共享经济，很可能就会失去一个时代。

中国的故事

2017年12月，第四届互联网大会在乌镇召开，“分享经济：创新与治理”论坛是其中的二十个分论坛之一，受到各方关注，被媒体誉为最大的亮点。与会专家和企业家代表对中国共享经济给予高度赞誉，一致认为中国的政策环境在全球是最好的。正是得益于较好的政策环境，中国共享经济也取得了举世瞩目的成就。在这次会议上，我曾问过美国的共享经济研究专家阿鲁·萨丹拉彻：“你觉得中国的共享经济在全球处在什么位置上?”他想了想回答说：“应该是在前列吧。”

相关数据表明，中国数字经济不是简单的处在前列，在很多方面都已经开始处在领先位置。从规模上看，2019年中国共享经济市场交易额为32828亿元，共享经济参与者人数约为8亿人，参与提供者人数约7800万人，平台企业员工数为623万人。像这些数字，目前只有中国能够达到。

从创新看，目前在全球发展比较好的共享经济业态或模式在中国都能找到，更有不少模式是中国首创的。除了被誉为中国新“四大发明”之一的共享单车外，在生产能力共享、运输能力共享、WiFi共享、知识共享、劳务共享等领域，有不少模式都是中国的原创，甚至引领了全球的发展。2018年3月，《政府工作报告》在总结过去五年创新发展成果时指出：

"高铁网络、电子商务、移动支付、共享经济等引领全球"。

为什么中国共享经济这么火？我曾在凤凰卫视做过一个讲座，专门回答这个问题。

从全球看，共享经济快速发展是由多方面原因促成的。一是需求旺盛。2008年后全球经济进入一个大转变大变革的新阶段，各国都在寻求新经济增长点和经济发展新动能。受经济放缓的影响，很多人开始考虑将闲置资源利用起来以增加收入贴补家用。传统生产方式和消费方式对生态的破坏已经被越来越多的人所认知，人们渴望找到新的模式。消费需求越来越个性化、多样化，需要不断提升用户体验。这几种变化使得共享经济一经出现便大受欢迎。二是供给充分。从汽车到房屋、从设备到厂房、从劳务到知识技能，大量的资源都没有得到有效利用，为共享经济发展提供了充足的资源储备。三是技术成熟。互联网、移动互联网、物联网、云计算、大数据、人工智能、卫星定位系统、数字地图、移动支付、现代物流等新一代信息技术及其应用日益成熟和普及，为共享经济发展提供了强大的技术支撑，人们参与共享经济变得简单、方便、快捷。四是资本热捧。随着共享经济的优势和趋势被人们所认知，其商业模式和盈利模式也越来越清晰，风险资本开始大量涌入，起到了加速器的作用。此外，网络新生代消费理念的变化、环保意识的增强、对灵活就业的追求等也是共享经济快速发展的重要推动力量。

共享经济在中国受到重视，是因为它对于中国而言有一些特殊的历史意义。比如：发展共享经济是贯彻"创新、协调、绿色、开放、共享"五大发展理念的集中体现；发展共享经济是贯彻落实创新驱动发展战略，推动"双创""四众"的最佳试验场；发展共享经济是推进供给侧结构性改革的重要抓手；发展共享经济是重构经济发展新动能的迫切需要；发展共享经济是构建信息时代国家竞争新优势的重要先导力量；发展共享经济是改革、创新、转型的风向标、试金石。总之，共享经济对于中国一系列战略目标实现都有用武之地，甚至是制胜利器。

共享经济的创新引领作用非同小可。在全球和中国的独角兽企业里，35%以上都是典型的共享经济。还有一些虽然不是共享经济原形，但也带有非常强烈的共享经济基因。“大众创业，万众创新”在全国催生了5000多个创业园区，成为共享经济的一个新品种。创业园区里汇集了大量的创业者，他们的创新项目里也有很大比例都是做共享经济的。

更为重要的是，中国发展共享经济还有一些独特的优势。一是网民大国优势。中国网民已经超过8亿人，这使得新的业态一旦出现很快就能达到相当规模。这也是一些共享经济业态在国外不容易发展起来但在中国可以很好发展的重要原因。二是后发优势。中国在工业化任务还没有完成的情况下就迎来了共享经济发展的机遇，痛点越多共享经济的机会就越多。三是制度优势。中央政府确定了发展共享经济的战略方向，很容易形成良好的政策氛围。

明快的节奏

回顾一下历史就知道，中国共享经济发展的过程并不复杂，如果用最简约的语言来表述就是：紧凑明快。

当然，简约不等于简单，紧凑明快也有其特定的内涵。

一是跟得紧。国外有的模式很快就能在中国落地生根，而且还能推陈出新，青出于蓝而胜于蓝。在共享经济步入快车道的初期，这个特点尤为明显。一般而言，在时间上也就差个两年左右。这种情况很容易让我们想到20世纪90年代后期的电子产品贸易，那时候美国硅谷推出一款新的电子产品，一个星期后就可以在北京中关村买到。但这次引入的不是固定单一的产品，而是新的业态，需要进行技术、资金、人才等多方面的准备，所以从新理念的引入到平台的面试往往要有两年左右的时间。

二是节奏强。因为互联网传递的是信息，所以人们最早想到的共享对象就是音乐等容易数字化的产品。到了实体物品共享的时候，一般都是从汽车、房屋开始，然后逐步渗透到其他的各个领域。这个也很容易理解，因为汽车、房屋是一般家庭拥有的最值钱的东西，也最容易换来相应的收入。后来，几乎所有的资源都开始走向共享，人们所有的需求都可以尝试通过共享的办法得到满足。

三是有个性。一方面，每一个阶段的热点、亮点很明显，往往一两年就有新的热浪滚滚而过，有人称之为“风口”。另一方面，各种共享都带有明显的中国烙印，与其他国家有很大不同，这也是国外共享平台到中国发展时都容易遭遇“水土不服”的重要原因。

四是速度快。不光是新的热点变化快，每一种新业态、新模式成长的速度也很快，导致整个共享经济规模增长的速度也显得很快。传统产业从起步到加速、成熟、稳定的时间可能需要数十年时间，但一个共享经济业态的基本定型可能只需要三五年时间。

从时间进程上看，大体上可以把中国共享经济分成几个节奏鲜明的时间段。

——2012年之前：模仿。比如，美国有了优步，中国很快就有了滴滴、快的；美国有了爱彼迎，中国很快就有了途家网、小猪短租；美国有了WeWork(共享办公)，中国很快就有了优客工场。为了便于大家理解，新创平台往往会说自己是“中国的优步”或者“XX领域的优步”。不过，这种创新不等同于简单的山寨。

——2013年—2015年：逆袭。先进的模式一旦与中国的独特优势结合起来，往往会收到令人意想不到的效果。很多模式是从美国发起的，但在中国会发展得更快。以网约车为例，成立只有4年的滴滴在2015年的订单量已经超过优步过去六年全球的订单总量。

——2016年—2017年：爆发。美国的创新往往是干了再说，中国的创新往往是想明白了再干。一旦大家都知道了共享经济是怎么回事，那么中国的创新就不会局限于引进消化吸收了，于是我们就看到了许多属于中国的原创。2016年就被称为共享单车的元年、知识付费的元年、网络直播的元年。到了2017年的时候，各式各样的共享新业态就更多了，比如共享雨伞、共享马扎、共享充电宝、共享篮球、共享汽车、共享停车场、共享设备、共享工厂、共享教室、共享宿舍、共享睡眠舱、共享餐巾纸，等等。有人给这种现象起了个名字叫“花样分享”，有关搭便车、伪共享的质疑声也多了起来。有些模式确实只是昙花一现，但毕竟还是有很多共享模式被大家接受并闯出了一片新天地，更有一些好的模式输出到国外开始引领全球。

——2018年—2019年：盘整。野蛮生长总会带来很多问题，当问题暴露比较充分时，共享经济也都到了该盘整的时候了。共享单车的资金链断裂、P2P借贷的接连暴雷、网约车命案的发生等看似偶然，其实有其必然发生的背景根源。资本趋于理性、竞争要见分晓、监管逐步加强终于使共享经济迎来了调整期，这也是共享经济走向成熟的内在需要和重要标志。

——2020年：突破。经过两年的盘整，多数共享经济平台都在寻求新的突破，而新冠疫情的爆发为实现这种突破创造了条件。在疫情防控的特殊时期，原来共享经济发展到一定阶段后面临的需求瓶颈、技术瓶颈、数据整合瓶颈、政策瓶颈等一一被打破。更多的人、企业、机构开始了更深层次的数字化生存，对共享经济有了更多的需求。在家上学、在家看病、在家办公等成为刚需，许多过去很难过得去的政策门槛被撤去了。过去极度依赖线下场景的业务也都转到了线上，共享模式再度成为首选。疫情引发的经济衰退也会让共享经济新业态获得更加积极和宽松的政策环境。在线教育、在线培训、互联网医院、共享员工、共享工厂等新业态将提前迎来拐点，更多的共享经济新业态将被创造出来。

真共享与伪共享

在共享经济热浪翻滚的那几年，我被问到最多的问题就是：到底什么才是共享经济？其实大家想要的答案是如何鉴别共享经济的真伪，比如共享单车算不算是共享经济？二手车交易算不算共享经济？共享马扎、共享餐巾纸算不算是共享经济……

在一次国际研讨会上，一位银行业的官员说银行就是典型的共享经济。后来休息时我与她进行了交流，告诉她银行不是共享经济，因为传统的银行业务既没有实现供需的智能化直接对接，资金收益也没有让所有者共享。

在2019年首次全国政协政策双周会上，就有领导问我高速公路、淘宝网是不是共享经济。我说高速公路是少数人拥有收益权，也不是基于互联网的服务，所以不是共享经济；淘宝网是所有权转移，所以它是电子商务而不是共享经济。

有记者跑到我的办公室，希望能用最浅显的语言把共享经济说清楚。我想了想说：我的东西在不用的时候可以提供给别人使用，我需要的东西也可以从别人那里得到帮助，而且可以借助互联网方便快捷地实现，这就是简单的共享经济原型了。后来在一些场合我进一步简化为：用别人的！

这样的回答显得很轻松，但要想从理论上弄清楚就不一样了。

讨论共享经济需要明白一个前提，即没有互联网就没有现代意义上的共享经济。在做文献梳理时会发现，英文中的“共享经济（sharing economy）”一词最早出现在18世纪末期，但那时强调的是员工与企业共享发展收益，与现在讨论的共享经济风马牛不相及。美国社会学教授马科斯·费尔逊（Marcus Felson）和琼·斯潘思（JoeL Spaeth）算是较早谈及共享经济的学者，他们在1978年发表的《社区结构与协同消费：一个常规方法》一文中首次提出了“协同消费”（collaborative consumption）的概念，提出“人们需要的是产品的使用价值，而非产品本身”。那时的“协同消费”顶多算是租赁经济，有一定的共享经济基因，但离现在的共享经济还有较大距离。至于有人把农业社会里的邻里互助和后来的商品交换看作是共享经济的前身，就更不靠谱了。

也有人纠结于共享经济与分享经济的区别与联系，其实二者都是来源于同一个英文单词“sharing economy”，原本就是一回事儿。对于哪个用法更好，我们在研究中也专门开会进行过讨论，专家们的意见也不统一。2017年以前，大家使用共享经济概念多一些。十八届三中全会提出“五大发展理念”后，为了不与其中的“共享”理念相混淆，我们更多使用的是分享经济。十九大报告明确使用的是共享经济概念，此后我们在正式文本中便逐步改为统一使用共享经济一词了。其实，理论界在给这样一种新业态起名字时用过的词语还有不少，如“协作经济”（Collaborative economy）“协同消费”（Collaborative consumption）“点对点经济”（Peer-to-Peer economy）“零工经济”（Gig economy）“使用权经济”（Access economy）“按需经济”（On-demand economy）等。这些都可以看作是从不同的角度得出的结论或做出的选择，都有一定的可取性，也都有一定的局限性。大体上看，人们对共享经济的认知蕴含着一些关键的共同点：存在产权明晰的资源，以网络平台为媒介与其他人分享使用权，在获得经济回报的同时也提高了全社会的资源利用效率。

理论研究滞后于实践发展是新业态发展的一个基本常态。共享经济实践发展很快，人们对共享经济的认识也有一个不断提高和加深的过程。在网络时代，各类技术和应用发展太快，而且一旦出现就会有大量的人群使用，就像微博、微信、网约车、共享单车、网络直播等在很短时间就可以发展到上亿人的应用规模。——全新的事物以前根本没见过，速度之快让人们来不及反应，影响之广往往也超出人们的想象，这种情况与农业社会、工业社会大不相同。也正是因为如此，前些年关于共享经济的观察和研究多是以先期出现的优步、爱彼迎为原型，很多人便以为这才是共享经济，其他与之不同的便是伪共享。后来的实践发展不断丰富，人们对共享经济的认识也发生了很大变化。

在2016年2月份发布的首份《中国分享经济发展报告》年度报告中，我们给分享经济下了一个定义："所谓分享经济，是指利用互联网等现代信息技术，整合、分享海量的分散化闲置资源，满足多样化需求的经济活动总和。"这个定义强调了分享经济的三个基本内涵：新模式、新业态、新理念。同时描述了从经济、技术、社会、文化等不同角度观察看到的分享经济的几个表现特征，比如网络化、使用权分享、大众参与、以用户为核心、用户体验最大化、绿色环保等。

后来的实践快速发展，出现了多种新的共享经济模式和业态，共享的对象已经不局限于闲置资源，企业间的共享也多了起来。在2017年2月发布的《中国分享经济发展报告2017》中，我们对分享经济的定义进行了一些调整："所谓分享经济，是指利用互联网等现代信息技术，整合海量分散化社会资源，以使用权分享为特征，满足多样化需求的经济活动总和。"主要做了两处改变：一是去掉了"闲置"二字，二是增加了"以使用权分享为特征"。

在2018年2月发布的《中国共享经济发展年度报告2018》中，对于如何鉴别共享经济强调了三个标准：基于互联网的智能化资源配置、大众参与、使用权分享。这样就可以很容易将共享经济与一般性的电子商务、分时租赁等区别开来了。

“基于互联网的智能化资源配置”是指通过互联网把资源给整合起来，也把用户整合起来，中间通过大数据、云计算等技术，使供需之间能够实现快速的智能化的高效匹配。大家可以回忆一下过去等出租车时的体验，如果是在上下班的高峰期或者下雨天，可能等10分钟你都觉得很正常。但是现在你通过APP在滴滴上叫车的时候，可能超过半分钟你就感觉到着急了。从技术上讲，从你下单到确定最合适的车来接你只需要0.12秒，但后台要经过16亿次的运算，这就是智能化在发挥作用。

“大众参与”指的是一个共享平台聚集的供给方和需求方都足够多。从供给的角度看，社会上海量的资源通过网络化方式整合在一起，无限量的供给方使得各种需求都可以得到满足，就是人们常说的“总有一款适合你”。过去我们常说“河里无鱼市上看”，讲的也是供给充足。过去的有形市场如商场、集市等，它的能力还是有限的，存在数量、空间、地域、营业时间等诸多限制。现在有了互联网，打破了时空限制，所有人都有可能成为供给方，使得供给无限成为现实。从需求方来说，所有人都可以轻易完成注册成为用户。足够多的用户量也使得任何一种有价值的资源都能找到需求方，也就是说“总有一人需要你”，你的好东西总能卖得出去。

“使用权分享”指的是交易和服务过程中大家在不同时段分别拥有使用权，不涉及所有权的变化，也就是人们常说的“不求拥有，但求所用”。

如果同时具备上述三个条件，那么就可以算是共享经济。如果只具备其中一个或两个条件，就不能算是完整意义上的共享经济了。

为有源头活水来

共享经济能够大行其道，是因为它有很多好处，所以才魅力无限。

用共享的方法配置资源到底有什么好处呢？简单来讲，就是“三高三低”。

“三低”指的是低成本、低门槛、低污染。

首先是低成本。通过网络来配置资源，使供需之间的信息搜索成本得到大幅度降低，可以随时地进行匹配，它的成本是大大降低了。在现实生活中，很多资源的使用效率很低，闲置成本很高。私家车、停车位、设备、工具甚至资金、人员、知识技能等利用效率都有很大的提升空间，共享经济就是要让这些资源尽可能发挥更大的作用。

第二是低门槛。大众参与所以能够成立，就是因为大家使用起来很简单，你在手机上按几个键就行了，而且搭建这样的平台本身也不难。为什么很多的共享经济模式一旦出现就有很多的企业一拥而上，也是因为它的低门槛在起作用。

第三是低污染。由于共享经济是基于互联网的，也就具备了网络经济特点，天然就有低污染的属性。同时，共享经济的出现本身就是改变资源配置方式，就是用更少的资源去满足更大的、更多样化的需求，资源利用效率会大幅度地提升。它可以大大降低资源的浪费，对环保的作用也就体现出来了。

“三高”指的是高效率、高体验、高可信。

首先是高效率。不管是叫专车还是叫外卖，找外教还是看医生，每一个订单都可以在瞬间生成。

第二是高体验。以前我们打车要走到马路边等着招手，现在接到订单的车可以开到你的楼底下。以前我们想出去住宿的话，你只能住宾馆酒店，那么现在你可以住各种各样的民宿。以前我们要想品尝不一样的美食，就得到饭馆里去，现在你可以叫外卖，甚至可以到别人家里去享用。

第三是高可信。共享经济本身就是建立在信用基础上的，所有平台都建立有完善的信用保障机制，保证了陌生人之间的交易可以放心进行。这里面最有意思的就是互评价机制，买方会给卖方评价，卖方也会给买方评价。一个差评可以让服务者接不到好单，也可以让消费者享受不到应有的服务。由于失信的成本很高，大家也就尽最大努力保持良好信用了。

正是由于有这样的好处，共享经济就被越来越多人所接受。

当然，推动共享经济发展的还有其他一些力量，比如提高收入的意愿、新技术的不断成熟、环保意识的增强、资本的涌入，等等。多种原因促成了共享经济的快速发展，也使得共享经济成为一个趋势。

从宏观层面看，共享经济对打造新经济增长点、扩大有效供给、激发创新活力、助力大众创新、实现低碳生存、促进灵活就业、走向多元协同等都能产生非常重要的影响。

正因为如此，共享经济不仅受到广大用户的欢迎，也被各国政府逐步认可和支持。

走向共享

▼

从理论上说，绝大多数产品和服务都可以被共享，也都将被共享。从实践来看，共享的产品和服务的范围是逐步扩大的，一般性的规律是从高度同质化、标准化的产品和服务，逐步向高度差异化、复杂化的产品和服务领域扩展。

以交通运输服务为例，优步和滴滴等专车服务是最早的共享服务模式，之后又出现了像人人快递、运满满等类型的物流共享服务模式，再之后是被称为中国“新四大发明”之一的共享单车服务，后来又有了共享汽车、共享电动车、共享滑板车、共享停车位、共享充电桩、共享汽车救援服务等。同时，也有创业者正在探索飞机、轮船、火车等交通工具的共享服务。可以预计，如果更多的共享模式能够被有效地创造出来，那么交通运输领域的共享服务就能涵盖人与物、所有的运输工具和运输方式。

目前，共享的产品和服务已经扩展到生活和生产的许多领域，但这种扩展很不平衡。总体而言，与人们日常生活密切相关的出行、住宿、生活服务、文化娱乐等领域，共享的产品和服务种类繁多，共享模式应用较为广泛。相比之下，工业制造领域和农业生产领域由于产业链条长、环节多、生产流程复杂，在探索共享模式的过程中面临着更大的挑战，无论是采用共享模式的企业还是采用共享模式生产的产品都很少，有着巨大的发展潜力。

在分析可共享的产品和服务的范围时，必然要涉及共享经济类型的划分。目前来看，无论是国内还是国外，对共享经济的类型划分尚未形成一个统一标准，研究者的角度不同，划分的类型也不同。国家信息中心在综合各类研究的基础上，提出以共享对象划分共享经济的类型，并据此将共享经济划分为以下六大类：

一是产品共享，如汽车、自行车、设备、玩具、服装等，代表性平台企业有滴滴出行、Uber、ofo、摩拜、RenttheRunway、易科学等。

二是空间共享，如住房、办公室、停车位、土地等，代表性平台企业有爱彼迎、小猪短租、Wework、Landshare等。

三是知识技能共享，如智慧、知识、能力、经验等，代表性平台企业有猪八戒网、知乎网、Coursera、名医主刀等。

四是劳务共享，主要集中在生活服务行业，代表性平台企业有河狸家、阿姨来了、京东到家等。

五是资金共享，如P2P借贷、产品众筹、股权众筹等，代表性平台企业有Lending Club、Kickstarter、京东众筹、陆金所等。

六是生产能力共享，主要表现为一种协作生产方式，包括能源、工厂、农机设备、信息基础设施等，代表性平台企业有Applestore、Maschinenring、沈阳机床厂I5智能化数控系统、阿里巴巴“淘工厂”等。

另外，从满足用户需求的角度，共享经济也可以包含以下种类：出行（滴滴出行/Uber）、住宿（Airbnb/小猪短租）、吃饭（回家吃饭/妈妈的味道）、穿衣（Rent the Runway/那衣服）、贷款（LendingClub/人人贷）、学习（Coursera/MOOC中国）、就医（春雨医生/名医主刀）、旅行（蚂蜂窝/百度旅游）、养老、生产（Applestore/淘工厂）等。

换句话说，就是只要你能想得到的，能够被允许的，将来这些分享都会进行下去。

当然了，也有人问过，说是不是就有一些是不能被分享的，也有，比如说受道德、法律和一些宗教底线约束的东西是不适合被分享的。开个玩笑说，比如说像国家秘密、企业的商业秘密、个人隐私是不能随便共享的，男朋友、女朋友至少目前也是不适合被分享的。

从经济分析的角度看，也有一些产品和服务难以共享或不能有效共享。具有排他性使用权的产品和服务不能被共享，比如一次性消费品、食品、门票等。高度专用性的资产也很难被共享，比如国防设施和武器装备仅限于合法的政府所有和所用，是不可轻易被共享的。

共享续航

▼

共享经济的伟大之处还在于，它能够促进新旧动能的转换。

改革开放走过40多年的历程，到了换发动机的时候了。

关于新旧动能转换的问题，在2008年之后一直被大家所关注。习近平总书记在2015年G20峰会上说过："世界经济发展到今天，上一轮科技革命带来的动能已经接近了尾声，传统经济体制、发展模式的潜能也趋于消退。"这也是解释了为什么这几年全球经济发展开始放缓，越来越没劲了。就是以前的那些经济发展的动能，有点像强弩之末不能穿鲁缟了。

有没有办法找到新的动能呢？共享经济就提供了这样的机遇。

过去几十年中国经济快速发展的动能大体上包括几个部分：改革的红利、全球化的红利、人口的红利、投资拉动、消费拉动、资源的投入等。这些我们过去比较熟悉的经济发展动能，到目前为止都遭遇到了瓶颈，遇到了天花板，有点走不动了。借助共享经济，这些动能可以重新焕发青春，继续发挥作用，我称之为"共享续航"。

共享经济成为制度创新的催化剂。改革的红利是指通过制度创新激发经济发展活力。改了几十年，容易改的都改得差不多了，再往下走似乎越来越难。有了共享经济，情况就有了新的变化。大多数情况下，共享经济基本上就是瞄着原来经济体制里边的痛点来进行的。在消解痛点的同时，对制度创新形成倒逼效应，迫使已经固化的管理体制进行变革。比如说网约车的出现，它是看到了过去的出租车存在的一些不足，也看到了新的发展机遇，所以它一旦起来之后，传统的出租车就显得根本不经打了。于是我们看到，不仅关于网约车的管理办法出来了，原有的出租车管理办法也不得不重新设计。共享单车的情况也是这样，以前政府主导的那种有桩单车，大家都知道它存在着很多的毛病，效果有限，但却无计可施。共享单车出来之后，就把这些问题轻松解决了，而且引发了城市道路设计、公共设施管理等方面的制度创新。

共享经济找到了全球化的新路径。全球化的红利是指通过对外开放促进经济发展。后危机时代，中国的比较优势已经不那么明显，逆全球化潮流的出现也增加了对外贸易扩张的难度。共享经济为全球化找到了新的出路，新的全球化形态开始出现。比如滴滴的成功经验被复制到很多国家，全球七大网约车巨头里都有滴滴的股份。WiFi万能钥匙从一开始就铺向全球，成为很多国家最受欢迎的创新应用。中国的网络直播技术和模式广受欢迎，全球多数的网络直播平台或多或少都能看到中国公司的身影。共享住宿、在线教育等共享模式也都在加快全球布局。与过去产品出口相比，共享经济的全球化路子要通畅得多，几乎没有遇到过去让人头疼的贸易摩擦。比如说，通过共享经济，它可以动员全社会、全球的资源，同时也可以把全社会、全球的这些需求和市场都连接起来，所以它的发展潜力就比较大。

共享经济让人口红利转化成创新红利。人口红利是指利用劳动力相对廉价的优势在国际市场竞争中获胜。随着经济发展达到一定水平，人口老龄化加速，国内的劳动力成本已经很高，这个优势眼看就维持不下去了。这几年连广西砍甘蔗都请越南人来帮忙，很多国外企业将原来在中国生产的业务转到了东南亚、南美。但有了共享经济，这个情况也有了一些新变化，人口红利已经悄悄转变成网民红利。8亿多已经能够熟练使用互联网和智能手机的网民，使得共享经济新模式一旦出现就能够达到相当大的规模。不仅BAT企业已经拥有了10亿级用户规模，就连滴滴、美团、今日头条、快手、抖音等都拥有了好几亿的活跃用户。被互联网赋能的网民，创新潜能被激发出来，他们不仅仅是消费者，也是内容的提供者，创新的参与者。过去的人口红利主要体现在劳动力优势，现在的网民红利更多体现的是知识增值和创新红利。

共享经济让投资更加精准。这些年投资对经济增长的拉动作用越来越低，而且还可能带来产能过剩、债务负担等问题。共享经济采用众筹、众投这样的办法，不仅可以动员全社会的投资能力，还可以实现精准投资，让每一分钱发挥更大的效用。

共享经济创新并满足新的需求。从消费拉动的角度来看，如果用过去的方法拉动消费需求，在供给侧没有得到改变提升的情况下，鼓励起来的消费能力可能都会跑到国外去了，连个马桶盖都会到日本去抢购。共享经济可以通过个性化需求的满足，使消费对经济的促进作用更为明显、更为直接。现在大家已经看到，吃穿用住行、学医游购娱等几乎所有消费领域都开始有了共享平台，大量新的消费被创造出来，人民的生活品质也得到了大幅提升，显得消费体验简直好得不要不要的。

共享经济大大地提升了资源利用效率。从资源的投入来讲，过去靠资源的投入换取经济的增长，但也带来环境恶化等问题。共享经济可以让资源发挥更大的作用，实现用更少的资源去满足更多样化的需求。比如说如果是按照以前的那种现代化标准去衡量，像美国那样一家拥有两到三辆汽车的话说，那么全世界的资源可能都不够中国用了。用共享汽车的办法会怎么样呢？也许将来我们十家拥有一辆汽车就够用了。现在大家戏称首都北京已经成为“首堵”，二环、三环、四环都成了停车场。如果北京的汽车拥有量从600万辆减少到200万辆，这样的抱怨估计也就不会有了。

共享单车的命运

2017年6月20日，“智慧轻工高峰论坛”在北京职工大厦召开。应中国轻工业联合会的邀请，我参加了“智慧轻工”高峰论坛，并就共享经济发展做了一个主题演讲。开始接到邀请时心里还有些犯嘀咕：轻工业与共享经济的关系很密切吗？现场看到的日程里安排有三位主题演讲，另两个演讲的内容竟然也都与共享经济相关。因为有行业百强排名出炉和颁奖仪式，所有现场到会参会代表少说也有六、七百人。再看看参会的代表企业名单，一下子就恍然大悟了：一个共享单车就让整个自行车行业瞬间变得面目全非——自行车品牌、制造商、销售门店、修车人等的命运都出现了大逆转！联想到新出现的共享充电宝、共享篮球、共享雨伞、共享KTV、共享床铺、共享书店……共享经济“享”的影响还真是非同一般，轻工行业关心共享经济还是有道理的。自行车如此，其他产业呢？下面就以共享单车为例，来看看共享经济何以改变了整个行业。

第一次认识共享单车是在2016年9月12日，可能比大多数人都早一些。那时正在参加“新经济新动能”课题组调研，第一站就选择了上海。12日上午座谈会期间，出来休息时看到会议室门口有一个小伙子在摆弄一辆橙色的无胎无链自行车，以前没见过，很好奇，就问他几个意思。他说：“我没有准备书面材料，等会儿就拿这辆车向大家汇报。”后来到他发言时，就见他扛着这辆自行车走上了讲台，将自行车放在了旁边的一张桌子上以便让所有的与会人员都能看清楚。大家可能已经猜到了，这就是第一代的“摩拜单车”，发言的小伙子就是摩拜单车联合创始人兼CEO王晓峰。他讲得很兴奋，我听得也很兴奋。后来我拉着他说，赶快放到北京去吧，肯定受欢迎。果然，一个月后就在北京大街上看到了摩拜单车，当然差不多同时出现的还有黄色的ofo。

后来到ofo调研时了解到，其实ofo创立的时间比摩拜要早，2014年就注册了公司，一开始只是在北大校园内使用，主要是同学间的单车共享。后来这一模式又推广到多所高校，正准备向全国高校推广。摩拜一出现就把共享单车放到了街头，推向了全社会。这几乎打了ofo一个措手不及，也只好仓促应战。

再后来，让所有人都始料未及的是，大街上一下子涌出来那么多共享单车，颜色都不够用了。当时媒体使用最多的词汇就是“亮丽的风景线”。

大街上一下子出现这么多单车，一定会对自行车行业产生影响。

在共享单车出现之前，整个自行车行业的生态并不乐观，有人说它是一个夕阳产业，基本上都快没落了。但是共享单车出现以后，那些优质的自行车厂家的生产能力忽然间变得不够用了。很多自行车厂长都说现在数订单数得手都发酸了，他们说是共享单车拯救了整个中国的自行车行业。不仅如此，卖自行车的、修自行车的生态也都跟着发生了变化。

共享单车还促进了自行车产品的创新。在过去几十年里，自行车似乎没有多大的变化。共享单车来了之后，大家不仅仅看到了各种色彩鲜明的自行车，各种新技术、新发明也多了起来。那时像摩拜等领先企业，基本上都已经拥有了200项以上的专利。大家突然发现，现在的自行车跟我们原来理解的自行车已经不一样了。

共享单车改变了很多人的就业状态。除了生产厂家全力扩张外，还产生了数以万计的自行车搬运、维修工作岗位。大部分零散的自行车销售点、维修点不见了，他们大都被共享单车平台招聘去了。

共享单车还改变了人们的出行习惯。越来越多的人对于3公里以内的出行，基本上就不开车，能骑自行车的就尽量骑自行车了。还有很多人骑自行车主要是为了锻炼身体。也有人说，像北上广深这样的大都市，早高峰、晚高峰的拥堵情况有了明显的缓解，在很大程度上也是由于共享单车在发挥作用。

共享单车也强化了人们的移动支付习惯。很多人就是为了骑自行车才开始使用移动支付，也因此了解了移动支付，从此再也离不开移动支付。

可能出乎所有人意料的是，共享单车还改变了摩的生态。因为有了共享单车，摩的、黑车大幅度减少了。也有人做过调查，说刚开始共享单车被认为损害很严重，其中有不少就是那些摩的和黑车司机干的。后来他们连破坏的力气都没了，也就接受了现实。

共享单车还改变了一些城市的管理。以前很多城市的自行车道基本上都被小轿车都给占用了，现在慢慢地又给恢复起来，新建的道路上也专门增设了自行车专用车道的明显标志。

当然，共享单车还带动了其他的一些制度改革，比如押金制度。刚开始各共享单车平台都要求用户先支付押金，这个做法被其他的共享模式所借鉴。这些押金如何使用？一旦企业破产，押金能否安全退还？当时最高峰时有70多家共享单车平台，都存在靠烧钱吸引用户做法，所以大家的担心不是没有根据，后来也的确发生了。后来有关部门专门出台了共享单车押金使用和退还的管理办法。

共享单车还引发了一场关于国民诚信意识的大讨论。在共享单车刚开始面世的时候，出现了一些不良的社会现象，比如说有把共享单车扔到河里的，有挂到栏杆上的，有拴在自己家楼道上的，还有把单车上二维码改成自己收费账号的。甚至有人据此说中国发展共享经济有点太早了，我们的国民意识根本达不到这一点。随着时间的推移，人为破坏共享单车的现象也越来越少了。事实证明，共享单车教育了国民，促进了国民诚信意识的提升，有利于整个社会诚信水平的提升。

大家在热议共享单车的成就与影响时，也惊奇地发现这些快速成长企业的创立者原来都是一些年轻人，有些还是刚刚走出校门的小青年。摩拜创始人胡玮炜是80后，ofo的创始人团队是清一色的90后在校学生。这让我想到了2016年底在深圳调研时从一家创业公司学到的一个新词“有梦青年”，他们的标志是“心中有火，眼中有光”。正是这么一批年轻人，用他们互联网的思维改变了整整一个行业，推动着中国共享经济如火如荼地发展，他们正在成为中国创新创业的生力军。

也有人问过我：为什么这个行业的创业者如此之年轻，90后有什么优势，这么年轻的一群人之前也没有什么了不起创业经历或社会背景，他们如何赢得投资人的信任、成功融资？我接触过一些年轻的创业者，他们大都有一些共同特点：一是没有框框、敢于创新，宿舍、车库、咖啡馆，有了一些想法马上就会去尝试；二是有梦想、有情怀，善于观察和学习，善于发现痛点，然后就会去想解决方案，相信能为人类解决大难题，也就有了创业的冲动和持久力；三是这些年轻人大多是“互联网原住民”，对现代信息技术能解决什么问题、如何解决问题以及网络经济比较熟悉，所以总能找到一些有发展前景的好项目。有了好的团队、好的项目、好的互联网商业模式，资本自然就跟上来了。

随着共享单车热潮一浪高过一浪，其影响也日益深远。截至2017年6月底，ofo在120个城市投放的自行车总量已经达到600万辆，年底将在200个城市投放2000万辆（这个目标后来真的实现了）。当年6月份订单量达到日均2500万单。累积融资额超过40亿元，公司估值超过40亿美元。触角已伸到美国、英国、新加坡、哈萨克斯坦，年底将扩张到20个国家和地区。与联合国开发计划署签署了战略合作协议将每年的5月17日定为“最后一公里”活动日（这一天也是世界电信日和世界信息社会日）。

2017年5月，来自“一带一路”沿线的20国青年评选出了中国的“新四大发明”：高铁、支付宝、网购和共享单车。有报道称，李克强总理出国访问时人家都会说欢迎中国的共享单车到他们那里去发展。苹果公司首席执行长库克访问ofo时对共享单车有这样的评价：“这是一个非常棒的案例，源自只有可能在中国产生的概念。”

新生事物总会伴随有“成长的烦恼”，共享单车也不例外。当越来越多的共享单车投放到街头时，有些单车被人为破坏了，有人发现有12岁以下儿童拿共享单车来练习骑车，有人骑共享单车出了事故，有人反映人行道被占了、公交车站被围堵了、商城进不去了。

再后来，有了更多的争议和质疑：共享单车从轻资产走上重资产还是分享经济吗？占用公用道路资源为几家公司谋利益合理吗？押金合理吗？烧钱模式还能走多远？真的需要那么多共享单车吗？传统自行车行业和知名品牌还会存在吗？……公开的研讨会多了起来，内部的讨论会也多了起来，有多个部门组织了专题调研咨询活动，有关部门开始研究制定共享单车发展指导意见。

2017年是共享单车最为疯狂的一年，这样的野蛮生长当然不可能长久维持。

随着资本趋冷、监管趋严，共享单车开始冷静下来。2017年下半年一大批共享单车平台黯然退出市场。2018年4月，摩拜以27亿美元的价格被美团外卖收购。2018年底，ofo被曝拖欠贷款和员工工资，2019年一直陷入押金退还泥潭，2020年起从网上只能查到关于被执行人信息了。

共享单车过山车式的大起大落让人叹息，ofo和摩拜的兴衰让人扼腕。东兴证券发布研报指出，ofo和摩拜的失败，主要原因在于它们在自身商业模式不成立的情况下，盲目追求增长，导致其经营和投资现金流均为负。虽然有巨额融资，但仍然赶不上烧钱的速度，最终导致资金链断裂。有人开始怀疑共享单车的合理性，甚至怀疑整个共享经济的合理性。

其实，失败的是那些作为先驱者的共享单车平台企业，并不是共享单车行业本身，更不是共享经济新业态。

共享单车解决了用户短距离出行的痛点，有真实需求就会有市场前景。共享单车行业在经历几年的无序竞争和残酷洗牌后，开始步入新的发展阶段。

到本书出版时，共享单车行业已从前些年的摩拜、ofo“双寡头”时代，演变为哈啰单车、美团单车、青桔单车“三国杀”格局，而资本也依然对这一领域持有热情。摩拜单车变身美团单车后仍在持续稳定发展。

2020年初，哈啰出行、青桔单车相继获得新一轮融资。

相关统计数据也表明，共享单车行业仍在快速发展。2019年共享单车市场规模比上年增长30%以上，活跃用户继续保持增长，人均月度使用次数和使用时长分别比上年增长43%和180%。

大家普遍认为，共享单车已告别烧钱补贴、恶性竞争的粗放式发展时期，如何运用技术手段提升供需匹配效率、增强精细化运营能力，已成为行业未来比拼的重点。与此同时，政企合作的氛围也在改变。

共享单车的未来格局还存在很大变数，但有一点可以肯定，它的的确确改变了一个行业的生态。如果所有的产品都逐步采用共享模式的话，可能整个社会的经济运行规则将发生根本性的变化，所有的行业可能都会随之而大为改观。

2018年，共享经济领域出现了一些安全事件，引发了更多关于共享经济的讨论、争议甚至质疑、抵触，有人借机呼吁要对共享经济严格监管，还有人喊出了“共享经济已死”的口号。为此，我撰写了一篇文章《共享经济发展的大趋势不会改变》，强调共享经济对引领创新创业、促进经济增长、培育发展新动能、推动供给侧结构性改革、建立现代经济体系等方面作用日益突出，发展共享经济对于中国而言具有特殊的意义，是信息技术革命带来的千载难逢的历史机遇。在接受央广网等采访时也多次表达这样的观点：“共享经济是人类迄今为止进行资源配置的最佳模式，也是未来发展的大趋势，这一点会随着时间推移越来越得到证明。”

共享小木屋

▼

有一次北京市科协的同志找到我，问能不能给京郊的农庄庄主们讲一下共享经济。我愉快地接受了邀请，并在那次活动上认识了十几位庄主。其中有一位在顺义做共享小木屋的探索，引起了我的兴趣。早些年去欧美一些国家考察学习时就对小木屋很向往，拍了很多图片，觉得每一个小木屋就是一个童话世界，就是一个现实版的桃花源。后来去做了实地调研，很受启发。

木屋庄园的位置在顺义区张镇，老板也姓张，很早就成为小有名气的建筑专家。后来对木结构建筑情有独钟，便从体制内出来创办了一家木屋公司，在这里租了一块地方建设了自己的木屋庄园。庄园不大，占地30亩左右，在10亩方圆的池塘旁错落有致地排放着20多座可移动小木屋，配以十多个大小不一的用餐蒙古包，倒也算是别有洞天。

在这里，学到了一些小木屋的常识，也消除了一些对小木屋的误解，对小木屋也就充满了更多的期待。

共享小木屋的操作模式并不复杂：用户以成本价众筹一间小木屋就成为屋主，在未来的15年里每年可以免费住两个月，其余的时间由庄园负责运营管理，住宿收入五五分成。如果运营良好，一般5年左右就可以收回成本。

我也经不住诱惑众筹了一间小木屋，朋友们还帮起了个名字叫“钓月轩”。虽然没有实际获得多少收入，但周末和节假日有了一个好去处，倒也觉得值得。在我的建议下，他们还做起了共享厨房、共享鱼塘、共享蔬菜的尝试。疫情期间，我一多半的时间是在小木屋度过的，研究工作照常进行，闲暇时可以钓鱼、种菜，还免去了戴口罩的痛苦，真的挺好。

对小木屋的热爱还源于对未来发展的思考。

有机会走出国门去看看时，经常会产生疑问和错觉：伦敦、巴黎、罗马、巴塞罗那……怎么会有那么多百年以上的老建筑？相比之下，我们5000年文明留下的痕迹却很少。

创造社会财富很重要，保存社会财富更重要。我们现在所处的城市50年、100年后会是什么样子？现有的楼房、高层建筑、摩天大楼、现代化新区大都是改革开放以来尤其是最近20年建设起来的。建筑物的设计年限往往是商业用房30年、工业用房50年、居民住房70年，但多数建筑物都没有达到最大设计年限就被推倒重来了。也就是说，这些建筑物每过几十年就会变成垃圾，然后重新建设。许多人干了一辈子，所有的收入剩余也就能买一套房，然后人走了房子也到了该拆除的时候了。大多数人努力了一生，消耗了很多资源，但并没有给这个世界留下多少财富。虽然建房和拆房都能产生GDP，但每过几十年社会财富就会被清空一轮。这也解释了为什么欧美经济增长速度很低，但老百姓却比我们富足。

更令人不安的是，过去很多建筑垃圾被用来平整土地和修建公路，将来这些都会遇到天花板。有一个建筑企业老板就对我说，现在这个问题已经很突出了。用建筑垃圾修路的做法已经不适用了，会影响道路质量。烧制出来的砖头瓦块很难降解，也不能简单地回归土地。他们的主要做法就是把建筑垃圾拉到郊外的山沟里去填埋。也许过不了多久，我们将无法处理、存放这些日益增加的建筑垃圾。

有没有更能体现可持续发展的建筑材料呢？木结构建筑当然是最为理想的选择。木材是可再生资源，也是可回收、可降解资源，环保效果当然是最好的。据说欧美民居的木屋比例在80%以上，日本在60%以上，而中国这一比例不足0.3%。

很多人对于木屋有一些担心，比如：过于简陋，不适合生存；容易因一场大火毁于一旦；不能长久；隔音不好；容易生虫；雨水较多的地方不适合建木屋；太冷的地方不适合建木屋；木屋只能建低矮建筑；没有足够的木材；成本过高，等等。其实这些问题有很多是误解，有一些在技术和标准上都已经得到了很好的解决。

现代木屋建设发展很快，大型木屋、高层木屋已经很普遍，在隔音、防火、防水、防冻、防虫等方面都有较高的质量标准保障。木屋在环保效果好、防震能力强、建设周期短、使用寿命长、对地形地貌要求低等方面的优势都非常明显。至于木材供应，短期内国际市场供给充足，长期看中国自身木材供应也会跟上来。

希望将来能有一个共享小木屋的平台，把全国甚至全世界的小木屋连接起来，大家都可以拥有一个自己的小木屋，享有自己的桃花源，也可以通过共享实现“在最好的时间到最好的地方住最好的小木屋”。

如果短期内城市建筑无法选择木屋，农村住宅建设选择木屋还是有很大潜力的。现在木屋建设成本比砖混结构要高出不少，每平方米的建筑成本在2000元～5000元不等。有条件的地方可以鼓励城市居民与农民共建共享，由城市居民投资建设，拥有一定时间的共同使用权，所有权归农民所有，还可以通过共享平台开展民宿服务。这样，城乡融合发展也许就能走出一条新的路子来。如果大多数农村居民都住上小木屋，中国的农村就真的与现在大不一样了。

讲不完的故事

▼

共享经济是永远讲不完的故事。

2017年底应邀参加一个研讨会，针对大家对共享经济发展的疑惑和期待，我写了一首小诗：

共享经济新变化

单车行处满世惊，花样分享看不清。

疑怨绵绵声犹在，新政朗朗势已成。

千行舍却老套路，一网激发新动能。

变中求变闯三关，云帆直挂看日升。

我想表达的意思是，共享经济的故事远没有结束，很多领域才刚刚开始，很多领域还没有开始。尽管还有认知、条法、自律等难关要闯，但共享经济大趋势不会改变，中国共享经济引领全球的前景还是值得期待的。

中国共享经济已经进入快车道，有一些趋势还是比较明朗的。

一是快速成长。整个20年代都将是中国共享经济的加速发展期，共享经济将成为后疫情时代拉动经济的重要力量。

二是创新增多。在很多重要细分领域，会出现越来越多的拱形经济新业态、新模式。

三加速融合。共享经济与传统行业的融合将逐步加深，大多数的传统企业将会走向共享经济的道路。

四是重新定义就业。灵活就业大幅增加，共享经济对就业的带动和促进作用进一步增强。

五是全球化布局和生态化扩张。先行企业都在加速全球化布局，同时开启生态化扩张之路。共享经济领域会产生一批新的巨无霸平台。

六是走向协同监管。政府、平台、第三方、行业组织以及服务的提供者和消费者，都将会成为监管主体的重要组成部分。

很多人关心共享经济下一个风口是什么，在不同场合问过类似问题。其实我不太喜欢“风口”这个概念，觉得过于趋利和肤浅。对于未来还有哪些领域有比较大的发展潜力，我觉得像制造业、农业、教育、养老、医疗、金融这些领域都有非常大的发展空间，每一个领域的市场规模都应该是在10万亿元以上。这些领域都有一些共同特点：痛点明显、市场广大、条件具备、尚未成形。

共享经济发展对政府、企业、个人的影响都将更多地呈现出来。

共享经济发展将会极大改变政府的监管创新。相对宽松的政策环境是中国共享经济快速成长的重要原因，未来仍将受到政府监管方式变化的影响。2017年出台的《关于促进分享经济发展的指导性意见》里提出了“鼓励创新，包容审慎”的基本原则。总体上看，未来监管方面还会出现一些变化。一是从严格监管走向审慎监管。对待新生事物不能要求万无一失，要保证一点问题都不出才能允许发展。新生事物发展很多还不定型，可以不必过早出台强硬措施。即便要出台新政策，也应强调保护创新的主基调。二是从人力监管走向网络监管。共享经济是典型的网络经济，不能用过去的办法靠人工去管理，否则多少人都不够用。以前强调抓大放小，管好几个大的企业基本上就管住了。现在共享经济平台服务提供者人数可能都是上千万甚至上亿人，而且是跨地区跨行业的，很难靠人力完成。三是从模糊管理走向精准管理。靠人工管理只能是模糊管理，但是有了大数据就可以实现精准管理，谁出事儿管谁就行了。四是从事前监管走向事中、事后监管。以前往往是从准入的角度管的比较多，比如严格控制哪些事情可以做、哪些人做，主要靠审批来完成。将来要更多走向事中、事后管理，就是发现问题再针对性地去解决问题。五是要从政府监管走向协同监管。过去主要靠政府部门完成监管任务，将来除了政府之外还要发挥好平台企业、第三方机构、服务提供者、用户的作用。总结成一句话就是，政府需要换一个管法儿。

共享经济也将会促使企业的生存方式发生重大变化。围绕着企业发展的方方面面，几乎都已经出现众多的共享经济平台，企业完全可以用共享的办法去完成自己的发展任务。一方面，企业可以用共享的办法把自身拥有的资源产生最大的价值。另一方面，企业可以用共享的办法获取所需要的资源，效率更高，成本更小。得益于共享经济，企业可以创造更大的价值和更好的服务体验，可持续发展能力得以增强。比如，初创企业可以利用众创空间，享受各种各样的咨询服务，大大降低创业门槛和创新风险。企业发展需要资金支持，不是只有银行贷款一条路，众筹、众投等平台可以提供新的筹资渠道。在研发领域，产品、工艺、形象设计等都有人提供服务。在生产加工方面，工具、设备、场地、生产线甚至是整个工厂都可以通过共享平台来获取服务。在销售、流通、服务等各个环节也都有各种平台提供服务，只要你有需要，立马就会有人响应。工业经济时代有一个“木桶理论”，决定一个木桶装多少水是它的最短的那一块板，所以必须把短板补齐了，企业才能够价值最大化。到了共享经济时代，这个理论就不适用了。共享经济强调的是要把最擅长的那一块板做得越来越强，做得越来越优化，谁也比不过你，然后把长项发挥到极致，再共享给别人，从而获得更大的价值。而对于自己的短板无论如何也做不过人家，那就共享别人的就是了。总结成简单的一句话就是：企业可以换一个玩法。

共享经济也会使个人生活方式发生重大变化。现实生活中已经开始发生这样的变化，在吃饭、住宿、学习、工作、就医、出行、运动、娱乐、旅游、养老等方面，都有大量的共享型经济平台出现。很多事情我们通过下载几个APP就可以轻松地实现。以吃饭为例，你可以轻松地叫外卖，也可以请别的高级厨师到家里来做饭，还可以约几个朋友甚至是陌生人到别人家里边去吃饭。住宿方面包括短租、长租等都已经有了相应的平台。对于学习来讲，围绕在线教育、培训、知识共享，已经有很多有影响力的平台。工作方面，共享经济提供了更多的灵活就业机会。互联网医院将改变我们的就医方式，多说情况下我们不必再跑医院，线上就能解决，必要时会有医生到家里来诊疗和护理。未来的共享养老模式也会得到发展，有更多的方法可以更好地安度晚年。总结成一句话就是：个人可以换个活法儿。

在共享经济推动下，人类会加速向信息社会转型，人们追求的目标和价值取向也会发生一些变化。农业社会强调的是功能，只要能保证我们不被饿死、冻死就可以了。工业社会强调的是价值，拥有财富的多少显得很重要。到了信息社会，生存的意义会显得更加重要。

选择决定未来

▼

未来怎么样，取决于现在的选择。我们可以沿着正确的方向多走一些，走快一些，这样我们未来的前景也会更美丽一些。

这几年有不少地区制定了共享经济发展规划，希望借助共享经济带动地方经济创新发展。我给他们的一个共同建议就是在政策创新上寻求突破。

应《清华金融评论》约稿，我写过《监管创新需要大智慧》一文，强调发展共享经济需要监管的创新，需要通过创新营造宽松政策环境和公平合理竞争市场环境。

在2008年之后的10多年里，中国共享经济成长之快、渗透之广、影响之大几乎超出了所有人的预料。共享经济在给经济发展和人民生活不断制造惊喜的同时，一些矛盾和问题也进一步显现出来，带来了一系列监管难题。一是用户权益保护难题进一步凸显。共享经济的快速渗透和广泛普及，引发个人信息安全、押金风险、社会福利等用户权益保护难题。在平台责任界定不清、诚信体系不健全以及先行赔付机制缺乏等情况下，共享经济面临“监管难、取证难、维权难”的挑战。这些问题在共享单车、共享住宿、共享私厨、共享无线保真（Wi-Fi）、共享金融等领域都有不同程度的体现。二是新业态与传统属地管理之间的矛盾更加突出。传统监管体系强调属地管理、行业管理、科层管理，与共享经济的跨区域、跨部门、跨行业等发展实践的现实需求不匹配，“一个平台、服务全国”的运营特点与传统的属地管理制度之间的冲突日益凸显。以网约车管理为例，各地出台的网约车管理措施基本延续了传统出租车管理体制和做法，所有的网约车平台企业都要适应出租车的属地管理要求，要求在本地设立分公司并取得行政许可。按照这样的要求，滴滴出行要获得全国300多个地级市的行政许可，需要携带几乎相同的材料跑遍这些城市，即使马不停蹄地逐个城市递送材料，300多个地级市至少需要3年才能办完，若全国近2800多个县级单位也要求办证，周期可能长达20多年。在家装服务共享领域，也存在地方政府强制要求平台企业建立分公司的情况，一些城市尚不具备在线办理条件，需要企业跑遍工商、税务、社保、安监等多个部门，程序繁琐，企业合规成本极高。三是一些新的共享业态与城市管理方式之间的矛盾日益凸显。网约车、共享单车、共享汽车、共享停车位、房屋短租、外卖配送等新业态、新模式的出现，都会对原有的城市规划、配套设施、公共空间资源管理方式等产生冲击，也给政策制定带来很大困扰。这方面的问题在共享单车领域反映较为集中：一方面是过度投放和乱停乱放确实让人头疼；另一方面是滥用权力胡乱执法。一些城市人为规定投放总量和公司间分配比例，更有一些城市就是“见一辆扔一辆”的心态。四是过度竞争带来的资源浪费以及过度集中可能引发的垄断行为也不断引发热议。一些平台企业过度追求近期利益，不正当竞争和损害用户利益的事件也时有曝光。此外，一些平台打着共享经济旗号行欺骗消费者之实，还有一些用户故意损坏共享产品等，实际上已经表现为违法犯罪。当然，这些问题都是发展中的问题，但处理不当都会影响共享经济健康有序发展。

尽管人们已经看清了共享经济发展中存在的一些突出问题，但监管时却面临许多难题。一是情况不明。共享经济起步较晚，发展太快，变化也快，很多是跨行业、跨领域、跨地区，涉及人数众多，相应的统计监测体系尚没有建立起来。政府作为主要的监管方对新业态发展情况基本不掌握，监管起来当然很难入手。比如一些城市存在共享单车过度投放问题，但对于到底投放了多少、应该投放多少、何时何地经常超饱和、各家企业有多少僵尸车和损坏车等并不清晰，企业为强占市场报给政府部门的数据也可能并不真实。类似的问题在餐饮外卖、共享私厨、共享住宿等领域也普遍存在。二是手段缺乏。即使发现了问题所在，也知道了利益相关方各自的诉求所在，实际监管起来也还会面临手段缺乏问题。共享经济是典型的网络经济、平台经济，原有的法规、制度、标准是建立在工业经济基础上的，已经明显不适应新经济发展了。另外，中国共享经济已经开始引领全球，想从先行国家那里学习借鉴现成的经验也是可能性不大了。工业革命从英国传导到中国用了100多年，到改革开放时已有近200年历史，我们所遇到的问题，先行国家大多经历过。过去遇到问题可以先了解发达国家是怎么做的，然后结合国情做一些调整和完善，基本上不会有太大问题。但共享经济最初从美国传导到中国只用了短短几年的时间，我们遇到的问题和美国一样，更何况有很多方面我们已经走在了前面。以最早形成风潮的房屋短租为例，爱彼迎（Airbnb）在美国成立的时间是2008年8月，国内的途家网2011年12月就正式上线，小猪短租也在2012年8月正式上线，前后的时间差只有3年～4年。在网约车领域，美国的优步平台正式面世是在2010年10月，国内的滴滴平台2012年9月就在北京上线，前后的时间差只有两年。令人惊奇的是，滴滴在2015年完成的全年订单数就超出了优步过往六年的全球订单总和。至于后几年在共享单车、网络直播、产能共享等领域出现的中国独创，就只能是别人向中国学习了。行业发展是全新的，监管创新的任务自然也就来了。三是责任边界不好界定。

监管创新时遇到的首要问题就是界定难。首先，共享经济的边界不好判定。如果一个新的业态是共享经济，就需要重新研究制定新的监管策略；如果不是，就可以沿用老的行业管理办法。近两年，关于“伪共享”的讨论多了起来，说明这个问题并没有很好解决。我们在研究中提出将基于互联网的智能化资源匹配、使用权分享、大众参与看作是辨别真假共享经济的三个重要标准。但在实践中仍有不少人会质疑共享单车、共享汽车等是不是共享经济。

其次，政府、企业、用户的责任边界划分难。平台企业往往具有典型的社会性企业特征，承担着更多的社会责任，企业与服务者之间的劳动关系也从雇佣关系转化为合作关系，一旦出现问题和纠纷，责任认定就变得复杂了。不同的共享经济业态在不同的环节，各方的权利和义务显然也不同，增加了责任边界划分的难度。再次，政府部门间的责任边界划分难。在过去按行业设计的监管制度里，尽管也存在九龙治水、交叉管理的情况，但毕竟相关职责还算清晰，有章可循。共享经济的网络化、融合性特征使得一个新的业态牵涉到的部门更多，甚至找不到可以牵头的部门。四是平衡点不容易把握。任何监管制度都是各方利益平衡的结果，共享经济监管的平衡点把握遇到了更多困难，不能指望一蹴而就，一步到位，一劳永逸。从目前看，共享经济监管要处理好多重关系，比如，促进发展与规范发展之间的关系，政府与平台企业的关系，近期利益与远期利益的关系，经济利益与社会责任的关系，表面影响与深层次影响之间的关系，等等。五是要克服各方的“小九九”。“小九九”源于乘法口诀，又被称为小算盘，泛指以自我为中心的思维和行为模式。面对共享经济这个新生事物，政府部门、平台企业、用户等都会争取自身利益最大化，无疑会增大合理推进监管创新的难度。如何做到让相关政府部门、平台企业、广大用户都少一些“小九九”，多一些大智慧，本身就是一个大课题。更为重要的是，共享经济正处在从导入期走向成长期的转型过程中，很多问题还没有充分暴露出来，其更深层次的影响还没有充分显现，任何选择都会对未来发展产生深远影响。

监管创新的内容和手段会有变化，但都应该遵守一些基本原则。2017年7月3日，国家发改委等八部委联合下发《关于促进分享经济的指导性意见》，提出要按照“鼓励创新、包容审慎”的原则，发展与监管并重，积极探索推进，加强分类指导，创新监管模式，推进协同治理。意见出台以来，社会各界围绕监管原则开展了很多讨论，逐步形成了一些共识。一是“鼓励创新，包容审慎”。监管的目标应该是维护公平竞争，强化发展保障，支持和引导各类市场主体积极探索共享经济新业态新模式。对共享经济存在的问题要积极应对、妥善解决，但目的是促进创新保护发展，而不是相反。很多问题是发展中的问题，通过技术、模式迭代创新和通力合作很快就可以较好解决，不能看到出现一些问题就痛下杀手，在出台准入性政策时一定要慎之又慎。二是“多方参与，协同治理”。政府、平台企业、行业协会、资源提供者、消费者都是共享经济监管主体的重要组成部分，要各负其责，通力合作。政府部门要制定规则，协调各方，提供保障，监督执行。平台企业要履职尽责，强化社会责任担当，加强内部治理和安全保障，严格落实网络主体资格审查，保护消费者合法权益，积极协助政府监督执法和权利人维权。行业协会等有关社会组织要推动出台行业服务标准和自律公约，完善社会监督。资源提供者和消费者要强化道德约束，实现共享共治，促进分享经济以文明方式发展。三是“底线思维，弹性平衡”。新生事物的特点往往就是新、快、不定型，对共享经济的监管应该坚守底线思维，只要没有越过底线，就可以先观察一段时间。当然底线思维还有另外一层含义——越过底线该管就得管了。政府部门、平台企业、资源提供者、用户的行为都应该有底线，不该做的事坚决不做。当然，底线也不是一成不变的，在不同的领域、不同的发展阶段会有不同的底线，可能需要动态平衡。对于共享经济而言，留有一定的容错空间是明智的。四是“分类施策，区别对待”。共享经济是一种资源配置的新模式，也是一种新的发展观，可以应用到所有资源、所有领域。产品、空间、知识技能、劳务、资金、生产能力等共享经济六大领域及其细分领域，每一个共享经济的新模式、新业态都有其特定的对象、标准、利益相关方及其相应的诉求。比如，出行产品共享领域里的网约车、共享单车、共享汽车等有明显区别，空间分享领域里共享住宿、众创空间、共享办公、共享田园等特点也各不相同。因此，要合理界定不同行业领域共享经济的业态属性，分类细化管理。五是“有的放矢，精准有效”。一方面，对于看不准的问题要认真研究，不能乱用权力胡乱执法；另一方面，对于看得准的问题要果断出手，务求实效。这方面在网约车、共享单车、餐饮外卖、个体网络借贷（P2P借贷）、房屋短租等领域正反两方面都有一些执法案例和事件发生，应该总结经验吸取教训。其实，网络经济条件下，大数据等技术也为精准施策提供了新的手段。

监管创新还要选准着力点。各地在共享经济监管创新方面做了许多探索，有一些已经显示了很好的成效。监管创新应选准着力点，建议从理念创新、技术创新、模式创新、制度创新几方面入手。

一是理念创新。目前大多数监管过程中出现的问题与监管理念没有转变有关系，最核心的问题是对信息革命和共享经济缺乏认知。因此，理念创新可能要从学习和改变认知开始了。首先，共享经济发展是大趋势，也是大机遇。其次，共享经济是信息时代的新业态、新事物，要了解共享经济的内涵、特征、运行机制和发展规律。再次，对共享经济的监管出发点和落脚点都应该是促进发展，造福人民，而不是为了管住、管死。

二是技术创新。共享经济是一系列信息技术创新和经济社会发展相结合的产物，这些技术也为科学监管提供了新的工具和手段。比如现在各地利用大数据实施精准监管的实践就开始多了起来。杭州、南京等城市利用

“定点饱和度监测仪”，可以准确测算各平台企业投放单车的总量、僵尸车数量、各停放点饱和度状况，为政府部门和企业决策提供了重要依据。北京等地在试用“电子围栏”以期解决共享单车乱停乱放问题。对于一些恶意破坏和盗窃共享产品等行为，大数据也为迅速甄别和破案提供了方便。

三是模式创新。政府部门之间、平台企业之间、政府部门与平台企业、企业与用户等加强合作，可以创造出多种新型的监管模式，找到破解难题的新思路、新方法，有助于实现协同治理的目标。深圳机场在2017年1月就正式启用了全国第一条网约车专用通道和蓄车区，用于网约车候客和上客。上海徐汇区支持智慧停车平台与共享单车企业合作，双方联手推出“P+B”（Park+Bike，共享停车+共享单车）解决方案，为车主停车后的“最后一公里”创造了更多便利。一些城市开始依托第三方建立共享经济平台企业运营服务考核机制，将考核结果作为企业进入与退出、实施精准监管的重要依据。总体上看，监管模式的变化趋势是：从严格监管走向审慎监管、从人力监管走向网络监管、从模糊监管走向精准监管、从事前监管走向事后监管、从政府监管走向协同监管。

四是制度创新。多数共享经济新业态可能不太符合原有的一些法律、规范、标准，处于“合法与违法之间”的尴尬境地。修改完善现有法律制度是必须要做好的一项工作。在新的规则出台之前或制定新规则的过程中，新的议事制度也有很多创新的余地。成都市在共享单车管理中就形成了“3+7+N”会议协商制度，有成都市交委、市公安局、市城管委三个部门，联合五城区及高新区、天府新区成都直管区，以及共享单车运营企业参加，并邀请人大代表、政协委员、民主党派人士和专家学者等广泛参与，从规范经营、安全生产、优质服务、社会责任、社会评价等方面进行考核，根据考核情况适时做出评估并及时向社会公布。一些城市将“约谈”制度引入共享经济监管，通过政府部门约谈相关企业达到了解情况、摸清诉求、达成共识、解决问题的目的。有的地区制定了相应的联席会商制度、听证制度等，对共享经济发展中的问题进行讨论协商、汇聚民智。国家发改委指导建立了“共享经济思享汇”交流平台，并与多家平台企业合作以推进失信惩戒机制的形成。

共享经济发展才刚刚开始，监管创新永远在路上。中国共享经济已经开始引领全球，说明过去的监管方针是行之有效的。对于创新过程中出现的新问题，需要在实践中创新性地去解决。

8

第八章

CHAPTER EIGHT

换个玩法：所有的生意都值得重做一遍

数字时代，重新定义一切。

通向未来的路子不止一条，但不能再使用过去的地图。

没有传统企业，只有传统玩法

受新冠肺炎疫情影响，2020年的广交会改在网上举办，吸引了海内外16大类商品的2.6万家企业参展。6月15日上午10时许，国务院总理李克强在北京人民大会堂宣布第127届广交会开幕，随后巡视了网上展厅。

本次广交会被称为云广交会，李克强总理检阅参展企业也被称为云检阅。总理检阅的三家参展企业分别是惠达卫浴、格力电器、乐歌科技。与格力电器、乐歌科技相比，惠达卫浴能从2.6万家企业中脱颖而出受到总理关注多少显得有些突兀。后来，惠达卫浴自己总结了6个理由：一是惠达卫浴的成长与广交会密切相关。惠达自1998年首次参加广交会以来从未缺席过，并多次荣获广交会设计等大奖。借力广交会，惠达产品出口到100多个国家与地区。二是惠达坚持自主品牌开拓国际市场，为中国陶瓷赢得世界尊重。惠达在全球70多个国家与地区以自主品牌成功运营。2011年，惠达代表中国卫浴首次在德国法兰克福展国际卫浴展馆亮相，与国际卫浴巨头同台竞技，以实力告诉世界中国正在由制造大国向品牌大国加速转变。三是惠达是传统企业的创新代表。惠达自主专利层出不穷，率先开启智能卫浴普及风暴，引领开辟“整体卫浴”行业蓝海，以技术创新、营销创新、战略创新不断推动行业发展，为消费者提供崭新的卫浴生活体验。四是在疫情防控中有不俗表现。疫情期间，惠达驰援全国疫情防控医院50家，卫浴产品15843件，并且坚持不裁员、不减产，支持经销商共克时艰。五是率先试水外贸数字化转型，亮点满满。惠达自2020年3月起，就逐步通过网络直播培训、在线产品展示等多种方式，积极备战网上广交会。惠达建立了专业直播队伍，针对全球各区域特点打造最具竞争力的产品和解决方案、多语种销售团队多班次交替进行商务咨询、加大国际社交媒体宣传等工作，确保网上直播流畅进行，为全球客商提供优质的网上观展体验。六是变危机为机遇，成为出口转内销的成功典范。2008年全球金融危机时，惠达就抓住国内内需增长的良机，成功由外销导向型企业转型为内销导向型企业。2020年疫情来临后，惠达抓住新型城镇化建设中老旧小区改造和“新基建”的大蛋糕，联合有关机构发起成立新基建产业联盟，用好国家推动出口转内销的政策机遇，再次成为行业发展的范例。

也就是说，李克强总理在云检阅中选择惠达卫浴是有理由的：传统产业，成功转型，生机勃勃。其实，李克强总理在检阅惠达时说过的一句话才是至理名言：“陶瓷这样的传统产业做好了，照样可以挖出金矿。”

这句话的含义十分清晰，但认真领会起来，至少有三层含义：其一，传统产业也能挖出金矿，创造辉煌价值，赚他个盆满钵满，活他个风生水起；其二，陶瓷行业可以挖出金矿，其他传统产业当然也可以，没必要怨天怨地，看看人家怎么做的吧；其三，传统可以挖出金矿，但前提是要做好了。

“做好了”才是关键。怎么样才算做好了呢？对于如何做好一个企业，过去一百多年管理大师们有过太多的论述。现在看来，最重要的有三点：第一，产品要好。好的质量，好的性能，好的体验。没有好的产品，一切都无从谈起。第二，品牌过硬。好的品牌美誉度容易得到消费者信任，可以自带流量，创造超额价值。第三，跟得上时代。产品要满足消费者在新时代的需求，产品与服务要有足够的新时代科技含量，生产与服务模式要适应时代的竞争需要。

2020年5月底，我应邀到唐山参加研讨会，这也是疫情缓解之后第一次走出北京。就是在这次会上，第一次近距离接触惠达卫浴，并认识了王彦庆总经理。闲谈中，我问过王总三个问题：其一，疫情期间有没有做或者有多少人从事网络直播售货？他说做了，而且效果非常好，8000员工中有1000多人走进了直播间。其二，疫情之前有多少人从事直播销售呢？他调皮地笑了，并用食指和拇指对我比划出一个圈，意思是零。其三，这些人都是惠达的员工吗？他说是。我建议他以后可以试一下用互联网的办法动员更多的人帮助惠达卫浴卖智能马桶，这些人不一定是惠达的员工，也不一定都在中国。他的神情告诉我，他听懂了我的意思。后来的研讨会上，他说现在更有信心了。

2015年春节期间，中国游客到日本抢购马桶盖成为热门事件。据说当时日本商场的马桶盖供不应求，单价2000元人民币以上的产品几乎被中国游客一扫而空。这件事引发了广泛的讨论，也促使大家开始反思：有世界工厂之称的中国连个马桶盖都生产不出来吗？如果连马桶盖都要到国外抢购，刺激消费还能促进经济增长吗？

小事件往往蕴含大道理，小小的马桶盖原来还真的不是那么简单。

现在的马桶盖已经今非昔比了。简单百度一下就可以了解到，据说最早对马桶做详细文字记载的是北宋大文学家欧阳修，当时称“木马子”，也就是木制的马桶。到了1596年，英国贵族约翰·哈灵顿发明了第一个实用的马桶——一个有水箱和冲水阀门的木制座位。又过了大约200年，英国发明家约瑟夫·布拉梅改进了抽水马桶设计，采用了三球阀及U形弯管控制水量。19世纪，英国政府规定每幢房屋都要安装适当的污水处理系统，马桶才开始大幅改善。1861年英国一个管道工托马斯·克莱帕发明了一套先进的节水冲洗系统，废物排放开始进入现代化时期。1885年托马斯·土威福在英国取得第一个全陶瓷马桶的专利，其后每年都有数十项专利推出。19世纪60年代抽水马桶开始在欧美盛行，后来才传到日本、韩国等亚洲国家。1914年由英国人在唐山开的启新陶瓷厂制造出中国第一件陶瓷马桶。又是一个世纪过去了，现在的马桶已经有了新的内涵，叫“智能马桶”——智能感应、智能加温、智能冲洗。

马桶的进化完整地反映了科技进步及其传导过程，每一次科技创新都让马桶有了新的内涵。马桶功能的不断丰富也反映了人们需求的提升和生活质量的改善。在农业革命时期，中国的马桶走在前列。在工业革命时期，英国引领了马桶创新。在信息革命时期，日本拔了智能马桶的头筹。中国人到日本抢购马桶盖，也可以看作是对创新的认可，是对先进经验的学习借鉴，是对新生活的追求。

马桶的进化到头了吗？当然不是。现在的所谓“智能”还都是很初级、很低等的，真正智能的马桶还没有出现。也许过不了多久，马桶会成为健康平台的入口，每一次使用马桶后你就会收到一份健康体检报告，甚至还有治疗建议方案。也许那时人们会叫它互联网马桶或者云马桶了。

在智能马桶问题上，日本给我们上了生动的一课。在未来的智能马桶发展中，中国能否引领发展呢？机会总是有的。

马桶如是，其他产品亦如是。

陶瓷行业如是，其他行业亦如是。

当一切都被数字化时，已经没有纯粹的所谓传统行业，也就不再有纯粹的所谓传统企业了。

智能养猪

3月20日，中国企业家俱乐部邀请田溯宁做了一个视频讲座，题目是“面对疫情，5G能做什么”。老田也是第一次使用这种直播软件，显得有点忙乱，但这并没有影响他演讲内容的精彩。他在讲座中谈到最多的就是5G可能带来的变化，其中举到的几个案例场景都很有代表性。他介绍了一个养猪业的应用案例，小猪崽出生后，经常会发生被老母猪不小心压死的情况。后来技术人员就利用技术识别小猪被压到时喊叫的声波，再设计出一个电流装置。小猪喊叫的声音会触动电流装置，老母猪被电流击中就会站起来，小猪也就得救了。

对声音的感知还可以用作对睡眠质量的控制方面。通过对睡眠时呼吸和打呼噜声音的识别可以准确地掌握睡眠质量和风险，并可以根据情况提醒你换个姿势。

这方面我还真有体会。我的一个朋友前几年在一家创新公司任首席经济学家，就因为打呼噜导致呼吸停止再也没有醒过来。

据说我本人打呼噜也很厉害，有了那位朋友的前车之鉴前几年还曾专门去医院做过咨询。大夫让我带回了一套监测装备，说穿戴身上睡一宿就可以测量出睡眠质量和打鼾的危险程度，然后再提出治疗方案。可是那套装备实在太复杂了，穿在身上很不适应，结果一宿没睡好，大夫说测量数据没法用。那时我就想，将来一定会有更简单的设备，戴在手腕上或者在手机上下载一个APP就可以随时监测，通过云服务可以给出治疗建议方案，或者直接通过手机发出声音或震动来帮助用户调整睡眠姿势。真希望尽早看到这样的产品出现。

感知还可以用到很多方面。老田大学是学农业的，他就谈到将来可能5G可以用于感知植物的生长变化，每一种小草的变化都能随时被感知。我开玩笑说，将来也许会有一个“草联网”。

其实农业物联网的应用已经有不少了。我参加过几次农业农村信息化方面的项目评审，其中有不少就是农业物联网应用项目。

后来在喜马拉雅上听到吴晓波对AI养猪也很是关注。据说2019年全世界吃掉了1.1亿吨猪肉，中国市场就占到一半左右。也就是说，中国以20%的人口吃掉了全世界50%的猪肉。

互联网巨头进入养猪业已经有些年头了。据说最早的是丁磊，2009年就宣称要养猪了。2018年他的黑毛猪终于要出栏了，约了吴晓波要做一期节目，却让他先品尝了用猪饲料做成的饼干。

猪肉的产量和价格波动在中国宏观经济中具有很标志性的意义，CPI指数包含了600多种产品，其中单一商品权重最大的就是猪肉（占到8%）。

2015年，史上最严环保法出台，中国500多万个农民养猪户因为环保不达标退出了市场，但养猪大户却没有及时补位。

目前中国前五大养猪大户的市场占有率只有15%，行业集中度很低。相比之下，美国前五大养猪企业市场占有率超过了30%。到了2018年，非洲猪瘟爆发后，全国又捕杀了上百万头猪，于是猪肉价格蹭蹭上涨。

如果说十年前丁磊养猪是一时兴起出于自己的爱好，那么今天很多新科技企业进入养猪行业却开始运用一些全新的技术，对传统养猪业来说就是一场革命。

2018年2月，阿里云正式宣布与四川特驱集团、德康集团合作，通过

ET大脑实现人工智能养猪，提高猪的存活率和产崽率，项目投入高达数亿。阿里使用了一套叫作“ET农业大脑”的系统，其中涉及视频图像分析、人脸识别、语音识别、物流算法等人工智能技术。阿里云为这套系统专门研发出一套“怀孕诊断算法”来判断母猪是否怀孕。养猪场内的多个会自动巡逻的摄像头，会搜集母猪的睡姿、站姿、进食等数据，再由AI分析母猪是否配种成功。如果发现有母猪没怀上，系统将提醒工作人员进行人工授精，从而提高母猪产仔量。猪崽出生之后，为了让它们健康成长，ET农业大脑通过语音识别技术和红外线测温技术来监测每只猪的健康状况。由于猪在吃奶、睡觉和生病等不同状态下发出的声音都不一样，通过分析猪的咳嗽、叫声、体温等数据，一旦出现异常能够第一时间发出预警。

每头猪都有一个专用的身份标识耳环，用来记录他们的体重、进食和运动强度、频率和轨迹。如果有哪头猪没达到标准，但是没有生病和怀孕的话，饲养员将这些猪赶到户外进行运动。ET农业大脑会像微信运动一样，记录下每头猪一生走了多少步。

给每一头猪建立身份证和档案，包括什么品种、在什么地方养殖、每天跑了多少步、吃了多少饲料、喂养了多少天、体重是多少等，所有的信息都能被24小时监控，而且还可以通过猪的咳嗽情况来判断健康状况。根据阿里披露的数据显示，通过AI养猪的方式，可以让母猪每年多生三头小猪崽，猪崽的死亡淘汰率能降低到3%。

阿里有ET农业大脑，京东则推出了“神农大脑”，这是京东农牧与中国农大、中国农科院等机构合作研发的智能养殖技术。整套智能养殖计划包括：神农大脑（AI）、神农物联网设备（IoT）、神农系统（SaaS）三大模块，可实现养猪智能化。按照京东的测算：这套系统养殖人工成本减少30%～50%，降低饲料使用量8%～10%，并且出栏时间平均缩短 5～8天。如果全中国所有猪场都用上这套系统，每年可降低500亿元的成本。

京东投资了一家养猪企业，让机器人在养猪场里24小时巡视，监测养猪场里的气体温度、湿度是否合适。猪脸识别技术可以为每头猪投放的饲料精准到克，同一栏猪出栏时体重相差不超过5%。

根据中国农民传统的养猪方式，饲料和人工成本相当高。2016年，农民养猪成本是12.9元/公斤，同期美国的成本只有8.9元/公斤。很多时候，进口美国猪肉，加上税收运费，成本仍然比中国低。

正是由于传感器、人脸识别、AI技术的大规模引用，造成了最传统的养猪行业即将发生革命性变化。

单从技术角度来看，阿里京东等都选择了当前应用比较成熟的图像识别应用，主要的着力点也都放在“养”上面，并未涉及猪场治理、猪肉检测、猪肉销售等较深入的产业链。商业模式也偏重于系统嵌入，类似当前的SaaS系统的商业模式，只是单纯将AI技术嵌入到了养猪业。

相比于阿里京东的轻嵌入模式，网易作为最早开始布局猪场的互联网大厂，采用了自营猪场的重模式。喂养过程全程覆盖猪宝宝的吃喝拉撒，产业链涉及从猪场选址、建猪舍，到确定猪的品种、饲料、喂养方式，再到最后猪肉的封装、销售，有着一套完整的系统。2016年，网易味央的第一个自有猪场——网易味央（安吉）现代农业产业园正式投产。除了这么大费周章的养猪以外，网易味央还涉及了产品开发和渠道铺设。2018年建成的网易味央（高安）现代农业产业园，占地面积超过3300亩，年出栏黑猪15万头，是中国单场规模最大的黑猪养殖场。

乡村振兴不是梦

数字经济可以让企业换个玩法，那对于农村又如何呢？

近几年习近平总书记多次谈到乡愁，引起人们对过去城镇化和新农村建设道路的反思。

把农民赶进城里就是城镇化吗？让农民住上整齐划一的楼房就是新农村吗？实践的经验与教训都告诉我们：当然不是。

无论是城镇化还是新农村建设，如果以牺牲乡愁为代价，都是不可取也难以真正持久的。

2013年12月12日至13日召开的中央城镇化工作会议提出："城镇建设，要实事求是确定城市定位，科学规划和务实行动，避免走弯路；要体现尊重自然、顺应自然、天人合一的理念，依托现有山水脉络等独特风光，让城市融入大自然，让居民望得见山、看得见水、记得住乡愁。""记得住乡愁"，就是强调我们在推进城镇化的过程中，要注意保留城市原有的地貌风光，要让城市融入大自然，打造出每个城市的特色。

对于农村发展和新农村建设，留得住乡愁就显得更为复杂。

什么是乡愁？不同的人有不同的感受、记忆和理解。

席慕蓉说乡愁是一棵老树："故乡的歌是一支清远的笛/总在有月亮的晚上响起/故乡的面貌却是一种模糊的怅惘/仿佛雾里的挥手别离/离别后/乡愁是一棵没有年轮的树/永不老去。"

同样是诗人，余光中心里的乡愁要复杂得多。"小时候，乡愁是一枚小小的邮票，我在这头，母亲在那头/长大后，乡愁是一张窄窄的船票，我在这头，新娘在那头/后来啊，乡愁是一方矮矮的坟墓，我在外头，母亲在里头/而现在，乡愁是一湾浅浅的海峡，我在这头，大陆在那头。"

有人说乡愁是对故乡最深的眷恋和牵挂，无可替代，无人能比。

有人说，乡愁就像小时候爱吃的东西，是记忆里妈妈的一碗手擀面，是家乡小摊上一碗冒着热气的馄饨……

从理论上看，乡愁是抽象的。在现实中，乡愁又是具体的。习近平总书记关于乡愁的体会与论断可以给我们启发和思考。

2014年3月7日，习近平总书记在参加十二届全国人大二次会议贵州代表团审议时说：“一个地方的幸福很重要，要记得住乡愁，比如：小时候爱吃的东西。比如：贵阳的牛肉粉。”20世纪90年代，习总书记到贵阳去开全国扶贫会，当时他任中共福建省委副书记，也是分管农村和扶贫的省委领导。一天，他想在贵阳吃点小吃，就点了一碗牛肉粉当早餐，但吃了一顿不过瘾，还想吃第二顿，可惜没时间了。他说，每个地方都有让大家留念的东西，不要小看这种幸福感，因为这种幸福感能留得住人。

在这里，乡愁就是那一碗牛肉粉，因为它能给人幸福感。正是这种小小的幸福感，会让你常常想起那里，回到那里，热爱那里。这种爱，会根深蒂固，历久弥新，小到一个家庭、一个小山村，大到一个城市、一个国家。现在有很多年轻人选择回乡创业，很多功成名就的人选择到农村居住，很多海外游子选择回国发展，很大程度上也是因为这些看似微不足道难以名状却又魂牵梦绕难以割舍的幸福感、归属感。

我曾经半开玩笑地说，培养爱国情怀应该从培养“吃货”开始。没有哪个国家的美食像中国这样复杂丰富多样而迷人，也没有哪个国家像中国这样“民以食为天”。一个懂美食、爱美食的真正“吃货”，无论走多远，最后都会回来的。

2015年1月20日，习近平总书记来到洱海边大理市湾桥镇古生村村民李德昌家。房子雕梁画栋，院落干净整洁，植物生机勃勃，看到一家七口四代同堂，他十分高兴。习近平说：“这里环境整洁，又保持着古朴形态，这样的庭院比西式洋房好，记得住乡愁。”他还说：“看到你们的生活，我颇为羡慕，舍不得离开。”也是在这里考察时，习近平强调：“新农村建设一定要走符合农村实际的路子，遵循乡村自身发展规律，充分体现农村特点，注意乡土味道，保留乡村风貌，留得住青山绿水，记得住乡愁。”

在这里，乡愁就是古朴整洁而又充满生机的白家小院。李德昌的小院就在洱海边，紧贴着刚刚有点模样的环海绿道，绿岛外就是传说中“无弦万古琴”的洱海了。这样白族风格的农家庭院在大理和云南的很多地方随处可见，能让总书记都流连忘返不忍离去，说明它真的能触动人的灵魂，给人以幸福感、归属感、安全感。2020年6月，我到云南出差时特意去做了一次拜访，李德昌说当日总书记在他的小院整整待了一个多小时，真的有些舍不得离开了。现在李德昌的小院已经有了一个新的名字“乡愁小院”，每年都有很多人来这里参观，还成为当地重要的党员教育和活动基地。李德昌原来的主要收入来源是在大理古城开的一家客栈，现在专门注册了一个“乡愁小院”公司和系列乡愁产品商标，看来是要在乡愁产业发展方面有所作为了。

其实，庭院自古以来就是农村居所的典型追求，也是几千年来城市大户人家的重要标志。在一定程度上，庭院也是中华文化的重要内涵和表征。只是到了现代，高楼大厦渐渐成了城市的宠儿，以至于连新农村建设也开始模仿城市，很多地方不惜一切代价要把农民赶到楼上去。现在看来，我们到底需要什么样的城镇化，到底需要什么样的新农村，确实需要反思了。

2015年6月，习近平总书记在贵州考察时来到遵义县枫香镇花茂村。看到新农村的变化，他说，怪不得大家都来，在这里找到乡愁了。他强调：“党中央制定的政策好不好，要看乡亲们是哭还是笑。要是笑，就说明政策好。要是有人哭，我们就要注意，需要改正的就要改正，需要完善的就要完善。”

在这里，乡愁就是乡村的恬静美好。花茂村原名“荒茅田”，是十八大后习近平总书记考察的首个脱贫的“贫困村”。因脱贫致富才改名“花茂村”，寓意花繁叶茂。改革开放以来，中国农村发生了翻天覆地的变化，但脱贫致富仍然是许多偏远乡村的奋斗目标，精准脱贫成为十九大提出的“三大攻坚战”之一。2013年，习近平总书记在海南考察时指出：“小康不小康，关键看老乡。”全面建成小康社会，基础在农业，难点在农村，关键在农民。农村富了，农村美了，农民笑了，农村的优势也就体现出来了，城里人也就愿意到农村来了。

在农村脱贫致富的过程中，政策始终发挥着重要作用。能不能制定好的政策，好的政策能不能得到好的执行，取得好的效果，关键看出发点和落脚点是否能让农民真正受益，乡愁理论较好地回答了这个问题。

国家行政学院教授张孝德曾撰文总结说，习近平总书记的“乡愁城镇化”理论，从三个方面肯定了乡村具有城市不能替代的功能和地位：第一是中国乡村是中国五千年文明传承之载体，是中国文化传承与发展之根。作为乡村社会主导的文明模式，中国文明之根不在城市，在乡村。其次是中国农村不仅为城市发展提供粮食、劳动力，而且在中国经济社会稳定发展、规避风险上有不可替代的功能。第三是中国城市文明和文化发展，也不能离开乡村。乡村是中国人的精神归属，记得住乡愁的家园。特别是在中国初步完成工业化、实现温饱的时代背景下，中华民族的精神追求、中华民族的文化传承就会越来越重要，而要回答与解决这些问题，源头不在城市，而在乡村①。

习近平总书记关于农村发展还有一个重要论断，就是“绿水青山就是金山银山”。据说他在浙江工作期间，到安吉县余村进行调研时，针对余村如何利用青山绿水发展生态农业、生态旅游的做法，首次提出了这一论

① 张孝德. 习近平总书记的乡村本位新论. 人民网，（2015-10-21）. http://theory.people.com.cn/n/2015/1021/c40531-27723311.html.

断。“两山理论”顺应了农村发展需要，找到了乡村发展优势。乡村不能模仿城市大搞工业化，因为这不是农村的优势。农村的优势在于青山绿水，在于乡土文化，将农村独特的禀赋优势发挥出来才是正确出路。

目前在中国农村广泛出现的农家乐、牧家乐、渔家乐，可谓是当代中国农民的又一伟大创举。

在数字化的引领下，生态农业、定制农业、智慧农业、共享农业等又为农村发展打开了多彩空间。

共享农业的期待

农业可能是共享经济最后要发力的一个重点领域。对共享农业的观察也许能帮助我们更好地看清共享经济发展的未来图景。

当共享经济模式在城市快速发展时，我开始思考共享农业问题：如果共享经济应用于乡村会是什么样子？很快就有了一个结论：共享经济可以成为城乡融合发展的突破口，乡村振兴不再是一个梦！这个结论很让人兴奋，也让人充满期待。

2017年3月3日，农业部市场信息司联合农科院信息所组织了一场“农业信息化专家咨询会”，专题研究“四化同步与农业现代化”课题。我当时发言时强调只提一个建议：推进共享农业（当时还叫分享农业）。这也是我第一次在正式场合使用共享农业概念。

2017年5月5日，第二届中国农产品电子商务峰会在云南省弥勒市召开，我做了一个题为“分享农业畅想”的演讲。印象中这应该是我第一次在公开场所讲共享农业，也算是对共享经济做了一个较为系统的思考。当时提出了共享农业的简单理论模型：可以把农村的一些优质资源共享出去，共享给需要它的人，尤其是城里人；同时，也可以把农村发展所需要的一些优质资源，用共享的办法吸引到农村里边来。

在后来的研究中，我去了一些地方调研，希望能发现共享农业的好的实践案例。我看到已经有一些城市在郊区设立一些共享农田、共享农庄，城里人可以在那个地方承租或者是众筹一份地或者一份果园，可以亲自到场体验种植管理，也可以委托当地的农民帮你去经营、管理。这样，人人拥有自己的农产品的供应渠道就有了可能。

在湖南调研的时候，发现一些畜产品也开始用众筹的方法提供服务。比如说“跑跑猪”，年初的时候把它放到山上去，到了过年的时候，这些猪一吹号它就跑下来了，这样的猪吃起来真的是挺香，也挺放心的。你可以众筹两头，他们可以按时间点分期分批的给你运送过来。在湖南长沙县看到一个新的共享农村模式，平台企业出一部分钱，帮助把农村的住房进行改造，提升为标准化的可以吸引城市人去休闲度假的地方，形成了一整套的运作机制，农民们都非常欢迎。农民实现了在家创业就业，收入大大提高，知识和眼界提升了，农村的面貌也大为改变。从贫困直接致富，而且致富能力可以越来越强，就不是简单的扶贫模式可以相比了。

在湖北，有北京的几个小伙子把一个水库里的100多个小岛承租下来种植一种橙子，以众筹模式出售，价格卖得挺高，一个橙子能够卖到10元以上，还供不应求。有一个比较贫困的地区，由于那个地方风景还比较好，夏天比较凉爽，所以武汉等大城市的人夏天愿意到那边去休闲休假，退休的老人到那里一住就是好几个月。如果一家农户能有8～10间房屋共享出来，仅此一项一年就可以有10万元以上的收入，已经不是简单的脱贫了。

在浙江，我看到不少共享农庄模式。与城里人投资到农村建设精品客栈相比，我更欣赏共建共享模式——农民以土地和房屋入股，公司投资改造并负责经营管理，实现成果共享。

像这样的农业共享模式在全国已经有很多，但还没有真正形成网络化、规模化，大的平台还没有出现。如果共享农业全面推进会带来一个什么样的效果呢？我觉得它会使农业文明、工业文明、信息文明加速融合，城乡融合发展变成现实而且充满魅力。当你在城里待腻的时候，你就可以到乡村住一段时间。在那里，你可以享受纯天然的食品、标准化的服务、通过网络实现远程办公，还能够呼吸新鲜空气，体验农耕文化。

农业农村部在2019年设立了“农业农村信息化专家委员会”，2020年4月起邀请专家成员为《农民日报》“农业农村信息化专栏”作者，我答应写一篇共享农业方面的文章。后来，《共享农业，给乡村几多期许》一文正式发表。这篇文章不长，但基本反映了这几年对于共享农业的思考。

在过去十多年里，共享经济的热浪几乎已经将所有行业扫描了好几遍，但共享农业的大戏似乎还没有真正开锣。正所谓好菜不怕晚，大菜不能急。在各大菜系表演完毕之后，也就该轮到共享农业这套满汉全席粉墨登场了。要实现农业强、农村美、农民富的乡村振兴总目标，还真得共享农业发力才行。

所谓共享农业，就是指利用互联网等现代信息技术，以使用权分享为特征，整合海量分散化涉农资源，满足多样化需求的农村经济总和。

一般而言，鉴别共享农业同样可以使用三个标准：基于互联网的资源配置、使用权分享、大众参与。

首先，共享农业是基于互联网的涉农资源配置新方式。通过互联网共享平台，集聚海量的供给方和需求方，利用大数据、人工智能等技术实现各类涉农资源的智能化匹配。在这里，互联网成为资源配置的主导力量，通过发挥网络的动员能力、双边效应、外部效应和赋能效应，优质资源可以产生更大的价值。

其次，共享农业的核心是涉农资源的使用权分享，不涉及所有权转移。共享经济与独占经济相对应，你拥有的资源可以提供给别人使用，你需要的时候也可以使用别人的资源，强调的是“不求拥有，但求所用”。由于有了互联网，这样的供需匹配变得简单易行，也使得资源利用效率大大提高。

其三，共享农业强调大众参与。只有人人皆可参与，才能集聚起海量的供给方和海量的需求方。海量的供给方使得平台上的资源足够丰富，这样才能使多样化需求可以得到有效满足。海量的需求方产生足够的需求量，这样才能让有价值的资源都能得到有效利用。

目前国内外共享农业模式的探索还处在起步阶段，大多数只具备上述三个条件中的一个或两个，比如自主经营的共享农庄、少数人参与的会员制众筹农业等。只能说是有了一些共享农业的基因或元素，还称不上是真正的共享农业，其影响和作用也就变得很有限了。

由于农业农村自身的特殊性等多种原因，共享农业预热的时间要长一些，但这并不能改变共享农业一定会发展起来的大趋势。

人们生活水平提升后对高品质个性化农产品的需求增加，现代农业新业态对农业资源提出了新需求，信息不对称也带来优质农产品供需脱节，这些问题都需要新的手段、新的模式来解决。共享农业有助于让所有农村资源得到更充分利用，让优质产品卖出好价钱，让所有人吃上放心食品。同时，共享农业也可以动员社会资源更多更方便地参与并受益于农村发展。

大量分散的涉农资源还没有得到有效利用。共享农业不仅可以让农村已经拥有的优质资源如土地、农产品、房屋、劳动力、田园风光、乡村文化等发挥更大作用，还可以让农村发展急需的资源如技术、人才、资金、管理经验等有了更加便捷的通道。

从技术上看，互联网、大数据、智能手机、移动支付、现代物流技术的日益成熟完全可以支撑共享农业的发展。从商业模式看，众多共享经济平台为共享农业提供了可供借鉴的经验，一些平台的服务也已经开始向农村渗透。从政策环境看，国家战略已经明确把共享经济作为一个重点，2018年中央一号文件《关于实施乡村振兴战略的意见》首次提出“发展乡村共享经济”，2019年底发布的《数字农业农村发展规划（2019—2025年)》进一步强调“创新发展共享农业”。

共享农业对于推进农产品供给侧改革、农村脱贫致富、城乡融合发展、全面建设小康社会、全面建设信息社会等都具有特殊的历史意义。

从广义上说，共享农业也是共享农村或乡村共享经济，即通过共享的方式发展农业、农村。

一般而言，共享农业可以分成两大类别：一是将农村拥有的资源共享出去，让优质农产品卖出好价钱，让农村资源发挥更大作用、创造更大价值；二是将农村发展急需的资源共享进来，即通过共享的办法吸引社会上的资金、技术、人才、经验等投入到农业、农村发展中来。可以用一个简单的公式来表示：共享农业=共享×(优势资源+短缺资源)。

理论上讲，所有的涉农资源都可以被共享，不管是闲置的资源还是优质的资源。

——**农田的共享**：拥有自己的私家田园和农产品特供渠道。通过共享农田，可以让每一个人都有机会在城郊租一小块土地构建自己的“私家菜园”，可以租二亩良田作为自己的“私家田园”，可以通过众筹认养模式拥有自己的“私家果园”，当然也可以通过网络实现“土特产品专供”。这样，消费者可以获得健康的食品，生产者不必担心产品销路，土地价值得到提升，让真正的优质农产品找到优质的客户。这方面加拿大的路法农场已经做得小有成效了，美国Farmigo公司也有了很好的探索成果，国内也有多家平台探索众筹农业、定制化农业等。

——**畜禽产品的共享：**吃上自己家的放心肉。相信用不了多久我们就可以在网上认养几只会上树的鸡、整天在稻田里撒欢的鸭，当然黑山猪、高原羊也是可以给你养好送到家里的。

——**农机具的共享：**像滴滴一样找来大型农业机械。我国农业有一个特点就是土地的碎片化和农业生产小规模化，而大型农机具的购买成本、维护成本、闲置成本对农民而言都是相当高的，这就给共享农机具提供了空间。以后使用旋耕机、播种机、收割机、烘干机等不必家家户户自己购买，可以通过在线租赁等方式随时获得。拥有这些设备的农户则大大降低了设备的闲置成本，获得更多收益。印度就有一家叫farMart的公司，专门做农机共享服务，自称是农业机械领域里的优步。

——**资金的共享：**不因缺钱误农时。以前农民的小额资金贷款难度很大，如果将来出现可信的农业众筹或农业P2P借贷平台，这个问题就有望得到很好的解决。

——**人才的共享：**让所有的农业技术专家为所有的农民服务。农技共享平台通过互联网把所有有一技之长的专家整合起来，回答和解决各种各样的涉农问题。过去有过类似的农业咨询热线电话，发挥了一定作用，但也存在严重不足，如专家资源有限、联系不畅、缺乏可持续发展机制等。农技的共享模式可能是多种多样，包括专家讲座、在线直播、远程诊断、现场咨询等，最重要的是，这些都是通过互联网进行的，所有的专家和农民都可以参与其中。这方面互联网医院和一些知识共享平台的很多做法可资借鉴。

——**劳务的共享：**盘活农村劳动力资源。对农民而言，可以忙时务农、闲时务工，外出打工不用愁。对于企业来说，也可以随时随地找到农工为你服务，不用的时候也不必养着他们。现在已经有了像好活、劳帮等一批共享用工平台，在疫情后的复工复产中发挥了独特作用。

——**扶贫的共享：**重新定义精准扶贫。用共享经济的思维看待网络扶贫，能够帮助一个特定的贫困村、贫困户、贫困学生的人或者组织一定存在，可以通过网络实现对接，这样的一对一帮扶可能会更加有效。

——**农村房屋的共享：**人人都可以找到自己的桃花源。中国广大的农村有多种多样的房屋可以用于共享，总有一款适合你。目前已经有不少地区鼓励发展共享农庄，也出现了一些开展农村民宿的共享平台。随着农村土地尤其是宅基地所有权、承包权、经营权的分置和旅游康养的深化，农村共享民宿会越来越受欢迎。已经有不少乡村改造开始引入共建共享模式，将来还会有更多的新模式被创造出来。

共享农业的触角可能到达的地方绝不仅限于上述几个领域。我们已经看到，受新冠疫情的影响，近期被引爆的在线教育、在线医疗、在线办公等新业态提前迎来拐点，也会逐步向农村渗透和延伸，优质资源严重不足和分配不均的问题有望得到进一步缓解，共享农业也将迎来更大的发展空间。

共享农业可以为乡村振兴和农村可持续发展找到一条新路子，使农村成为农业文明、工业文明、信息文明融合发展的最佳试验场。也许从现在开始，我们就得重新定义农业、农村和农民。

共享制造的春天

▼

在共享经济快速发展的时代背景下，我国共享制造悄然兴起，制造业正在成为共享经济发展的主战场。继2019年工业和信息化部等多部门联合发布《关于加快培育共享制造新模式新业态 促进制造业高质量发展的指导意见》后，近日出台的《关于进一步促进服务型制造发展的指导意见》强调要积极推动共享平台建设，鼓励企业建设共享制造工厂，完善共享制造发展生态。共享制造将成为推动制造业转型升级、实现高质量发展的突破口和重要推动力。

共享制造是什么？

共享制造是服务型制造的重要组成部分，是一种新型的制造资源配置方式，是适应共享经济时代发展的新业态，也是一种新的制造业发展观。

共享制造又称制造共享，或制造资源共享，是共享经济在生产制造领域的应用创新，是围绕生产制造各环节，运用共享理念将分散、闲置的生产资源集聚起来，弹性匹配、动态共享给需求方的新模式新业态。

一般来说，共享制造有三个基本特征：基于互联网的制造资源配置、使用权分享、大众参与。这些基本特征也可以看作是鉴别真假共享制造的基本标准，以便将共享制造与一般性的电子商务、分时租赁等区别开来。

“基于互联网的制造资源配置”是指通过互联网把制造资源供给方、需求方整合在一个平台上，通过大数据、云计算、人工智能等技术，使供需之间能够实现快速的智能化高效匹配。也就是说，共享制造具备互联网经济、平台经济、智能经济等基本属性。一个企业所需要的制造资源，绝大多数都可以通过互联网平台来完成。无论是希望使用设备、厂房、生产线，还是需要完成研发、设计、生产、运输、售后服务等任务，都可以借助平台迅速找到合作方。从需求的发出，到找到最合适的服务提供方，整个匹配过程是通过后台大数据算法自动完成，技术上可能只需要不到一秒钟。平台有完善的准入、信用保障、纠纷解决机制，确保任务能够顺利完成。这方面我们想一下使用网约车时的体验就很容易理解了，在一定程度上可以把共享制造理解成制造业领域的滴滴、优步。

“使用权分享”指的是交易和服务过程中用户可以在不同时段分别对相关制造资源拥有使用权，不涉及所有权的变化，也就是人们常说的“不求拥有，但求所用”。在传统制造模式下，一个企业要想生产出一个产品，需要拥有所有的相关资源，否则就无法正常运营。在共享制造模式下，多数资源可以通过共享来获取，企业只需要用好自身的核心资源就可以了。

“大众参与”指的是一个共享制造平台集聚的供给方和需求方都足够多。从供给的角度看，社会上海量的制造资源通过网络化方式整合在一起，无限量的供给方使得各种需求都可以得到满足，就是人们常说的“总有一款适合你”。过去我们常说“河里无鱼市上看”，讲的也是供给充足。过去的有形市场如商场、集市等，它的能力还是有限的，存在数量、空间、地域、营业时间等诸多限制。现在有了互联网，打破了时空限制，所有拥有相关制造资源的企业和个人都有可能成为供给方，使得供给无限成为现实。从需求方来说，所有企业和个人都可以轻易注册成为需求方。足够多的需求方也使得任何一种有价值的资源都能找到用户，也就是说“总有一方需要你”，你有好东西总能发挥更大价值。

共享制造为什么？

发展共享制造，是顺应新一代信息技术与制造业融合发展趋势、培育壮大新动能的必然要求，也是优化资源配置、提升产出效率、促进制造业高质量发展的重要举措。中国发展共享制造拥有独特的自身优势，也具有特殊的作用和意义。

集第一制造业大国与第一网民大国于一体，加上独特的制度优势和创新实践，使得中国发展共享制造具备了诸多有利条件，也开始走在世界前列，制造业正成为共享经济的主战场。

其一，市场巨大。统计显示，我国制造业在世界中的份额持续扩大。1990年我国制造业占全球的比重为2.7%，居世界第九位；2000年上升到6.0%，位居世界第四；2007年达到13.2%，居世界第二；2010年占比进一步提高到19.8%，跃居世界第一，自此连续多年稳居世界第一。2018年中国的制造业增加值占全世界的份额达到了28%以上，成为驱动全球工业增长的重要引擎。在世界500多种主要工业产品当中，有220多种工业产品中国的产量占据全球第一。显然，中国拥有全球最大的制造业规模，也拥有全球最多的制造资源，共享制造的市场潜力巨大。

其二，需求强烈。目前中国拥有41个工业大类、207个工业中类、666个工业小类，形成了独立完整的现代工业体系，是全世界唯一拥有联合国产业分类当中全部工业门类的国家。根据相关研究数据测算，制造业规模以上企业约有35万家，加上众多小微企业，总量约有900万家。每家企业的长板和短板各不相同，不可能全部拥有制造业发展所需要的资源，对共享的需求迫切。同时，不是每一家企业的每一种制造资源都能充分利用，通过共享让闲置资源发挥更大效用的需求也很迫切。

其三，技术和模式成熟。中国共享经济规模之大、应用之广、创新之多、影响之深在全球都是首屈一指的，积累了丰富的技术、市场、管理经验和大量实践案例，可以为共享制造发展提供借鉴。联合国工业发展组织发布的《工业发展报告2020》显示，中国在发展先进制造业方面已经处于"领先经济体"的前列。近几年共享制造的探索已经取得很好进展，开始出现多种模式的共享制造平台，显示了非常好的发展前景。据国家信息中心分享经济研究中心测算，2017年—2019年我国制造业产能共享市场规模分别为4120亿元、8000亿元和9200亿元。

其四，政策环境优越。2017年以来，国家、部门、地区陆续出台了一系列关于共享经济发展的政策文件，基本形成了较为成熟有效的政策体系。为促进共享经济发展，国家发改委、中央网信办、工信部等8部门于2017年7月3日联合下发了《关于促进分享经济发展的指导性意见》。随后，很多部门和地方政府出台的政策中都将发展共享经济作为工作重点，不少地方制定了共享经济发展专项规划或行动计划。针对共享经济快速发展过程中引发的新问题，国家发改委、中央网信办、工信部于2018年5月22日联合下发了《关于做好引导和规范共享经济健康良性发展有关工作的通知》。2019年8月，国务院出台《促进平台经济规范健康发展的指导意见》提出，要在严守安全底线的前提下，为新业态发展留足空间。2019年10月，国务院出台《优化营商环境条例》，进一步强调要对新技术、新产业、新业态、新模式等实行包容审慎监管。在制造领域，工信部于2019年10月22日出台了《关于加快培育共享制造新模式新业态促进制造业高质量发展的指导意见》，提出要以制造能力共享为重点，以创新能力、服务能力共享为支撑，形成制造业高质量发展和协同发展的新格局。2019年11月10日，国家发改委、工信部等15部门联合出台《关于推动先进制造业和现代服务业深度融合发展的实施意见》，提出要"发展共享生产平台"，将其作为"培育融合发展新业态新模式"的十个重点任务之一。近期出台的《关于进一步促进服务型制造发展的指导意见》，对推进共享制造进行了更深入部署。

共享制造是化解制造业难题的突破口和重要抓手，为制造业高质量发展提供了前所未有的历史性机遇。中国是制造业大国，也是互联网大国，如果能够把两个优势结合起来，将形成叠加效应、聚合效应和倍增效应。在满足日益增长的个性化和多样化需求方面，共享经济对推动中国传统制造业生产体系的重构，可能会产生多维度影响。

一是实现制造资源利用效率最大化。共享经济有效减少资源闲置，实现以更少资源满足更多需求，是迄今为止提高资源利用效率的最佳模式。

共享制造可以盘活制造资源，减少资源浪费。在传统生产模式下，多数制造企业都会存在一定的淡旺季产能失衡问题，而且生产周期不稳定，造成旺季生产能力不足、淡季加工能力闲置，无形中加大了生产成本。依托共享制造平台，企业间生产能力可以错峰利用，实现淡季不淡、旺季不愁。比如南方一家服装生产加工企业，原本拥有2条生产线、70多台机器，依靠传统客户资源，生产线利用率大概只有50%至60%，在六、七、八月服装行业销售淡季，企业生产线几乎处于停工状态。后来通过一家服装领域的共享平台，企业将生产线空闲档期提前发布在网络平台，客户资源遍布全球，两条生产线的利用率提高一倍，产量和收益也实现翻番。

二是降低交易成本。在共享经济模式下，制造体系中研发、设计、制造、运输、服务等各个环节和各类制造资源都将汇聚在共享平台，供需直接对接，减少了交易环节，并通过大数据等技术实现智能化匹配，可以极大地降低交易成本。同时，平台建立有一整套信用保障和纠纷解决机制，确保交易顺利完成，双方利益不受侵害，有效解决了资金拖欠的“三角债”等问题。

三是形成新型网上产业集群。共享制造平台汇聚大量同类或相关企业，形成不受地域限制、时间限制、数量限制的网络化产业集群，其功能和效率远非传统线下产业集群可比。

四是不断产生新供给新需求。海量的供给方和需求方积聚在同一个共享平台上，就会逐步形成一个大型生态系统，新需求、新供给就会被引发出来，新物种就会不断产生。

五是推动产业结构升级。共享经济本身拥有的开放性、个性化、灵活性、合作性等特征，能够推动当前中国孤立、分散、低价值、低效率的制造体系向完整、高价值、高效率的制造业体系转型。平台化运行机制，有助于减少无效和低端供给，扩大有效和中高端供给，提高全要素生产率，推动产业结构升级。对于多数企业来讲，可以更多关注于自己的长板，而短板问题可以通过共享来解决。

六是赋能中小微企业。一直以来制造业的进入门槛高是因为它需要大量的前期投入成本，一家制造企业若想成立，需要购置或租赁土地、兴建厂房、招募工人、购买设备等。随着智能制造的发展，企业智能设备的购置、信息管理系统的搭建等也是一笔高额的成本。一旦企业失去订单，这些资产就会变成沉没成本。而共享经济改变了原有的商业模式，随着越来越多的大企业开放资源，中小企业可以通过以租代买、按时付费等方式，低成本地共享大企业的优质制造资源和云计算服务，制造业的创新门槛会不断降低。

我国制造业高质量发展迎来了历史性机遇。共享制造通过提升资源利用效率、重构供需结构和产业组织，为中小微企业赋能，为激发创新活力、培育发展新动能，为有效推进供给侧改革提供了强大动力。为实现中国制造向中国创造转变，中国速度向中国质量转变，制造大国向制造强国转变，共享制造可以提供抓手、路径和动力。

网络化产业集群正在兴起。一批产能共享平台已经快速成为新型的网络化产业集群，其能量、体量、动员能力和影响力远非那些有围墙、有地域限制的实体产业园和区域产业集群可以匹敌。

中国的数字经济有可能实现跨越式发展。许多产能共享的新模式、新业态属于中国原创，对全球的引领作用正逐步显现。与美国的“工业互联网”、德国的“工业4.0”相比较，共享制造的崛起有可能使我们走出一条有中国特色的新型工业化道路。

共享制造做什么？

理论上说，所有制造资源都可以被共享。所有制造企业既可以通过共享让自身拥有的资源发挥更大作用，也可以通过共享从别的企业那里获取所需要的资源。对于一个企业而言，在不同的发展阶段需要共享的重要资源会不一样。对于整个制造业而言，不同发展阶段共享的内容、目标、任务也会有所不同。可以从不同的角度对共享制造的种类进行划分。

从平台参与者数量特征看，共享制造可以分成完全共享和不完全共享两大类。

完全共享是指供给方和需求方都是无限的，一个平台上可以集中海量的供给方和海量的需求方。这也是共享制造的典型模式，一般会由第三方搭建共享平台。

不完全共享又可以分成单一供给方和单一需求方两种模式。

单一供给方共享制造模式是指供给方只有一家企业提供资源，服务对象是全社会所有企业。比如一家企业对社会开放自身拥有的相关制造资源，包括生产线、实验室、云计算等。

单一需求方共享制造模式是指平台上供给方众多，但需求方只有一家，一般是指一家企业整合社会制造资源满足自身发展需求的共享活动。这一模式往往适用于大型企业或行业领头企业。

从平台发起者看，目前在国内开始出现以下几种类型的共享制造平台：

一是互联网创业者发起组建的产能共享平台。如深圳“硬蛋科技”平台以智能硬件为重点，到2019年底连接了15000多家供应链厂商，聚集了20000多个硬件创新项目，已经把服务推广到多个国家和地区。宁波“生意帮”是一家协同制造众包平台，集成了12000家工厂入驻。阿里巴巴旗下的“淘工厂”平台汇聚了约3万家服装加工企业和1000万家企业商铺，全球注册企业用户超过1.2亿个。

二是行业主管机构牵头打造的产能共享平台。如航天科工旗下的“航天云网”平台三年来注册企业达275万户，接入高价值设备92万套，成交金额超3000亿元，企业客户分布于全球202个国家和地区。

三是行业龙头企业牵头打造的垂直型产能共享平台。如沈阳机床厂搭建了智能机床共享平台，集成了1万多台智能机床，提供设备租赁服务。

四是制造企业依托优势资源搭建的众创型共享平台。如海尔的“海创汇”平台汇聚了1300多家风投，吸引了4000多家生态资源，孵化和孕育着2300多家小微创客公司。深圳市五鑫科技公司创立的“Mould Lao众创空间”围绕模具的研发生产提供多种资源共享服务，发展势头很好。一些地方开始出现的“共享工厂”也多属于这一类型。

从共享内容看，按照产业价值链主要环节，结合共享制造现实发展需求，共享制造有三个发展方向，即制造能力共享、创新能力共享、服务能力共享。

一是制造能力共享。聚焦加工制造能力的共享创新，重点发展汇聚生产设备、专用工具、生产线等制造资源的共享平台，发展多工厂协同的共享制造服务，发展集聚中小企业共性制造需求的共享工厂，发展以租代售、按需使用的设备共享服务。

二是创新能力共享。围绕中小企业、创业企业灵活多样且低成本的创新需求，发展汇聚社会多元化智力资源的产品设计与开发能力共享，扩展科研仪器设备与实验能力共享。

三是服务能力共享。围绕物流仓储、产品检测、设备维护、验货验厂、供应链管理、数据存储与分析等企业普遍存在的共性服务需求，整合海量社会服务资源，探索发展集约化、智能化、个性化的服务能力共享。

工信部提出的共享制造近期工作目标是：到2022年，形成20家创新能力强、行业影响大的共享制造示范平台，资源集约化水平进一步提升，制造资源配置不断优化，共享制造模式认可度得到显著提高。推动支持50项发展前景好、带动作用强的共享制造示范项目，共享制造在产业集群的应用进一步深化，集群内生产组织效率明显提高。支撑共享制造发展的信用、标准等配套体系逐步健全，共性技术研发取得一定突破，数字化发展基础不断夯实，共享制造协同发展生态初步形成。到2025年，共享制造发展迈上新台阶，示范引领作用全面显现，共享制造模式广泛应用，生态体系趋于完善，资源数字化水平显著提升，成为制造业高质量发展的重要驱动力量。

针对我国共享制造现阶段的发展特点和主要问题，共享制造的重点任务集中体现在平台、集群、生态和基础4个方面。

一是培育发展共享制造平台。

积极推进平台建设。在产业基础条件好、共享制造起步早的地区和行业，加快形成一批专业化共享制造平台，推动重点区域、重点行业分散制造资源的有效汇聚与广泛共享。鼓励有条件的企业探索建设跨区域、综合性共享制造平台。引导企业通过联合建设、战略投资等方式推动平台整合，提升制造资源的集聚水平。

鼓励平台创新应用。支持平台企业围绕制造资源的在线发布、订单匹配、生产管理、支付保障、信用评价等，探索融合行业特点的创新服务。推动平台企业深度整合多样化制造资源，发展“平台接单、按工序分解、多工厂协同”的共享制造模式。

推动平台演进升级。支持平台企业积极应用云计算、大数据、物联网、人工智能等技术，发展智能报价、智能匹配、智能排产、智能监测等功能，不断提升共享制造全流程的智能化水平。引导平台企业与技术提供商合作，强化平台开发与应用能力。鼓励工业互联网平台面向特定行业、特定区域整合开放各类资源，发展共享制造服务。

二是依托产业集群发展共享制造。

探索建设共享工厂。鼓励各类企业围绕产业集群的共性制造环节，建设共享工厂，集中配置通用性强、购置成本高的生产设备，依托线上平台打造分时、计件、按价值计价等灵活服务模式，满足产业集群的共性制造需求。

支持发展公共技术中心。围绕产业集群急需的共性技术研发、产品质量检测等服务，支持建设一批公共技术服务平台，强化产学研合作，为集群内企业提供便捷、低价、高效、多元的技术研发、成果转化、质量管理、创业孵化等公共服务。

积极推动服务能力共享。引导产业集群内企业通过共享物流、仓储、采销、人力等方式，聚焦核心能力建设，提升企业竞争力。鼓励信息通信企业深入产业集群，结合行业特点，发展数据储存、分析、监测等共性服务，积极推动工业大数据创新应用。

三是完善共享制造发展生态。

创新资源共享机制。鼓励大型企业创新机制，释放闲置资源，推动研发设计、制造能力、物流仓储、专业人才等重点领域开放共享，增加有效供给。推动高等院校、科研院所构建科学有效的利益分配机制与资源调配机制，推动科研仪器设备与实验能力开放共享。创新激励机制，引导利益相关方积极开放生产设备的数据接口，推进数据共享。完善资源共享过程中的知识产权保护机制。

推动信用体系建设。鼓励平台企业针对共享制造应用场景和模式特点，综合利用大数据监测、用户双向评价、第三方认证等手段，构建平台供需双方分级分类信用评价体系，提供企业征信查询、企业质量保证能力认证、企业履约能力评价等服务。

优化完善标准体系。聚焦非标产品标准化、生产流程标准化等领域，鼓励平台企业优化产品标准体系，明确产品属性和生产工艺要求。加快制定共享制造团体标准，推动制造资源的可度量、可交易、可评估。针对共享制造多主体协作、虚拟化制造等运作特点，创新质量管理认证体系。

四是夯实共享制造发展的数字化基础。

提升企业数字化水平。培育发展一批数字化解决方案提供商，结合行业特点和发展阶段，鼓励开发和推广成本低、周期短、适用面广的数字化解决方案。加快推进中小企业上云，推动计算机辅助设计、制造执行系统、产品全生命周期管理等工业软件普及应用，引导广大中小企业加快实现生产过程的数字化。

推动新型基础设施建设。加强5G、人工智能、工业互联网、物联网等新型基础设施建设，扩大高速率、大容量、低延时网络覆盖范围，鼓励制造企业通过内网改造升级实现人、机、物互联，为共享制造提供信息网络支撑。

强化安全保障体系。围绕应用程序、平台、数据、网络、控制和设备安全，统筹推进安全技术研发和手段建设，建立健全数据分级分类保护制度，强化共享制造企业的公共网络安全意识，打造共享制造安全保障体系。

共享制造怎么做？

共享制造发展需要政府、平台、企业等各方面共同努力。

目前产能共享发展还面临一些困境：多数制造企业对共享制造还缺乏了解和认识，无法参与到共享经济中来；很多地方的产业政策还没有顾及共享制造新业态，关注和支持力度不够；多数共享制造平台还处在起步阶段，商业模式和能力建设需要完善，发展过程中受到信用数据共享难、知识产权保护不力、现有法规政策不适应新业态发展等多方面因素制约。这些困难既是共享制造发展的阻力，也是共享制造发展的潜力所在。找到痛点，集中发力突破瓶颈，共享制造就可以迎来真正的春天。

共享经济为制造企业带来了难得的历史性机遇，活学活用共享经济思维，所有的生意都值得重做一遍。

对所有制造企业而言，转变发展理念都将是头等大事。首先，企业领导要带头学习共享经济相关知识，把握共享经济发展规律和模式创新基本原理，认识共享经济发展是大趋势。其次，组织开展共享经济知识培训，逐步树立以共享促创新、以共享求发展的新理念。再次，鼓励全员创新，将共享经济基本原理与企业技术创新、产品创新、模式创新、制度创新相结合，探索企业创新发展的新路子。

增强企业活力和创新力。一般而言，企业可以从三个角度寻求共享制造的突破口。其一，将优势资源共享出去。检讨企业拥有的厂房、设备、生产线、实验室、销售渠道、售后服务能力等各类优势资源是否都得到了充分利用，尝试用共享经济的方式让这些资源发挥更大的作用。其二，将紧缺资源共享进来。对于企业紧缺的资源，如人才、技术、设备、资金、渠道等，尝试用共享的办法来获取。其三，用共享的方法提高各环节经营运作效率。比如，在研发环节可以鼓励全员创新，搭建“人人创客”平台，可以吸引社会力量参与产品创新；在生产环节，可以委托生产，租赁设备、厂房、生产线；在销售环节，可以共享渠道、物流，可以采取众筹众投、以租代售、个性化定制等模式，也可以动员社会力量参与销售和服务。

有条件的大中型企业可以搭建垂直行业共享制造平台，从做企业转向做平台，从做产品转向做生态。平台化、生态化是所有产业发展的大趋势，将来会形成“业业有平台”的局面，但目前各细分领域都还处在探索阶段。一般而言，行业龙头企业、产业集聚区领头企业等都有一定的能力基础，有机会在垂直细分市场打造出一个全行业或区域性的共享制造平台。即便没有能力成为全行业数一数二的大型平台，企业自身发展也应尽量逐步实现平台化运营、生态化扩张。

小微企业可以积极利用已有共享制造平台，增强创新能力，扩大生存空间。对于众多小微企业，构建大型共享制造平台的可能性不大，但利用已有平台提升自身实力的机会还是很多的。目前制造领域在研发、设计、生产、检测、物流、渠道、服务等各个环节都已经有大量的共享平台存在，上面集中了海量的供给与需求，为小微企业发展提供了全新的机遇和市场空间。

平台企业可以充分利用国家鼓励共享制造发展的政策环境，加快资源集聚，加大创新力度，提升服务能力。

对政府而言，推进共享制造可以在以下几个方面发力：

——**认识决定选择，行动决定结果。**共享制造刚刚兴起，不同地区、不同领域情况差别很大。技术创新、模式创新、制度创新、理念创新，是方向，也是选择。不同的认知和行动会带来截然不同的结果，政府部门在完善发展环境、构建共享制造生态中将发挥十分重要的作用。

——**加强共享经济尤其是共享制造的研究、培训和宣传。**及时总结推广成功经验与做法，形成示范案例，在全社会营造关心、支持和创新发展共享经济尤其是共享制造的良好氛围。

——**推动示范引领。**在服务型制造示范遴选活动中，面向基础条件好和需求迫切的地区、行业，遴选一批示范带动作用强、可复制可推广的共享制造示范平台和项目，及时跟踪、总结、评估示范过程中的新情况、新问题和新经验，加强典型经验交流和推广，进一步推动共享制造在不同行业的深度应用和创新发展。支持共享制造企业积极申报全国企业管理现代化创新成果。鼓励有条件的地方先行先试，开展共享制造试点，及时跟踪、总结经验，培育共享制造优秀供应商，形成共享制造产业生态供给资源池。

——**强化政策支持。**鼓励行业主管机构、行业领头企业搭建共享平台，在资金扶持、金融信贷、科研奖励、税收优惠、服务创新等方面予以政策倾斜，助力实现“一业一平台”。政府产业基金、各类优惠政策等对共享制造要多看一眼，对已经成型且有较好发展前景的创新平台要“见苗浇水”，尽力扶持，鼓励和引导各类风险基金更多支持产能共享平台发展。积极利用现有资金渠道，支持共性技术研究与开发，开展共享制造平台建设与升级、技术应用创新、制造资源采集系统开发、共享工厂建设等。深化产融合作，引导和推动金融机构为共享制造技术、业务和应用创新提供金融服务。鼓励有条件的地方制定出台支持共享制造创新发展的政策措施。

——**创新监管，完善生态**。要深化改革创新，进一步破除制造业企业进入服务业领域的隐性壁垒，持续放宽市场准入。对于共享制造新业态，要坚持“鼓励创新，包容审慎”基本原则，坚决改掉不适应新业态发展的法律、标准和政策条款。在扎实推进信息共享的同时，强化信用体系建设和知识产品保护。充分发挥平台、参与者和社会力量，尽快形成协同治理新局面。

从远程办公到永久在家办公

远程办公概念最早可以追溯到1979年，IBM为缓解服务器总部拥堵的问题，将终端机安到了5位员工的家里，这被称为现代企业远程办公的雏形。

2003年非典时期，阿里巴巴就成功应用远程办公解决复工问题。那时，阿里员工被全员隔离，马云和他的团队也是通过网络在家办公。此后，远程办公成为大多数互联网公司在特殊时期的主要选择。

特殊时期，远程办公成为刚需，越来越多的远程办公服务企业开通了免费服务通道。有分析称，疫情期间中国有1800万家企业采用了线上办公模式，用户总量超过3亿人。有报道显示，疫情期间中国电信把全国呼叫中心近3万个客服座席搬到员工家中，员工通过家中宽带进入中国电信云中心服务设施，经授权提供呼叫服务。这个决策的结果是，这近3万名员工无一人感染，客户也没发现服务有任何变化。

远程办公可以节省企业的运营成本、硬件成本、通勤成本，对许多人来说可以兼顾工作和家庭生活。但也有人认为，远程办公缺少了上班工作的仪式感，也因为缺少办公环境的外力约束，办公过程中精力不容易集中。

技术改进、功能优化、用户习惯改变、用户体验优化等是疫情过后各远程办公服务公司努力的方向。

疫情期间，一些大型科技公司表示可以允许员工在家远程办公到年底，但这一临时性政策很快被“永久在家办公”所替代。

2020年5月12日，Twitter公司宣布，允许员工无限期在家办公。Twitter也成为首个允许员工永久远程办公的大型科技公司。

5月18日，总部位于旧金山的移动支付公司Square宣布，将允许其员工在疫情隔离措施结束后继续在家办公。Square一位发言人表示：“我们希望员工能够在他们觉得最有创造力和生产力的地方工作。过去几周，我们学到了很多关于人们在办公室之外有效发挥作用所需要的东西，我们将继续学习。”早些时候，Square宣布在旧金山东湾新建一座35.6万平方英尺的建筑，并表示计划在那里安置数百名员工。该公司有3000多名员工，其中一些人仍然需要去办公室做一些远程无法完成的工作。

2020年5月21日，Facebook首席执行官扎克伯格在一个公开视频里公布了一项政策：在未来5至10年内，Facebook 45000名员工中有50%可远程在家办公，Facebook将因为员工所在地生活成本低的原因，降低某些职位的薪资。扎克伯格说，Facebook将开始积极面对远程工作者开放招聘，开始考虑以往那些不愿搬到大城市来工作的人才。Facebook当然也会鼓励现有员工在家办公，但如果Facebook认为现有员工所住区域生活成本较低，就会给他们降薪，那么很有可能会损失掉部分老员工。Facebook 也想通过自己尝试大规模远程办公积累经验，从而开发出更多远程办公以及“虚拟生活”的服务，这正是未来的科技趋势！

如果说在线的在家办公政策是对疫情的一时迁就，那么后来的“永久在家办公”则是深思熟虑的战略选择了。

一个很有说服力的观点是，这些科技巨头通过疫情中的“强制性远程办公”体验到了远程办公的好处和可行性。

更长远的意义还在于，这些高科技公司的决定可能会带动整个社会用工政策和就业模式的变化。研究硅谷的华盛顿大学历史学教授玛格丽特·奥马拉说：“五大巨头（Facebook, Twitter, Apple, Amazon, Google）的这些举措将对高科技行业产生巨大影响，尤其对想节省成本的中小型公司来说。”

远程办公的好处很明显：

1.节省了巨额办公场地费。疫情可能长期存在，全世界的商业地产开发商们都在研究“6英尺距离”的办公室规划。有多少公司能负担得起如此辽阔的办公场地呢？即便没有疫情，场地费都是公司最主要的开支之一。

2.节省掉一大波福利成本。一般的公司都会有餐厅、健身房、休闲区等福利设施，逢年过节公司还要举办各种活动，给员工准备礼品。在家办公，员工们每天有家人陪伴，连免费午餐也省了。

3.员工有了更多的工作时间。通勤时间彻底省下了，可以有更好的时间、精力从事工作。别以为在家就可以偷懒，老板可以随时给你一个视频呼叫，检查你的工作效果和工作状态。

4.减少薪酬成本。因为生活成本降低，公司可以找到更便宜的远程办公者。灵活就业者甚至只是公司的短期和作者，与公司没有雇佣关系，“五险一金”也就省去了。

5.打破用工地域限制。因为是远程办公，员工就没了空间距离的限制，可是在别的城市、别的地区、别的国家工作，只要能完成任务就行。

6.降低差旅费用。远程办公也提升了远程客户服务水平和经验，越来越多的客户服务可以通过在线完成。即便有些服务需要现场上门服务，也会因为员工地域范围更广，可以就近安排，也能节省大量差旅费用。

也有人开玩笑说，办公室恋情会基本被遏制，老板们不必担心员工地下恋情会影响工作了。

当然，在家办公以后，工作效率和质量保障机制需要进一步完善，员工之间感情如何拉动、团队建设怎么搞，也需要有好的办法和制度。

现在我们要思考的是，“永久在家办公”只适合于科技公司吗？当然不是。

互联网、机器人等越来越普遍，对现场的要求越来越低，越来越多的工作可以通过远程在线完成。研发、设计、管理、市场分析、销售、服务等，都可以在线完成，甚至可以外包完成。不仅节约成本，更可以突破院墙和制度限制，利用全社会人才资源为企业发展服务。

最性感的职业

2012年10月，托马斯·达文波特和D.J.帕蒂尔在《哈佛商业评论》撰文指出，数据科学家是21世纪“最性感的职业”。

托马斯·达文波特是哈佛商学院客座教授、德勤分析部门高级顾问和《判断力说了算》的合著者。D.J.帕蒂尔是格雷洛克风投公司Greylock Partners的数据科学家，之前担任 LinkedIn的数据产品负责人，同时还是《数据柔术：将数据转化为产品的艺术》的作者。

在他们看来，“数据科学家”（Data Scientist）是一群训练有素，乐于在大数据的世界中进行探索的高级专家。解决数据科学家短缺的第一步，是理解他们在企业中的职责，然后再思考，他们应该具备什么技能？这些技能最容易在什么领域找到？数据科学家徜徉于数据海洋的同时，最重要的是进行探索。为身边的世界导航正是他们的拿手好戏，他们在数据领域得心应手，能够将大量不规则数据组织起来，使之成为可分析的数据。他们找出丰富的数据源，并与其他数据源（可能是不完整的数据源）连接起来，清理、简化运算结果。在充满竞争的世界中，挑战随时变化，数据流动不息，数据科学家能帮助决策者从特设分析（ad hoc analysis）转向与数据持续不断地对话。数据科学家认识到所面临的技术限制，但是他们不愿意停下研究等待新解决方案的出现。一旦他们有了新成果，就非常乐于传播新成果，并阐明该成果对企业未来发展方向的影响。通常他们在信息可视化展示以及令模式清晰化、更具有说服力方面颇有创意。他们依据数据所显示出的信息，为企业高管和产品经理提供产品、流程、决策方面的建议。

由于这项业务正处在发展初期，数据科学家往往还要承担起改进数据分析工具甚至开展学术研究的任务。雅虎是早期雇用数据科学家的公司之一，在开发数据分析工具Hadoop方面贡献良多。还有许多数据科学家参与了改善技术工具的过程，这种情况尤以数据驱动型企业为甚，如谷歌、亚马逊、微软、沃尔玛、eBay、LinkedIn和Twitter。

成功的数据科学家应具备什么能力？答案是：他（或她）应该是数据黑客、分析师、传播者和靠谱顾问的综合体，这样的组合可谓极其强大，同时也极其罕见。

比写代码能力更持久走俏的，是能够用所有利益相关者都能听明白的语言进行交流的能力。他们要能够展示出用数据说话的能力，包括口头表达和形象化展示，最好两者兼备。

但我们认为，数据科学家身上最重要的品质是强烈的好奇心，即透过现象看本质并将之提炼为清晰的、可验证的假说的能力。这一点通常需要联想思维，正是联想思维塑造了各个领域中最富创造力的科学家。

数据科学家必须要拥有一套能力体系，包括坚实的数学、统计学、概率学以及计算机科学基础，还要有良好的思维习惯、具有商业感觉和客户同理心。

权限过少的情况下，数据科学家难有出色表现。他们应该得到进行试验和探索可能性的自由，也就是说，他们需要与企业其他部门密切联系。他们最需要与之建立联系的人应该是负责产品和服务的主管，而不是总揽企业全局的人。

面对的期待越多，数据科学家往往越有动力。有时，获取和组织大数据的挑战占据了太多时间和精力，使数据科学家难以进行预测和优化复杂分析。然而，如果主管们声明他们不满足于简单报告，数据科学家将会奉献出更多的精力来进行高阶分析。大数据不应该被等同于“小数学”。

数据标注师

2020年7月2日下午消息，百度宣布将继续加大对新基建数据产业方面的投入，未来5年将在百度山西数据标注基地培养5万名AI数据标注师，并引入更多AI合作伙伴。百度与山西数据标注基地的合作模式，未来还将拓展到更多省市，提供更多的AI就业岗位，支持当地科技产业发展。

AI数据标注师是随着人工智能的发展出现的一个新兴就业岗位。2020年2月，“人工智能训练师”正式成为新职业并纳入国家职业分类目录。数据采集和标注是人工智能训练师的主要任务之一。数据标注师的工作是教会AI认识数据，有了足够多、足够好的数据，AI才能学会像人一样去感知、思考和决策，更好地为人类服务。

灵活就业需要更加灵活的政策

新冠肺炎疫情引发的经济衰退使就业压力骤然增大，灵活就业正成为化解就业难题的重要突破口。新业态催生了大量的灵活就业，但也面临诸多的政策瓶颈，促进灵活就业需要更加灵活的政策。

以电子商务、共享经济、宅经济等为代表的新业态正在催生大量的灵活就业，不仅创造了更多的新就业岗位，也拓展了就业渠道，改变了就业模式，改善了就业环境，提高了就业质量。

新业态成为经济发展新动能的同时，也成为最重要的就业蓄水池，提供了最多的新增就业岗位。

2013年—2019年，我国城市新增就业岗位连续7年都在1300万个以上，可以说是就业形势最好的一个阶段。在经济增长明显放缓、传统经济就业容量趋于减少的新常态下，能够取得这样好的成就绝不是偶然的。这一阶段恰好也是数字经济加速发展、新业态不断涌现的阶段，较好地化解了就业难题，从山重水复走到了柳暗花明。

《中国互联网发展报告》显示，2018年我国数字经济领域就业岗位达到1.91亿个，占全年总就业人数的24.6%，增长速度显著高于同期全国总就业规模增速。国家信息中心数据表明，2019年我国共享经济领域的平台员工数达到了623万人，还创造了7800万个灵活就业岗位，大大提升了我国经济运行的就业承载力。

一大批平台企业迅速崛起，创造了大量的新就业岗位。有关研究报告显示，2018年阿里巴巴平台直接和间接带动的就业机会首次超过4000万个，美团点评带动劳动就业机会1960万个，滴滴出行平台在国内共带动1826万个就业机会。

新业态成为新职业的催生者。2019年4月中国人力资源和社会保障部、国家市场监管总局、国家统计局发布了13个新职业信息。这些新职业基本都集中在数字经济领域：人工智能工程技术人员、物联网工程技术人员、大数据工程技术人员、云计算工程技术人员、数字化管理师、建筑信息模型技术员、电子竞技运营师、电子竞技员、无人机驾驶员、农业经理人、物联网安装调试员、工业机器人系统操作员、工业机器人系统运维员。人社部还预测，未来5年，电子竞技员的缺口将近200万人。

2020年7月6日，人社部联合国家市场监管总局、国家统计局发布9个新职业，包括区块链工程技术人员、城市管理网格员、互联网营销师、信息安全测试员、区块链应用操作员、在线学习服务师、社群健康助理员、老年人能力评估师、增材制造设备操作员。除了发布新增职业外，此次还发布了部分职业发展出的新工种。“互联网营销师”职业下增设了“直播销售员”，人们熟知的电商主播、带货网红们有了正式的职业称谓。此外，互联网信息审核员、小微信贷员、劳务派遣管理员等五个工种也成了正式的职业称谓。

2019年7月，美团点评联合21世纪经济研究院、智联招聘共同发布《2019年生活服务业新职业人群报告》称，数字经济不仅催生出一批“新奇特”职业，也诞生出一批传统服务业中的“数字化”新工种，横跨200多个生活服务细分行业，出现了电竞顾问、撸猫师、创客指导师、酒店收益管理师、无人车安全员、线上餐厅装修师等诸多富有特色的新职业。

灵活就业大量增加，“斜杠青年”正是新职业者的标签之一。2019年共享经济领域有7800多万服务提供者，这些人员有很多是兼职从业者，一个人可以在多个平台上提供服务，在工作时间、工作场所上也拥有较大的自主选择权。接近两成的新职业者有一份或多份兼职工作，收入来源更加多元化。近年来大受年轻人欢迎的民宿房东职业，兼职率达到六成左右。

与传统就业不同，许多新职业者与平台之间的关系是合作关系，而不是雇佣关系。

工作不设限，创业同样不设限，新职业者中也有不少“小老板”。猪八戒网上有1300多万个创意提供者，好活平台上线一年就让10万多个农民工变成了“网络个体户”。全国不同类型的众创空间大量涌现，青年创业者群体迅速扩大。

技术进步加上灵活的就业模式，大大降低了就业门槛，打开了普惠制就业大门。平台上丰富的开放资源也提高了劳动者的就业能力。残疾人、老年人、低学历者、妇女、农村和偏远地区劳动者等弱势群体有了更多的参与创造价值实现就业的机会。

“互联网上没有残疾人。”根据中国残联、阿里巴巴大数据显示，2019年6月阿里电商平台共有17.41万家残疾人网店，这些网店在过去三年创下了298.4亿元销售额。2018年6月至2019年5月，残疾人淘宝店销售额116亿元。

据相关平台大数据统计，50%网店老板、60%共享住宿房东是女性。滴滴平台上20.4%的专职司机是由于下岗、失业等原因从事网约车工作，有12.6%是退役军人，51.5%是进城务工人员，21%是家庭唯一就业人员，有70多万人来自贫困县，6.7%是建档立卡贫困人员。2018年美团外卖的270万骑手中，75%来自农村，有67万人来自贫困县，其中相当一部分为国家建档立卡贫困户；截至2019年10月，过去一年里，通过美团外卖平台获得收入的骑手增至370万人，其中有21.6万人是国家建档立卡贫困户，其中有不少实现了脱贫。

新就业形态的就业质量明显提高。就业质量体现在多个方面，比如劳动者有更多的选择、劳动者得到更多的劳动报酬、劳动者的权益得到更好的保护、劳动者拥有更好的职业素质和更强的工作能力等。与传统就业形态相比，新就业形态在多个方面都有较佳表现。

首都经贸大学中国新就业形态研究中心发布的《中国新就业形态就业质量研究报告》，以滴滴平台为例分析了新就业形态的优势，认为新就业形态优于传统非正规就业，部分指标甚至高于传统正规就业。从宏观层面看，新就业形态就业规模大、就业机会公平、劳动生产率高、有效降低了失业率。从中观层面看，平台是从业者就业质量提升的核心，平台具有影响就业的公共属性，平台具备自我监管的意愿与能力，平台在某一领域内的积累可以帮助改善就业质量，利用科技手段改善就业质量是平台的优势。从微观层面看，平台工作兼具灵活性与稳定性，工作环境安全性高，收入水平高，稳定性好，工作自主性强。

尽管新业态呈现出蓬勃发展的良好势头，但也面临着不少亟待解决的问题，政策瓶颈尤为突出。

套用旧制度管理新业态。从全球范围来看，许多新业态新模式正处于发展初期，政府、研究机构和公众对其发展规律的认识与把握尚不充分，一些监管机构也往往习惯沿用传统的管理思路和手段，直接套用在新业态监管上。比如在网约车领域，部分城市直接套用出租车管理办法，要求私家车变更为营运车辆，要求兼职司机按专职司机管理，并对车辆轴距、价格、排量做出过于严苛的标准。在共享住宿领域，部分城市完全按照酒店业、旅馆业或房屋租赁业进行管理，要求共享民宿配备大厅、前台、专职保安等，否则按照黑旅馆进行取缔，极大地打击了民宿经营者的参与度和积极性。在发票申领环节，平台企业普遍反映，现行的发票制度规定了新办企业每次发票领用数量限额5张～10张，但大部分平台企业采取个人对个人（C2C）运营模式，具有“小单、高频、碎片化”的交易特征，导致平台企业领取发票耗费大量的时间和人力成本，制度性约束明显。诸如此类的管理规定，大幅提高了企业的合规成本，给新业态新模式发展带来“削足适履”的不利影响。

监管过程中存在“多头监管”“一城一策”现象，导致企业运行成本居高不下。新业态跨行业特征明显，相关法律地位还不明确，造成“谁来管、管什么、如何管”等问题突出。在监管部门不明确、监管职责不清晰的情况下，企业普遍反映在经营过程中遇到“多头监管”“一城一策”现象，监管尺度“可大可小、标准模糊”问题突出，一些地方监管机构抱有“怕犯错，不作为”的思想，偏向从严监管、层层加码，大大提高了企业运行成本。在网约车、在线教育等领域，平台企业反映在跨区域设立分支机构过程中，各地准入要求千差万别，部分城市要求平台企业在当地注册成立新公司，否则以违法经营为由禁止开展经营活动，这与互联网“一点运营、服务全国”的特点明显相悖。在共享住宿领域，公安、工商、住建、旅游、食药监、网信等部门都是相关监管主体，除工商登记注册外，监管部门往往要求民宿经营者申请特种行业许可证、消防许可证、卫生许可证、食品经营许可证等一系列证照，但相关资质要求苛刻，导致大量民宿经营者退出平台。

政府和平台企业之间缺乏有效的数据共享机制。信息技术的广泛应用产生了海量数据，这些数据构成了平台企业发展的基础，也是完善平台治理不可或缺的重要支撑。实践中，由于多头管理、跨部门协同障碍以及对数据安全的担忧，导致政府与平台之间的数据共享始终不太畅通，既存在

“不知道跟谁对接、怎么对接”的难题，也存在“不愿”“不敢”“不能”对接等问题。对平台企业而言，公共数据尤其是与个人信用相关的个人身份信息、银行征信记录、电子犯罪记录等关键和权威信息开放力度不够，存在获取难、利用成本高等问题。监管机构要求平台企业做到100%核对用户信息，在缺乏上述关键信息的情况下，平台企业只能通过第三方机构购买相关数据，但数据格式与口径十分混乱，利用成本太高且数据的真实性难以保障。对监管部门而言，平台企业掌握了大量的用户信息、供需状况、交易行为等数据，如果不能与政府部门有效共享，势必会造成政府与用户的隔离，从而极大地制约政府服务效率、协同管理水平和应急响应能力。

监管政策缺乏协调性与过渡期，个别领域存在“一刀切”现象。一些平台企业反映，部分监管政策存在过急过猛的问题，政策之间缺乏协调性与缓冲期。以“互联网+教育”为例，有关部门出台政策要求“未取得相应教师资格的学科类教师应于2018下半年报名参加教师资格考试；经过考试未能取得教师资格的，培训机构不得继续聘用其从事学科类培训”，但上述规定发布时点已经错过当年教师资格考试报名时间，导致大量在岗教师措手不及。个别政策的执行也存在“一刀切”现象。在共享物流领域，《网络平台道路货物运输经营管理办法（征求意见稿）》要求平台企业“不得使用相关信息开展其他业务”，未能充分考虑个人信息、商业秘密、平台经营数据的差别，忽视了网络货运平台基于大数据开展经营的商业模式特点，数据的潜在价值难以有效利用。

此外，新经济对传统业态的冲击也滋生了许多冲突和矛盾，一些社会固有的矛盾和问题也会在新业态中有所反映。

灵活就业需要更加灵活的政策。对于政府部门而言，以下建议也许是可以考虑的。

——进一步明细化和具体化包容审慎监管原则，探索建立鼓励创新的试错容错机制。各部门和各地方机构对包容审慎监管原则的认识存在较大差异，有关部门和地方监管机构在出台相关管理办法时不能设定行政禁令，避免由于监管机构担心潜在风险而提前禁止新业态发展的现象。建议要求各地监管机构不能盲目对于原有法律法规进行扩张性解释以涵盖新业态新模式，多采用判例法进行指导与监管，避免脱离实际的“拍脑袋”决策扼杀新业态发展。改革与创新应当是摸着石头过河的渐进性进程，需要不断地摸索与试错，不可能一蹴而就。考虑到新业态发展变化快，建议各监管部门出台的相关管理办法施行试验性规制，设定2年～3年有效期，在这一过程中不断修正监管制度，让制度逐步适应行业特性，尽量降低制度性成本。建议支持有条件的地方先行先试，探索建立新业态创新改革的容错纠错机制。

——深化新业态“放管服”改革，放宽资源提供者的市场准入条件，加强事中事后监管。有关部门和地方监管机构应强化良法善治理念，在守住用户安全底线的前提下，充分考虑新业态特点。建议进一步放宽资源提供者的市场准入条件，简化行政审批流程、减少不必要申请材料的提交并对申请材料严格执行“一次性告知”，降低企业制度性成本。建议加强事中事后监管，区分对待并分类管理线上、线下经营活动以及专职、兼职人员。进一步明确平台企业在消费者权益保护、用户资格审核和安全保障的履责范围及追责标准，杜绝因过度追求商业利润而忽视企业主体责任的情况。加大依法监管执行力度、完善奖惩结合的事后处置制度和投诉处理机制。

——健全政府部门与平台企业之间的数据共享机制。建议加快建设国家公共数据共享平台，利用大数据、云计算、区块链等信息技术，推动公安、工商、司法、征信等基础性数据，向国家机关、社会团体和企事业单位等法人组织开放共享，降低平台企业实行可追溯、可跟踪、动态的信用安全审查成本。健全平台企业相关数据定期报送和共享机制，明确数据对接部门、共享范围及数据标准等具体要求，提高数据共享的程序性和规范性水平。条件成熟是应尽早出台数据共享标准或技术规范，有序逐步统一各部门、各领域数据标准，提高数据共享的标准化水平。建议利用平台企业积累的信用数据完善现有的征信体系。加强个人信息保护和网络信息安全监管。

——及时修改阻碍新业态发展的法规和政策。培育新动能很重要，释放新动能更重要。对于已经不适应时代发展要求的相关法律、标准、政策要及时进行清理和修改。对于针对新经济出台的相关规定要进行督导检查，明显不合理的条文应及时修改完善。在出台新的规定时要充分调研，广泛听取从业者和消费者大众意见，保证政策出台的科学性、预见性、有效性，看不清的宁可放一放。

——鼓励企业灵活用工。目前已经出现好活、劳帮、HELO、一起抢单等不同形式的共享用工平台，不仅对纾解复工复产难起到救急作用，更为长期解决劳工供需对接难题提供了方案。后疫情时代灵活就业增加，企业灵活用工也会增多。建议研究制定“关于鼓励灵活用工、灵活就业的指导意见”，将疫情中出现的一些好的应急做法通过制度巩固下来。

未来如何养老？

2020年10月24日，老龄社会30人论坛举办了一个“养老服务信息技术创新论坛”，我应邀做了一个题为“共享养老初探”的主题演讲。这也是我第一次在公开场合正式谈论共享养老问题，重点是想看一看共享经济会给养老带来什么样的机会。

所谓共享养老，就是利用互联网等现代信息技术，整合分散化的社会资源，以使用权分享为特征，满足多样化养老需求的经济活动总和。

一般来讲，共享养老就是利用互联网搭建一个养老资源的供需平台，把所有分散化的社会养老资源集中在一个平台上，各种各样的养老需求都可以通过这样的模式得到更好的满足。所以说，共享养老也是一种新的养老模式，是共享经济在养老领域或者养老产业里面的创新应用，它的主要目的就是要把全社会的养老资源给盘活，让它发挥更大的作用。换句话说，共享养老是用全社会的养老资源服务全社会的老人，以共享的模式进行操作。

从研究角度看，目前大多数现有的养老模式，包括正在探索的一些创新性养老模式，都可以尝试着用共享的方式去实现，它的效果会更好，资源利用效率会最大化，将来可能还会出现更多的共享养老新模式。

在这次论坛上，我列举了8种已经出现的养老模式，觉得都可以通过共享的办法加以改进和提升。

第一，候鸟式养老的共享化。候鸟式养老，也就是大家经常说的旅居养老。比如东北人冬季喜欢去海南，在那儿待上三个月、五个月，这就是候鸟似的养老。其基本特征就是在合适的季节到合适的地方去。将来候鸟似的养老不限于冬天到海南去，而是在合适的时间到最合适的地点居住，比如夏天在一个地方，冬天在另一个地方，秋天和春天又到别的地方。它有没有机会实现共享化呢？当然可以。你只要在某一个地方拥有一处房产就可以换住，甚至你都不需要购买房屋，使用别人的房屋就行了。只要有这样的房源可以提供给老人居住，就可以通过互联网把它们连接起来，有需求的人在网上下单就可以了。目前我国在这方面的土地、房屋、旅游资源等都是相当丰富的，但目前还没有这样一个真正用于共享养老的平台，希望将来能有企业去做这件事情。

第二，抱团养老的共享化。抱团养老的一个基本说法就是：“爱人在身边、朋友在隔壁。”现在有抱团养老想法的人很多，希望好朋友能一起到一个地方，大家租房或者买房在一起，生活在一起。美国德州的四对夫妇抱团养老模式在网上广为流传，这种方式现在在国内也已经开始有探索了。将来的抱团养老有没有可能用共享的办法实现呢？有了互联网平台，就不一定非得是大学同学或者一个机构的员工一起才能抱团养老。人们可以通过共享的办法，随时在网上寻找到共同爱好者，通过网络结识有共同兴趣的人，大家一起到一个地方去居住、养老。这里牵扯到的共享资源就是土地和房屋，当然也涉及周边的旅游资源。有优美环境、丰富旅游资源的地方，将来都可以通过共享养老的平台发展抱团养老项目。

第三，搭伴养老的共享化。搭伴养老也叫同居养老，据说在德国已非常流行。也许你一个人在家的时候会有人过来敲门：“我们同居吧！”如果合适，就可以一起居住，互相照顾。不仅是老人和老人之间可以一起居住互相扶持，更重要的是现在已经出现了一些新的模式——老人和年轻人之间的搭伴。比如说年轻人到某一个新的城市打工、上学，他没有房子，也付不起越来越高的房租，老年人守着一个大房子却无人照顾。年轻人住进去之后可以每周抽出一天时间帮忙做家务，以此换取房租的免除。这种模式现在在国内国外都有人在尝试，但是还没有出现比较大型的平台去做这个事，如果有人做，相信应该是比较受欢迎的。老年人可能拿出他的房产资源来共享，年轻人共享的是他的一些时间和精力，比如可以帮老人买菜、打扫卫生、取快递、修花园等。

第四，众筹养老模式。在一个山清水秀、风景优美的地方，通过众筹就可以用很低的价格拥有一个小木屋，这就是共享小木屋。在一个地方有了小木屋，将来在全国各地甚至世界各地都可以交换使用。我也时常梦想，等将来退休的时候，能在最合适的时间到最合适的地点住最合适的小木屋。相信这样的养老模式是很多人所期待的。希望能有人来把这个事儿做起来，将来每个人都有一个自己的小木屋，你也可以说人人都可以拥有自己的桃花源。类似这样的众筹养老模式在国内已经开始有了探索，但真正做大的平台还没有。众筹养老模式涉及的共享资源主要是土地、房屋、资金等。

第五，共享姥姥模式。有一次国内一个访问团要到德国考察共享经济，让我做一个前期的辅导。后来他们说在德国发现了一个非常有意思的共享经济新模式——“共享姥姥”。这是一个什么概念呢？比如老太太的孩子不在自己身边，老了之后很寂寞，谁家需要有人帮着带孩子就可以到别人家里当姥姥去。年轻人有了孩子也需要有经验的长者帮助照顾，久而久之真变成人家姥姥了，人家把她当自己家的姥姥一样去孝敬。共享姥姥并不是以挣钱为目的，更重要的是一种情感需要。国内目前有共享家政、共享月嫂，但是共享姥姥的模式还没有。随着老龄社会到来，相信这样的需求也会增加。

第六，时间银行模式。时间银行是20世纪80年代发展起来的一种义工服务模式，你做了多少时间的义工可以存起来，在你需要的时候可以享受同等时间的义工服务。时间银行模式在很多国家都有，我国很多城市也有，但这些年过去了，都没有做大。为什么呢？因为它没有利用互联网，没有真正建立起大型的共享平台。时间银行也算是一个共享模式，但由于没有建立互联网平台，所以很难做大。因为在一个城市或一个小区内做时间银行，受种种地域的限制、资源的限制。将来如果有基于互联网的大型平台出现的话，它就可以不受地点、不受时间的约束。时间银行就可以与志愿者服务结合起来，会有更好的发展机遇。

第七，共享陪护模式。很多老年人不想去养老院，有没有别的办法呢？于是，共享陪护、在家陪护这样的模式就应运而生了。现在国内的网约护士就是共享陪护的一种，已经在国内六七个省份做试点，相信将来也有较好的发展前景。目前对于共享护士存在一些争议，但这些争议都是发展过程中的，将来都可以得到解决的。共享家政也是共享养老服务中的一种需要，比如说家里有老人需要照顾，可以通过共享家政平台找到一个合适的住家保姆或者钟点工，自愿结合加上智能化匹配，比熟人介绍方便多了。也不用担心她（他）不好好服务，你打个差评她（他）就麻烦大了——这样的信用保障机制，现在在共享经济平台上已经非常成熟了。其他还有共享陪聊、共享走路等模式也有人在做。以前看赵本山小品说“再聊十块钱的”，为什么要再聊十块钱的？因为希望有人聊天，但是人家陪你聊天你就要付费。在美国就有这样的陪聊或陪走路服务，据说还很受欢迎。起步价是30美金一小时，如果得到的好评多，服务价格还可以上升。共享陪护涉及的共享资源主要是劳务和知识。

第八，养老院的共享化。现有养老院的资源能不能共享？当然可以。有资料显示，到2019年底全国养老机构约3.4万家，共有761万张床位。相信将来肯定会更多，因为现在用这些资源来保障我们养老服务的需求是远远不够的。目前60岁以上的老人有2.55亿人，据说2020年独生子女家庭就有2亿户。2亿独生子女家庭，将来指望儿女们在身边照顾几乎就不太可能。孩子偶尔来看看可以，长期依靠就行不通了。即便10%的老人需要住养老院，至少也得有2000多万个床位，所以将来肯定要大幅度地增加床位。即便是我们现有这些养老机构的资源是否已经得到充分利用呢？我觉得可能存在一些结构性问题，有的可能很紧张，有的可能是使用率不够高，不同的季节、不同的时间段使用率也会有所不同。如果用共享的办法，哪个地方有空闲资源就可以去哪儿养老，或者你只要提出需求，就会有人接单，像叫滴滴一样方便。这样的情况下，你就不一定非得在你家附近的养老院，全国各地的养老院将来都可以共享，你也可以选择在不同的季节到不同的地区去养老。我相信随着养老机构和床位的增加，将来建立一个大型的养老院共享平台，应该也是非常有前景的。

如果将共享思维用到养老服务的所有资源里去，未来的养老环境可能跟现在就不一样了。很多现在感觉到难以解决的问题，将来可能通过共享的模式找到比较好的解决方案。构建真正理想化的共享养老大环境，我们还有很长的路要走，但是我们现在就应该去做一些努力，是到了该努力的时候了。未来怎么样，取决于我们现在的选择。

共享养老是数字化和老龄化自然耦合的必然产物，是养老资源优化配置的新模式，也是老龄生活的新方式。有人说将来人们的预期寿命可以达到120岁，那么退休之后生活的时间可能比前面工作的时间还要长，这个时候我们应该想着换一个活法，完全可以用共享养老的思维设计未来几十年的生活。

中国发展共享养老具有独特优势，也有特殊意义，更有巨大潜力，这样历史性的机遇我们不能错过。中国的养老资源是非常丰富的，中国的好地方多得是，青山绿水的地方多得是，不一定非得在拥挤嘈杂的大都市苦苦熬过人生最后的几十年。中国老龄化的问题非常独特，如果解决好了对全球也是一大贡献，解决不好也将是全球性的问题。中国发展养老事业的潜力也是巨大的，没有哪个国家的老人有中国这么多。中国在共享经济方面做得很好，共享养老也应该可以做好。

发展共享养老需要技术创新、模式创新、制度创新和理念创新，共享养老需要各方面力量共同推进。期待将来会有更多更好的共享养老新模式，为每一个人的老年生活带来更多的福音。

从农业到制造业，从养猪到养老，所有领域都已经发生了很大变化，未来还将发生更大的变化。数字变革都提供了非常多的创新可能，也创造了非常大的市场空间。

换个玩法，所有的生意都值得重做一遍。

9

第九章

CHAPTER NINE

尾声：后疫情时代数字经济发展态势

加快数字化转型，用数字化的思维和方法解决面临的问题，是经济社会重新焕发青春活力的必然选择。

2020年12月15日，在中国信息化周报等机构主办的“2020数字生态领袖论坛暨第十三届信息主管年会”上，我应邀做了一个主题演讲，重点谈了关于后疫情时代数字经济发展态势的十个基本判断。回来后整理成文，又补充了一些内容。这里呈现出来，也算是对本书的一个小结吧。

新冠肺炎疫情正在引发一场全球百年来最严重的经济大衰退，但数字经济的天然优势在疫情中却发挥得淋漓尽致。加快数字化转型，用数字化思维和方法解决面临的问题，是后疫情时代所有企业的努力方向，也是经济社会重新焕发青春活力的重要保障和必然选择。

疫情成为数字经济加速器

新冠肺炎疫情实际上是对全社会应变能力、反脆弱能力和数字化生存能力的一次大考验、大检阅、大培训。在大考面前，不同业态反脆弱能力和表现差别很大。疫情让我们看到了严重依赖线下场景的那些业务的不足，也让我们看到了数字经济的天然优势。

线下经济脆弱性暴露无遗。大潮退去谁是裸泳者一看便知，在疫情中受伤最重的无疑是线下经济。对线下场景依赖越强，受伤也最重。旅游、餐饮、交通运输、影院等在疫情中几乎完全停摆，复工复产需要的时间也较长。传统制造业工人回不来，原料进不来，产品出不去，面临市场、资金、成本集中恶化，资金链断裂可能会引发一批企业倒闭和大量失业。中小企业数字化基础薄弱，利用数字技术应对疫情冲击的能力有限，能否顺利闯关只能看现金流储备是否充足。"双创"企业资金链本就脆弱，主要依赖线下运行的双创企业面临的打击可能是致命的。

数字经济优势凸显。以互联网为基础的数字经济具有天生的减少物理空间依赖的基因，在疫情中表现出了较强的柔韧性。与当年抗击非典对比可以发现，这次抗击新冠肺炎战役，从疫苗研制到远程医疗，从数据统计到追踪排查，从资源配置到协同管控，从在线办公到复工复产，数字技术都发挥了至关重要的作用。同时，在战役中暴露问题较多的地区、产业、领域、环节，也多与数字化应用基础弱、水平低、效果差不无关系。互联网企业则迎来新机遇，众多以互联网为基础的科技创新企业在应对疫情中发挥了重要作用，也利用疫情期间获客成本大幅降低的机会积极拓展，取得新的增长。生鲜快递、网络游戏、网络直播、在线教育、知识付费、在线医疗、云办公云服务等领域的众多平台企业的新增注册用户都有大幅增加。其实对个人来讲也是一样，当被迫宅在家里时候，没有互联网，家就是你的世界，但是有了互联网，世界就是你的家。数字化生存能力的强与弱也决定了一个人在疫情中过得好不好。

线下转线上加速进行。长期停工和非正常开工迫使更多企业和机构下定了数字化转型的决心。智能机器人、远程办公、在线销售、在线培训、在线服务等成为更多企业的新选择。原来一些严重依赖线下场景的行业和领域也开始了线上服务的探索和创新。视频售楼、视频售车、线上首发、在家上学、在家看病、在家办公等成为新热点。可见，这次疫情迫使更多企业主动或被动拥抱“互联网+”，大规模、普遍性的远程办公首次出现，2020年成为真实版“远程办公元年”。

对许多企业和个人而言，疫情帮助大家完成了一期数字化生存的强制体验和急速培训。即便是一些传统企业，在疫情期间如果能够迅速地适应环境的变化，加速数字转型，做好了从线下转到线上，它仍然是受益者。有一家房地产企业，当别的房地产企业在上半年比往年同期损失40%～70%的情况下，它可以实现百分百的增长。我们也看到一些案例，像西安的羊肉泡馍、重庆的火锅，过去是很难在线上销售的，但这次疫情中有几家企业卖得相当火爆。很多过去我们根本想不到会转到线上经营的业务，现在也都变得非常普遍了。2020年的广交会是在网络上举行的，李克强总理在网上参观了三家企业，其中有一家是做马桶的。这家企业通过直播带货，智能马桶在疫情期间卖得也相当火。所以总理说，像陶瓷这样的传统企业，如果做好了照样能够掘出金矿。

在一定意义上，可以说疫情实际上成了数字经济的加速器，疫情过后这种加速效应仍然会得到体现。2016年中国数字经济占GDP比重首次突破30%，标志着数字经济开始从量变走向质变。中国信通院发布的《中国数字经济发展白皮书（2020年）》显示，2019年我国数字经济增加值规模达到35.8万亿元，占GDP比重达到36.2%。疫情让更多的人和企业融入数字经济，越来越多的经济活动从线下转到线上，预计2025年数字经济占GDP比重有望达到45%。

数字化转型成主线

数字化转型将成为“十四五”时期甚至更长时间内中国经济发展的主旋律。数字化转型是新技术应用，也是组织方式、商业模式的改变，更是思考方式、思维模式的转变。

数字化转型会带来许多变化，用一句简单的话语概括就是“换个玩法”，然后就会发现，不管你是做农业的、做制造业的，还是做服务业的，几乎所有的生意都值得重做一遍。

——**传统企业数字化转型加速**。就像网民用惯了互联网和手机就再也离不开一样，在疫情中走上数字化之路的企业也将一直继续下去。

——**产业数字化转型加速**。产业互联网、虚拟产业集群等迅速成长。

——**政府数字化转型加速**。以人民为中心的智能化服务型政府建设成为努力方向。

——**城市数字化转型加速**。基础设施、经济发展、公共服务、社会治理、人民生活的全面数字化已经起步。

如何进行数字化转型呢？总的来看，数字化转型将呈现八化趋势：从技术的角度来看，有数字化、网络化、数据化和智能化；从应用的角度来看，有平台化、生态化、个性化和共享化。

——**数字化**，强调的是将来数字要重新定义一切——把你所有熟悉的东西前面加上“数字”两个字就可以了，比如数字经济、数字社会、数字技术、数字产品、数字马桶，等等。

——**网络化**，强调的是网络重构一切，互联网成为资源配置的重要力量。在政府和市场之后，互联网正成为资源配置的第三只手。

——**数据化**，强调的是所有能数据化的终将数据化，数据驱动一切将成为可能。我们所有的活动中，扮演主角的很有可能都是数据。2020年我们还看到另外一个热议的话题——困在系统里的外卖小哥儿，其实将来我们所有人可能都是被数据所驱动的。每天早上你要不看天气预报，可能都不知道穿什么衣服好。老司机如果不会用导航，可能都不会开车了……这就是数据驱动。

——**智能化**，强调的是机器会越来越聪明，能够为我们干更多的事情，而且可能比我们人类干得更好。

——**平台化**，强调的是无平台不经济。如果你不会建设平台，那么至少你要学会去利用平台。

——**生态化**，强调的是未来生态化的扩张要成为绝大多数大型企业共有的选择。对于小企业来讲，也应该具备生态化的思维。生态化的扩张之路与过去的单体发展、多元化发展是不一样的，要讲究共赢，还要把数据、知识、技能、管理等优势资源等进行快速复制和无边界扩张。

——**个性化**，强调的是每个人都是唯一，需要用个性化的、差别化的服务与产品创造更多更大的价值。

——共享化，强调的是所有能共享的终将被共享。企业要学会用共享经济的思维把自己拥有的资源价值最大化，同时也要学会用共享经济的思维把自己紧缺的资源共享进来。不要什么事全部都自己干，没那必要了，木桶理论已经过时。

数字化生存环境会有大的改善

▼

疫情期间大家学到了很多新名词儿，比如新冠病毒、核酸检测，云蹦迪、云喝酒、云音乐，在家办公、在家上课、在家看病，还有宅经济、共享用工、永久在家上班，等等。无论从哪个角度看，新基建都是一个被高频使用的热词。新基建加速推进，将极大改善未来的数字化生存环境。

中国信息基础设施在过去的几十年里实现了跨越式的发展，也使得中国可以率先进入无现金社会。但是疫情也暴露出了我们的基础设施仍然存在很大的发展空间。大家在开远程会议、做网上直播带货的时候还是提心吊胆，不知道什么时候就会突然断网了。有报道称，在家上课普遍实施的时候，有些老师要跑到山顶上、有的孩子需要跑到屋顶去上课，因为那里才有信号，还有的家庭三个孩子只有一部手机。我们已经习惯通过扫码支付买青菜、购门票、交电费，但还有很多地方需要到固定地点排队等号。我们已经习惯在机场、酒店、医院、公园、地铁、办公楼出示健康码，但很多老人却因此无法正常出门。我们搞了数十年的信用建设，但众多小微企业急需资金时仍然求告无门。我们拥有全世界最庞大最先进的电子商务和现代物流系统，但很多优质农产品依然找不到销路。这些典型的发展不充分不平衡问题俯拾皆是，也说明数字化生存环境的改善还有很大空间，数字产业还有很多发展机会，也是未来数字化转型的努力方向。

疫情过后，新基建尤其是5G建设推进很快，相信未来几年会有一个大的发展，会在很大程度上解决过去网络质量不高、普惠服务不到位等问题。

除了这些基础设施将进一步完善之外，将来还会有更多的数字化创新产品和服务出现，我们可用的东西越来越多。同时，我们每一个人、每一个企业对于数字技术的应用能力也会得到进一步的提升。另外，数字经济发展的政策环境也会越来越好。党的十九届五中全会审议通过的《中共中央关于制定国民经济和社会发展第十四个五年规划和二〇三五年远景目标的建议》里提到290多项未来的建设任务，每一项任务真正要想完成得好离开了数字化可能都不行。

数字新物种还会大量涌现

在过去的几十年里，有两个阶段是新物种出现特别多的阶段。第一个阶段就是20世纪80年代的中期，是因为那个时候我们实行了改革开放的政策，是制度创新引发了创新活力的迸发。第二个阶段是移动互联网的出现带来的，2010年之后这10年间，这些新物种简直让我们眼花缭乱、目不暇接。这些新物种绝大多数都与数字化相关，所以又称为数字新物种，即因使用数字技术而产生的新生事物。

数字新物种可以分成四大类。第一类是新产品，比如智能手机、数码相机、数字电视、数字马桶、智能机器人、无人驾驶汽车，等等。第二类是新业态，比如微博、微信、视频直播、数字游戏、共享经济、平台经济、工业互联网，等等。第三类是新模式，比如电子商务、电子政务、直播带货、远程办公、互联网医院、无人超市、云服务，等等。第四类是新职业。现在越来越多的新职业是我们过去连听都没听过的。

2020年7月，国家发改委等13个部委发布了一个关于支持新业态新模式发展的指导意见，明确提出了要支持发展的15种新业态。主要分布在四大领域：一是线上公共服务和消费领域，包含在线教育、互联网医疗、远程办公和数字化治理；二是企业数字化转型领域，包含产业互联网平台、传统企业数字化转型、虚拟产业园和产业集群、无人经济。三是新个体经济领域，包含新经济、微经济、灵活用工；四是共享经济，包含生活资料的共享、生产资料的共享和数据的共享。相信这15种新业态在未来一段时间内会有更好的发展，但实践中的新业态远不止这些。

新基建和新技术的发展，还会不断催生新的业态。以不同时代移动技术发展带来的变化为例，2G时代有了短信、QQ、支付宝，3G时代有了智能手机、移动电子商务、微博、微信、线上线下相结合（O2O），4G时代有了扫码支付、共享经济、社交电商、短视频。5G时代会有什么？现在大家讨论比较多有4K/8K高清电视、AR/VR/MR、智能物联网（AOIT）、工业互联网、数字孪生，等等，但真正伟大的产品还没有出现。当年3G刚刚发展时，大家也不知道3G到底能干什么，后来苹果手机出现了，整个世界才有了大的变化。5G会带来什么样的革命性产品，我们只能拭目以待。

未来几年，5G、人工智能、AR/VR、区块链、数字孪生等新一代信息技术已经做好准备，一些革命性的产品和应用正蓄势待发。

出现一批新的超级平台

在BAT已经成长为超级巨无霸的时候，很多人担心会不会遏制其他企业的创新，我觉得在这一点上大家不用太焦虑。有了BAT（百度、阿里、腾讯）之后，现在照样会出现TMD（头条、美团、滴滴）。中国现在仍然还有200多个独角兽。

无论是互联网创业，还是传统产业里的明星企业，平台化已经成为大势所趋。一旦形成行业平台，其生态化扩张的速度会急剧加快。展望未来，中国的工业互联网现在已经开始大踏步前进，我相信未来每一个垂直领域都可能会出现一到两个非常大的平台，在这些众多的平台基础上出现若干个超级平台应该是可以期待的。

未来的超级平台会出现在哪些领域？我说都有可能，像农业、制造业、医疗、教育、旅游、养老、金融、房地产等都有可能，因为这些领域还没有真正大的超级平台。

技术创新会有新突破

在全面建设小康社会取得决定性胜利之后，我国将进入社会主义现代化建设的新阶段。未来15年要完成人均国内生产总值达到中等发达国家水平、进入创新型国家先进行列的总目标，关键核心技术研发必须取得重大突破，目前各方面的条件也已经成熟。

一是压力凸显。美国等对中国崛起的打压已经表面化，我们也早已意识到关键核心技术要不来、买不来、讨不来、换不来、等不来。不想被卡脖子，就得寻求突破。

二是动力十足。十九届五中全会已经提出了2035年远景目标，紧随而来的将是一系列政策创新和务实行动。在新一代信息技术的研发和应用方面，很多领域已经进入“无人区”，领先企业正在寻求创新突破。

三是实力齐备。我国为解决关键核心技术卡脖子问题已经进行了多年的努力，已经取得了长足进步，积累了经验，也积累了能力。相关统计显示，2019年全国研发经费支出比2015年增长56.3%，占国内生产总值2.23%，超过欧盟平均水平。其中，基础研究占比大幅提高，已突破6%。发明专利授权量居世界首位。从实践层面看，超级计算机、智能机器人等已经位居前列，电子商务、移动支付、现代物流、共享经济、产业互联网、5G发展等领域已经引领全球，高端芯片、操作系统、数据挖掘、安全防控等领域也取得重大进展。

发挥制度优势，结合政策创新，未来15年关键核心技术取得重大突破是可以期待的。

数据治理是长期难点

数据用得越多，数字技术应用越普遍，将来的数据安全问题就会越紧迫。

随着5G应用等不断深化，新一轮数据爆炸正在形成。未来几年，数据开放、数据交易可能取得新突破，隐私保护、数据权益、数据跨境流动等治理难题将贯穿始终。如何防止过度收集数据、滥用数据、窃取和篡改数据等，不仅是技术问题，还是意识问题、制度问题、法律问题。

利用数据侵害消费者利益、从事不正当竞争甚至违法犯罪的现象已经出现，将来还会有更多的表现和变化。

数据跨境流动是广泛存在，在日益成为推动全球经济发展重要力量的同时，也成为各国政府在网络空间战略博弈与数据资源争夺的焦点，应对不当还会对国家安全形成了一定风险和挑战。从现实看，各国数据跨境流动政策越来越受到地缘政治、国家安全等因素的影响，利益的复杂性、价值认同的差异性和国家间信任的缺乏，使得各国间形成规则共识十分困难。

现在关于数据的许多基本理论问题都没有研究清楚。比如说关于数据有一个原始性问题，沙滩上的脚印儿是属于留下脚印儿的这个人的还是属于沙滩的所有者呢？理论上都说不清楚。我在吴晓波频道里边儿又听到另外一个话题：人的医疗数据权属问题。比如说一个人的心脏数据，在去医院看病的时候，这个心脏数据就出来了，不去看病的时候，与心脏相关的数据虽然是客观存在但是谁也不知道。也就是说，医院掌握病人的这个数据，它本身就具有公共属性，他不帮你看，不掌握你的数据，他就没法给你看病，他也没法提高他的医术和医疗水平。这些数据将来如果产生了价值的话，它是属于谁的？

数据的定价也是一个难题。数据不像矿石产品、石油产品已经有很好的定价规则，数据需要在应用过程中才能发挥作用，你不能像卖矿石、石油那样买数据，那么它的定价机制应该怎么保证？

这些问题不仅会长期存在，还会不断变形。认识、理论、政策、制度、司法等都需要不断创新和完善。

就业形态会有明显变化

伴随新业态大量涌现，必然会出现大量新职业。

我国新的职业大典颁布以来，已经公布了三批新的职业，一共有38个新职业。其中，在第一批新职业里就有电子竞技员，在第二批新职业里就有外卖小哥（网约配送员），在第三批新职业里就有网络销售员（包括现在做直播带货的网红们）。这些职业换在前几年大多数根本就没听说过，因为那时他们可能还没有出现。它们现在能够被称为新职业，说明至少已经容纳了百万级以上的就业规模和容量。未来新职业还会有更多，有些可能是我们现在根本就想不到的。

新业态已经成为非常重要的就业蓄水池，也成为新职业的催生者。大家知道，从2013年到2019年，中国城镇新增就业岗位每年都在1300万个以上，这可是在我们新常态下经济增速放缓的条件下取得的成就。也就是说，这是我们在经济放缓的条件下就业问题解决最好的一个阶段。如果用传统的经济理论，根本就找不到答案，根本原因就在于新业态的发展，就在于数字经济的催化。

不仅就业容量增大了，更重要的是将来的就业模式也会呈现多样化。

刚才我提到的几个新名词里边，其中就有宅经济，将来会有更多的人称为宅经济的从业者，在家里就把事儿全干了。未来城市灵活就业人口占总就业人口的比重会比现在有非常大的提高，10年翻一番是完全有可能的。

在2020年疫情期间，美国几家科技巨头率先提出了永久在家办公的概念。永久在家办公，不仅仅是可以节省路上的通勤时间，也不仅仅是可以省掉免费午餐，更重要的是它意味着将来企业选择员工可以不再受地域的限制，企业可以使用全中国甚至全世界的人打工，这一定会引发更深层次的变化。

新业态也使就业门槛降低，使普惠制就业成为可能，就业质量也比传统的就业形态明显要高。技术进步加上灵活的就业模式，大大降低了就业门槛。平台上丰富的开放资源也提高了劳动者的就业能力。残疾人、老年人、低学历者、妇女、农村和偏远地区劳动者等弱势群体有了更多的参与创造价值、实现就业的机会。

竞争格局出现大调整

每一次大的技术进步都会带来全球经济格局的大调整，这已经成为一个基本的历史常识。因此，这一次的数字革命同样也会引发全球经济格局大调整。谁会成为受益者呢？中国不会错失这样的历史性机遇机会。

有互联网女皇称号的玛丽·米克尔在她的报告里边就曾经提到过，在过去的60年里，美国占全球的GDP比重从过去的40%降到了25%。上升最快的是中国。从发展曲线上看，中国是在1994年前后开始了真正的起飞，从原来只占4%上升到2017年的15%（2020年会超过16%）。1994年恰恰是中国全面接入互联网的元年，这不是偶然，未来的变化仍然将会与数字经济的发展息息相关。

不仅全球经济格局会发生变化，产业的竞争格局也会出现变化。大家可以看一下，无论是TOP20、TOP50还是TOP200，那些增长速度最快、往上攀升的企业，平台企业占据绝对优势，成为拉动全球经济增长的主要力量。数字化、网络化、智能化程度决定了产业的竞争能力和生命力，这个趋势在未来几年会日益强化。

在一个产业内部，企业的竞争格局也会出现变化。成功进行数字化转型的企业会对墨守成规的企业形成降维打击，网络效应会加剧形成赢家通吃局面。今天你是老大，明天你就不一定是。同时，跨界竞争越来越普遍，产业边界会越来越模糊。对于任何企业而言，可能根本不知道自己的竞争对手是谁——可能不是排在自己前面的人，也不是紧紧跟在自己屁股后边儿准备咬你一口的人，而是在你现在根本看不见，还没有出现在你的视野里的领域。

同样，地区之间、城市之间的竞争格局也会因为数字化的转型而带来新的变化。互联网打破了时空界限，地缘优势的决定性作用正在减弱，善于把握数字化转型机遇的地区和城市有可能获得跨越式发展。谁能走得更快一点，结果就会大不一样。

制度创新成为紧迫任务

数字化转型最根本的目的是干什么？就是要打造新动能。新动能来源于四大创新：技术创新、模式创新、制度创新、理念创新。你如果把这四个轮子打造好了，那你就是胜者，你的新动能就建立起来了。

在数字化转型过程中，生产活动基本矛盾主要体现为以工业化为基础的现有制度体系与数字生产力发展之间的严重不适应。无论从战胜疫情共克时艰的角度，还是从构建未来国家竞争新优势的角度，都需要重视建立和完善适应数字经济发展的社会制度体系和治理体系。

在这四大创新里，对于中国目前而言最重要的是什么？是制度创新。培育新动能很重要，但释放新动能更迫切。要打破那些阻碍新经济、数字经济发展的条条框框。对于企业也是一样，要从制度、理念上进行创新。

Digital revolution

The survival rule of enterprises in the digital age

附录

《数据概论》序

2020年初，在赵刚博士组织的“2020年中国大数据应用年会”上，我应邀做一个命题演讲，谈了对大数据未来发展态势的几个初步判断，分别用八个关键词来概括：数据化、数据价值、数据驱动、数据融合、数据经济、数据能力、数据开放、数据未来。严格来说，这并不能算是科学系统的研究成果，更谈不上能全面准确预判大数据发展态势，顶多反映了个人对相关几个热点话题的关注和思考而已。没想到赵刚博士是个有心人，当然也是一个数据强人，不仅帮忙做了整理，还建议将之作为其大作《数据概论》一书的序言。有些惶恐，但赵刚说“行”总有一定道理，只好再精心打扮一番以飨读者，但愿能有助于敲开数据之门。

1.数据化：所有能数据化的都将被数据化

从狭义讲，数据化就是将事物及其运动转化为机器可以识别的信息的过程。从广义讲，数据化是指人类利用数据全面认知并优化改造客观世界的过程。将来机器会获取越来越多的数据，人类认识和改造世界的能力也会大大增强。

促使这种变化的要素有四个：一是技术。不仅是大数据技术，与数据相关的新一代信息技术如互联网、移动互联网、物联网、云计算、3D打印、AR/VR/MR、数字孪生、区块链等都还在不断发酵、孕育、进化、突破，会一起促进大数据的加速发展。人们常说的数据爆炸还刚刚开始。二是需求。大数据用得越多，需求也会越来越多。三是变化。现在已经有大量的大数据改变生产、生活、治理的案例，技术、模式、制度、理念已经出现一些变化，尽管还很初步，但代表了未来的发展方向。四是政策。数据已经被普遍看成新的生产要素，各地都在采取措施依靠大数据为经济发展打造新动能。这四大要素结合起来，将共同推进大数据向前发展，决定了未来大数据发展的趋势。

数据化可以看作是未来大数据发展的第一个大趋势——所有能数据化的终将被数据化。无论是生产还是生活，无论是制造业还是服务业，无论是消费端还是产业端，越来越多的东西将会呈现数据化的态势，新一轮的数据大爆炸不可避免。

2.数据价值：更多的数据价值将被挖掘出来

数据之所以受到重视，是因为数据有它本身的价值。在美国物理学家约翰·惠勒看来，“万物源于比特”，世界是由比特构成的，也就是由数据构成。在大数据者的眼里，所有的事物都是数据，所以同样一种物体，他能看到更多的东西：数据从哪里来？数据到哪里去？它的生态是什么？它会造成什么样的影响？你看到的数据越多，说明你的数据能力就越强。机器智能发展到今天这个阶段，我们可以逐步将这些隐藏在事物内部、背后的数据挖掘出来，捕捉到它们，并把它们储藏起来，开发出针对它们的应用，这就是大数据的价值。

数据价值的核心是发现新规律。当大数据应用到一定程度的时候，所有的规律都有可能被发现，无限接近事实本身。比如一部手机能告诉我们很多秘密：你每天走了多少路，每天睡了几个小时，去过什么地方，你的兴趣爱好，你的消费消费水平、消费结构、消费习惯，你的财产状况、交友状况，等等。机器会给我们捕捉到更多的数据，并从中发现更多的规律和事实，这就是大数据的威力所在。

3.数据驱动：数据驱动一切成为现实

简单想一想就可以知道，现在老司机如果不用导航都不会开车了。我们到一个地方参加会议，基本就是数据驱动：会议通知是数据化、日程安排是数据化的、出门叫车是数据化的、走什么路线过来也是数据决定的。使用网约车时，一次叫车的供需匹配技术上只需要0.12秒，但背后要运算数据576亿次。网约车打败出租车、外卖打败方便面、电子商务打败百货商场等表面上看是跨界经营，背后的区别就在于大数据。

现在每个人的手机上都预装、下载有很多的APP，在你睡觉的时候他们都在悄悄地更新，这样的迭代创新越来越容易，甚至你根本感受不到。移动支付的发展让我们用的钱也都变成了数字，也让中国率先进入了无现金社会。制造业更是如此，原来流水线是把人变成了机器，而将来的智能制造是把机器变得更像人，甚至比人更聪明、更能干、更可靠。

数据驱动一切已经越来越变成现实，甚至真的是改变了整个世界。数字已经开始重新定义一切，在你所认知的所有事物之前加上“数字”二字，比如数字经济、数字政府、数字汽车、数字建筑、数字出行、数字马桶等，你就会发现这些东西已经与以前大不一样了。慢慢地我们就可以发现，用数据说话、靠数据决策、依数据行动会变成一个非常自然而然的事情。

数据驱动一切还带来另外一个重大变化或者说新的机遇：所有的生意

都值得重做一遍。用数字化的思维去看一看你现在所从事的工作、业务，你会发现完全可以重新来过，而且很可能一玩就是绝活。其实每一个企业都可以问一下自己：十年后你的竞争对手是谁？

4.数据融合：催生新业态

这里要强调一个观点：单一数据的价值有限，而多种数据融合的创新潜力无限。

过去一些政府部门对掌握的数据看得很紧，总能提出很多理由认为这些数据是不能随便对外开放的。但现在大家已经认识到，如果数据不开放出来，不让大家使用，它就变得越来越没有价值。现在找到数据的手段、工具、途径比过去丰富多了，远非传统的统计数据可以比拟。不能很好做到数据开放，就会有新的数据出来，形成覆盖或取代。

数据关联起来融合应用会产生更大的价值。网约车的应用就整合了地理大数据、交通大数据、服务大数据、用户大数据、交易大数据、信用大数据等。近年来出现的诸多新业态、新模式，以及由此而成长起来的独角兽企业，几乎都是多种大数据集成应用的结果。

未来几年，数据融合还会催生一大批数字新物种，成长出一批新的巨无霸平台型、生态型企业。

5.数据经济：无数据不经济

大家对于数字经济已经耳熟能详，其背后实际上是数据经济，是数据在其中发挥重要作用。

狭义的数据经济是指以数据的生产、加工、交易为主要对象的经济活动总和。广义的数据经济是指以数据为基础的经济活动的总和。

也许，将来所有的经济活动都是以数据为基础的，都可以被称为数据经济。所以，我们可以说，“无数据不经济”。

6.数据能力：未来核心竞争力

未来，谁能够找到大数据，而且用好这些大数据，这样的企业拥有的竞争力跟传统企业竞争力是不一样的，可以轻易完成“降维打击”。

数据能力体现在什么方面？这里给出一个简单的公式：

数据能力=数据+算法+算力。

数据能力将会成为未来的核心竞争力，形成竞争新优势。对于一个国家、一个企业是如此，对于每个人也一样。

中国提升数据能力有自己的独特优势，在未来几年的数据竞争中可以取得一些优势。我们拥有最多的人口和最多的网民，每个人都是最重要的信息源，每个人用的信息越来越多，创造的数据也越来越多，利用数据创造的价值也会越来越大。过去我们的小数据做得不太好，对于大数据的依赖就会很强，也使得大数据得以快速发展。从创新实践看，目前中国在大数据应用领域不比任何一个国家差，我们培养起来的互联网公司有很多都是国际上的佼佼者。

7.数据开放：政府和企业会主动推进数据开放

这是一个判断，也是一个期待。

20世纪80年代起，从我们逐步建立了各种各样的信息系统开始，最头疼的一个问题就是“数据孤岛”。这一状况在未来几年可能会有一个大的改观。

大家已经认识到数据价值在什么地方——用的人越用，数据的价值就越大，机构存在的价值就越大，创新发展的机遇就越多，反之亦然。

数据开放也是发展大数据产业、催生新业态、培育新动能的迫切需要。对于这个问题，舍恩伯格曾经说得很直白："政府不需要去补贴和建立所谓新兴产业，只需要开放政府的数据，就能培育一个新的增长点。"也就是说，政府把数据开放出来，它产生的价值是巨大的——数据开放可以让数据流动起来，让数据释放价值，让数据去整合资源。

对于掌握大量有用数据的企业而言，开放数据也已经成为企业生态化发展的内在需要。开放的数据越多，得到的数据会更多，生态体系会更完善、更强大。

8.数据未来："今天才是第一天"

我比较喜欢凯文·凯利的一句话："今天才是第一天"。他在《必然》一书中提到了影响未来发展的12个驱动力，包括形成、知化、流动、屏读、使用、共享、过滤、重混、互动、追踪、提问、开始等，强调一切才刚刚开始，真正伟大的变革还没有出现。这12个驱动力或者叫12个发展趋势，每一个都会对大数据的应用和发展起到促进作用。

在研究数字经济和数字化转型时，我也提到过八个演进方向和趋势，包括：数字化、网络化、数据化、智能化、平台化、生态化、个性化和共享化，这八化每一个都与大数据应用息息相关。

当然，大数据发展的同时也会带来一些新的问题。比如：将来数据治理难点和热点都会越来越多，包括数据主权的确认、数据如何进行交易、数据安全和隐私保护、数据跨境流动等，这些都是目前没有研究透也没有研究好的问题。大数据不是万能的，数据可以让我们发现越来越多的规律，但数据绝不会等于事实本身，需要谨防一些数据陷阱。我们在争取用更多的数据、更好的算法来发挥作用的同时，要保持清醒的头脑，不能迷信大数据，更不能用大数据去干坏事。

基于数据的社会变革才刚刚开始，对于每个数据工作者而言都是任重而道远。也许，我们能做的唯一正确的事情就是学习。

赵刚博士的新书，是关于数据的系统性思考，有助于帮助我们拓展数据的视野。愿意推荐大家去细细品读。

是为序。

Digital revolution

The survival rule of enterprises in the digital age

后记

本来想给这本书起的名字是《换个玩法》，经济日报出版社的同学们认真负责，以柔克刚，我只好换了一个更为响亮的名字——《数变：数字时代的企业生存法则》。其实，核心要义并没有改变，还是想强调数字时代企业可以换一个玩法。

第一次谈企业可以换个玩法应该是在2016年12月22日，在央广网举办的"2016移动生活峰会"上，我就"移动生活新变化"主题做了一个发言，重点谈了移动互联网带来的三个影响：企业可以换一个玩法，个人可以换一个活法，政府可以换一个管法。从那时起，就开始琢磨将来有机会可以此为题写一套丛书。

为什么要换一个玩法呢？首先，过去的玩法过时了，不换就会被淘汰，这叫必须变；其次，数字变革提供了换个玩法的多样选择，而且并不难，这叫可以变；再次，一旦换个玩法，就会发现所有的生意都可以重做一遍，这叫值得变。

张瑞敏说过："没有成功的企业，只有时代的企业。"现在我们也可以说："没有传统的企业，只有传统的玩法。"

数字时代的企业玩法，就是书中所说的数变法则。本书讲了8个数变法则，是对方向、趋势的理解，也是可供选择的方法、模式。

显然，这些法则并不能反映数字变革的全部，更多规律性的东西还需要进一步研究，企业创新实践也还在进一步丰富。

在巨变面前，每个人都是弱者。克服本领恐慌的制胜法宝就是学习。对此，我给出的一个公式就是：本领=（学习+实践）×创新。

面对新生事物，我们都是小学生。所以在谈到数变问题时，我们不妨以同学互称。

正因为如此，在本书写作过程中的惴惴不安始终存在。尤其是在写第六章"生态化"时，这种感觉特别强烈。企业生态化发展的理论研究基本还没有开始，领头企业也是在摸着石头过河。唯一的办法也只能是向实践学习，向能听到炮声的一线企业学习。在这个过程中，几家领先企业都表现出了生态化发展中的开放精神，给予了很大帮助。比如百度发展研究中心主任黄林莉、腾讯研究院院长司晓及高级研究员闫德利、阿里研究院副院长安筱鹏等同学或提供宝贵资料，或指点迷津。华为高级副总裁、数字转型首席战略官车海平同学，以及小米联合创始人、副总裁刘德同学对相关内容提出了宝贵的修改意见。在调研中，我曾与很多企业的高管和业界专家进行交流，他们的真知灼见、热情鼓励和成功实践让我受益匪浅，有些已经在书中明确体现，有些只能融化在字里行间。这里对所有朋友的帮助一并表示诚挚的感谢。

负责本书编辑的肖小琴、黄芳芳同学也在思考出版业如何换个玩法。她们为本书建了一个读书群，感兴趣的同学可以加本书的小助手微信入群。大家对本书有任何修改意见都可以提出来，对企业数变有何想法也可以随时交流一起讨论。也许有一天，大家的思考与实践可以形成另一部更有温度、更有价值、更有意义的《换个活法》。